WLADIMIR LINDENBERG

Marionetten in Gottes Hand

Eine Kindheit im alten Rußland

11. Auflage

ERNST REINHARDT VERLAG
MÜNCHEN BASEL

Deutsche Bibliothek – CIP-Einheitsaufnahme

Lindenberg, Wladimir:
Marionetten in Gottes Hand / Wladimir Lindenberg. –
Großdr.-Ausg., 11. Aufl. – München ;
Basel : E. Reinhardt, 2000
ISBN 3-497-01530-X

Printed in Germany

Meiner Mutter
Jadwiga
in Dankbarkeit

Die Wölfe werden bei den Lämmern wohnen
und die Pardel bei den Zicklein liegen.
Ein kleiner Knabe wird Kälber und junge Löwen
und Mastvieh miteinander treiben.
Kühe und Bären werden miteinander auf der Weide gehen,
daß ihre Jungen beieinander liegen;
und Löwen werden Stroh essen wie die Ochsen.
Und ein Säugling wird seine Lust haben am Loch der Otter;
und ein Entwöhnter wird seine Hand stecken in die Höhle des Basilisken.
Man wird nirgend letzen noch verderben
auf meinem heiligen Berge:
denn das Land ist voll Erkenntnis des Herrn,
wie mit Wasser des Meeres bedeckt.

Jesaja 11, 6–9

INHALT

PERSONENVERZEICHNIS

DAS WEISSE HAUS

Bóbik, Knabe zwischen drei und vierzehn Jahren
Jadwíga, seine Mutter
Karlúscha, Jadwigas zweiter Mann
Wéra, Bobiks Schwester
Bábuschka, Jadwigas Mutter
Njánja, die Kinderfrau
Fróssja, die Köchin
Aríscha, erstes Zimmermädchen
Mademoiselle, die französische Gouvernante
Aleksándr, der Kutscher
Wánka, der Stallknecht
Sáscha Krasnossélskii, Jadwigas erster Mann

DAS ALTE SCHLOSS

Onkel Iwán Tarlétzki, Kosakengeneral, Bobiks Großonkel
Tante Ljola, Onkel Iwans dritte Frau
Márja Iwánowna, der Geist von Onkel Iwans zweiter Frau
Fürstin Moldiváni, Onkel Iwans erste Frau
Sáscha, Onkel Iwans Sohn
Marússja, Saschas Frau
Ánja Kuwárowa, Onkel Iwans Nichte
Timoféi, Onkel Iwans Kutscher
Slawka, Frau des Verwalters
Tamára, Geist der Ahnfrau
Chan Giréj, tartarischer Fürst,
  Nachkomme von Tschingis Khan,
  Begründer von Giréjewo

GOLITZINO

Fürst Arkádii Golítzin
Ilóna, seine Frau
Aljóscha, deren Sohn
Kammerdiener
Kutscher

BEWOHNER VON GIRÉJEWO

Lukiná, Ladeninhaberin, erste Klatschbase
Fürstin Kutúsowa, bösartige Klatschbase
Aljóna Oblónskaja, Bobiks Gespielin
Wássja Sseménow, Bobiks Gespiele
Achmét, Tartarenjunge
Schurúm Burúm, Tartare
Kostjúcha, Großbauer
Direktorin der Schule
Avdótja, die Dorfhexe
Doktor Ssorókin, der Hausarzt
Doktor Schumánow, Chefarzt des Hospitals
General Iljín und seine Frau

RANDFIGUREN

Großfürstin Elisavéta Feódorowna, Nonne
Graf Lew Nikolájewitsch Tolstói
Génja Lawrów, Bobiks Vetter, Leutnant
Berühmter Schriftsteller
David Burljuk, expressionistischer Maler
Nikífor, Haushofmeister der Großmutter
Pétenka, Njanjas Sohn
Bettler, Wandermänner, Gottesnarren und Scharlatane
Der Dorfpriester
Starez Anatólij
Der Polizeimeister
Jefrém, der Imker

DER LIEBE GOTT UND DIE MÄUSE

Das wiederholte sich Abend für Abend: Bobik wurde, nachdem er sich hartnäckig geweigert hatte, ins Bett gebracht. Das Schlafzimmer war groß und hell. Durch die mit weißen Tüllgardinen verhangenen Fenster strömte graue Dämmerung herein. Das vergitterte Kinderbett stand inmitten des Raumes. Auf der Kommode brannte eine Petroleumlampe. Wenn es der Njanja endlich gelang, Bobik zu zähmen und ins Bett zu bringen, lief sie schnell zur Tür, riß sie auf und rief: „Herrin, komm herein und bete schnell mit Bobik!" – sie war sichtlich in Eile, wie man jemanden ruft, wenn die Milch anbrennt oder die Lampe qualmt.

Mami erschien im Türrahmen. Das war ein großer Augenblick für Bobik; die einzige Gelegenheit am Tage, seine Mutter allein für sich zu haben. Er liebte sie, er bewunderte ehrfürchtig ihre Schönheit, ihre großen dunklen Augen und ihre Sanftheit. Sie, Njanja und der Kutscher Aleksandr gehörten, wenn sie auch groß waren, nicht zu der Gilde der Erwachsenen, mit denen Bobik immer schlechte Erfahrungen machte.

Mami faltete Bobiks kleine Hände. Er hätte es auch schon längst selbst machen können, aber das Gefühl war süß, wenn sie mit ihren warmen, feinen Fingern die seinen ineinander legte. Dann berührten ihre Wangen die seinen und mit leiser Stimme, die ganz von weitem herzukommen schien, sprach sie Bobik das Nachtgebet vor, das er nachsprach. Eigentlich genierte er sich, es nachzusprechen, aber in der Nähe von Mami fiel die Schüchternheit von ihm ab. Er verstand die Worte des Gebetes nicht ganz, aber das wußte er: es waren heilige, göttliche Worte, ganz andere als die, mit denen die Erwachsenen sich unterhielten. Die Unterhaltung der

Erwachsenen verglich er immer mit dem Gekrächze der Raben und begriff nicht, daß die Raben und die Erwachsenen sich offenbar gegenseitig nicht verstanden.

Das Gebet war nur kurz, doch da es der einzige Augenblick des Tages war, an dem Mami ihm ganz allein gehörte, an dem er ihr ganz nahe war, kostete er ihn so erschöpfend aus, daß er zum Zentrum des Tagesgeschehens und gleichzeitig der Schlußpunkt des Tages wurde.

Mami küßte Bobik auf die Stirn und er umarmte sie mit der ganzen Kraft seiner kleinen Arme. Dann verschwand sie hinter der Tür. Er schaute ihr lange nach.

Was nun kam, gehörte in den Bereich der Nacht. Eine andere Welt tat sich auf. Jetzt gehörte der Raum der geliebten, immer nahen, dicken, behäbigen Njanja. Sie bettete Bobik, deckte ihn mit der flauschigen Decke zu, drückte sanft seine Stirn gegen das Kissen, schlug das Kreuz über ihn. Dann wendete sie sich dem lieben Gott zu.

Man muß wissen, es waren zwei liebe Gott im Zimmer. Übereinander. Der alte und strenge liebe Gott im goldenen Rahmen, in silberner Verkleidung, aus der ein dunkles strenges Antlitz mit großen, strahlenden Augen schaute. In der linken Hand hielt er ein Buch, die Rechte hatte er erhoben und drohte, wie es Bobik schien, mit dem Zeigefinger. Er war sehr groß, und wenn Bobik mit ihm allein blieb, wurde er noch viel, viel größer, und manchmal, wenn Bobiks Gewissen aus irgendwelchen Gründen nicht ganz rein war, drohender. Vor dem lieben Gott brannte das ewige Licht, eine rote Lampade. Der andere liebe Gott war klein. Er war noch ein Kind, wohl im Alter Bobiks. Er umarmte mit großer Zärtlichkeit seine Mutter, die Gottesgebärerin. Und Bobik verglich sich und seine Mutter oft mit dieser Ikone. Er konnte nie zu dem großen Heiland mit dem erhobenen Finger beten, der war ihm zu groß und zu ernst, zu erwachsen und etwas unheimlich. Aber mit dem Christusknaben stand er auf du und du, er war seines Alters, er liebte und umarmte seine

Mutter, und ihm konnte sich Bobik voll anvertrauen. Ohne zu begreifen, fühlte er mit komischem Spürsinn das Seltsame der Zweistöckigkeit des Gebets. Mami und Njanja beteten zum großen Gott und erwarteten es selbstverständlich auch von ihm; er aber senkte beim Beten seine Augen um wenige Millimeter tiefer, so daß sie auf den Christusknaben trafen, dann fielen die Hemmungen, die er vor dem Erwachsenen hatte, ab und er konnte frei beten.

Nun ging die dicke Njanja ächzend und langsam in die Knie. Man fühlte geradezu, wie sie die einzelnen Gelenke und Wirbel erst biegen mußte, ehe sie ihren schweren Körper zu Boden senkte. Dann beugte sie den Oberkörper tief herab und verharrte lange in dieser Stellung. Bobik richtete sich ganz leise auf, um das Gebet mitzuerleben. Von seiner Position sah er nun zwei riesige Halbkugeln und die grauen Sohlen der Pantoffeln. Die Njanja selbst verwandelte sich in einen unförmigen Klumpen, leblos und etwas bedrohlich. So verweilte sie einige Zeit, und Bobik bangte, ob sie auch wieder zum Leben zurückkehren würde. Gleichzeitig forschte er in den strengen Zügen des Heilands, ob Er Njanja etwas zu sagen habe, etwas Gutes oder etwas Drohendes.

Dann richtete sie sich mühsam auf, noch immer kniend flüsterte sie Gebete, bekreuzigte und verneigte sich immerzu. Schließlich stand sie auf. Dann griff sie in ihr Haar, das nach Art der russischen Bauersfrauen glatt zurückgekämmt war, holte daraus eine Haarnadel, mit der sie den Docht der roten Lampade bearbeitete; es flogen einige Funken, die rußend zu Boden fielen. Dann goß sie Öl aus einer Flasche in die Lampe. Das Antlitz des Heilands wurde leuchtend, er erschien groß und streng. Nach einer letzten Verbeugung und Bekreuzigung ging Njanja einige Schritte rückwärts, dann schaute sie Bobik, der zuvor die Augen zukniff, an, schlug das Kreuz über ihn und ging zur Tür. Ganz unnütz sagte sie zu sich selbst „schschschschsch", um Bobik nicht zu wecken. Dann verließ sie das Zimmer.

Und nun geriet Bobik, obwohl er am gleichen Ort blieb, in eine neue Welt. Er setzte sich ganz leise auf, denn jetzt, wußte er, kamen die Mäuse. Er konnte nicht zählen, wie viele es waren, aber es müssen mehrere gewesen sein. Sie huschten am Boden entlang, sie nahmen von der Anwesenheit Bobiks, des großen Heilands, der Gottesgebärerin und des Christusknaben nicht die geringste Notiz. Es war eine Welt für sich. Sie schnupperten, sie sprachen und spielten miteinander, sie zankten sich, einige liefen weg, andere oder dieselben kamen wieder, sie waren rührend und komisch zugleich! Bobik hatte sie in sein Herz geschlossen. Wie lange sie blieben und was sie trieben, konnte er nie ergründen, denn er schlief offenbar bei diesem Spiel ein.

Einmal beging er eine Indiskretion, die ihm später viel Pein und Gewissensbisse verursachte und von der er sehr früh lernte, daß es nicht gut ist, den Erwachsenen, und sei es der Njanja, alles zu sagen. Tatsächlich konnte er eines Tages anläßlich eines intensiven Frage- und Antwortgesprächs mit Njanja sich nicht enthalten, nach dem Sinn und Zweck des nächtlichen Mäusespiels zu fragen. Natürlich war das Ansinnen ernst, doch hatte er die Heftigkeit der Reaktion nicht erwartet. Zuerst meinte die Njanja, er werde wohl das Ganze geträumt haben. Bobik, der diplomatischen Finessen der Erwachsenen noch unkundig, beteuerte mit Bekreuzigungen und Ehrenwort, daß alles ganz und gar wahr sei und kein Traum. Worauf die Njanja ganz unerwartet stöhnende Laute von sich gab, bekümmert aussah, etwas Unverständliches brummte und geschäftig wurde.

Nach einiger Zeit kam sie mit einem kleinen Brettchen mit Drähten ins Zimmer. Bobik mußte ihr die Stelle angeben, an der die Mäuse spielten. Sie stellte das Brettchen dorthin, legte gebrannten Speck darauf und ging weg. Bobik betrachtete die Vorrichtung wohlgefällig. Die gute Njanja brachte den lieben Mäusen ein leckeres Abendessen. Wie gut und lieb sie doch immer war!

Jene Nacht war Bobiks Gebet etwas weniger inbrünstig, und er umarmte die Mami etwas flüchtiger, weil er darauf brannte, dem Abendessen der Mäuse zuzuschauen.

Und sie kamen, sie spielten wie immer miteinander. Da näherte sich eine dicke Maus der Mäusetafel. Bobik hielt den Atem an. Jetzt wird sie essen, jetzt wird sie die anderen Mäuse zusammenrufen. Ob sie sich auch vor dem Essen bekreuzigen werden?

Dann gab es plötzlich ein lautes, gefährliches „klix"! und die dicke Maus lag jämmerlich erschlagen auf dem Brettchen. Die anderen Mäuse waren im Nu verschwunden, und Bobik blieb allein mit der verräterischen Falle und der toten Maus. Es wurde ihm übel, und er hatte fürchterliche Angst. Allein mit jenem unbeweglichen Mauswesen, das durch seine Indiskretion getötet wurde. Er versuchte zu beten, doch sah der erwachsene Heiland unbeweglich streng aus, und der Christusknabe ließ auch in jenem dramatischen und von ungutem Geschehen erfüllten Augenblick seine Mutter nicht los. Bobik fühlte sich grenzenlos allein und verlassen. Er weinte, er jammerte leise vor sich hin. Niemand hörte ihn, und er wollte die Njanja, die den unschuldigen Mäusen so etwas Böses angetan hatte, nicht mehr sehen.

Schließlich schlief er ein, aber es träumte ihm, daß die Maus, so groß wie ein Erwachsener, vor ihm stand, den Kopf hin und her wiegte und ihn wortlos anschaute. Er wollte flehend rufen: „Ich war es nicht! Ich war es nicht!" – aber er wagte es nicht, wußte er doch, daß er es war, der die Mäuse verraten hatte.

Am nächsten Morgen kam die Njanja. Er wachte auf von dem Schlürfen ihrer Schritte. Er tat, als schliefe er noch, und öffnete die Augen zu einem Schlitz. Er sah, wie Njanja sich zu der Falle bückte, wie sie mit der Gebärde des Ekels das Hölzchen mit zwei Fingern anfaßte und schnell den Raum verließ. Eigentlich wollte Bobik sie fragen, ihr Vorwürfe machen, aber irgend etwas in ihm sagte, er solle lieber schweigen, um die armen Mäuse nicht noch mehr zu gefährden. Und er schwieg. Die Njanja schwieg auch.

Aber am Abend wiederholte sich die gleiche gräßliche Prozedur. Wieder setzte Njanja die scheußliche Mordwaffe auf den Boden. Dann betete sie mit der Frömmigkeit eines Engels. Bobik schaute diesem Gebet zu und dachte bei sich, ob sie denn gar keine Gewissensbisse wegen der Mäuse habe. Aber es war keine Veränderung an ihr zu erkennen.

Dann richtete sie sich auf, ging zu Bobiks Bett, schlug das Kreuz über ihm und, anstatt zur Tür zu schlürfen, machte sie einen Abstecher, um nach der Falle zu sehen. Bobik war ganz Spannung. Und da geschah etwas Unvorhergesehenes. Die Falle macht „klix", und statt der Maus saß die Njanja drin. Nicht die ganze Njanja, sie war auch nicht gleich tot, aber sie begann gottsjämmerlich zu schreien und um Hilfe zu rufen. Die Falle hatte sich, wie Bobik das ganz deutlich hatte feststellen können, in ihren großen Zeh verbissen und ließ ihn nicht mehr los. Die Köchin Frossja, das Mädchen Arischa und der Kutscher Aleksandr stürzten in Bobiks Schlafzimmer. Aleksandr nahm etwas unsanft Njanjas Fuß und befreite ihn von der Falle. Der Pantoffel und der Strumpf wurden ausgezogen. Der große Zeh war ganz blau. Njanja jammerte. Dann gingen sie alle hinaus.

Der Lärm der vielen erregten Erwachsenen blieb noch eine Weile im Zimmer. Dann wurde es still. Bobik saß aufrecht im Bett. Ob nach alledem die lieben Mäuse kommen würden? Sie kamen, mit einiger Verspätung, wegen der Falle und der Erwachsenen. – „Gott sei Dank", sagte Bobik. Er bekreuzigte sich sogar. Die große Maus war nicht dabei. Aber die anderen Mäuse waren vergnügt und unbesorgt wie immer. Bobik war es leicht und froh zumute. Er schaute diesmal direkt zum großen Heiland auf, ohne Angst – dem Christusknaben hätte er dieses nicht sagen wollen – „Ich danke Dir, Erlöser! Ich danke Dir für die Errettung der Mäuse!"

DER BETTLERGANG

Morgens nahm Njanja Bobik an der Hand und führte ihn ins Schlafzimmer von Jadwiga. Sie saß aufrecht im Bett und frühstückte. Bobik machte zuerst eine Verbeugung, das heißt, er knickte in dem Scharnier zwischen letztem Lendenwirbel und Kreuzbein ein, den Kopf tief senkend. Dann straffte er sich und küßte der Mutter die Hand. Jadwiga streichelte seine Wangen und gab ihm einen Kuß auf die Stirn. Es wurde kurz über die Ereignisse der vergangenen Nacht und über das Wetter gesprochen. Dann zog Bobik einen verschnürten Lederbeutel aus der Tasche und Jadwiga legte ihm eine Handvoll Kupferkopeken hinein.

„Das ist für deine Bettler!" sagte sie.

„Darf ich mir denn auch bei der Tolstopusowa einige Bonbons kaufen? Für mich und für Njanja natürlich?" fügte er hinzu.

Dann wurden ihm der Pelzmantel, die Filzstiefel, die Schaffellmütze und der Kolpak übergestülpt. Vom Menschen Bobik sah man nur noch die Nasenspitze. Er fühlte sich selbst, in der winterlichen Verhüllung, wie ein weicher unbeweglicher Klumpen. Wenn er den Kopf drehen wollte, mußte er mit der Drehung im Kreuz beginnen. Wohl drehte sich der Kopf, aber der Kolpak blieb an derselben Stelle stehen und er sah dann nur das Innenfutter der Kopfbedekkung.

Njanja und Bobik trotteten in die klare, kalte Winterlandschaft. Bobik liebte diese Spaziergänge, weil er mit Njanja allein war; sie konnten sich unabgelenkt unterhalten. Zu Hause wurden sie immer gestört. Irgend jemand kam und fragte oder suchte etwas, und Njanja, die immer alles wußte, was in dem großen Haus vor sich ging, mußte nachdenken, antworten, suchen. Nur an das Telefon ging sie nicht. In diesem Kasten saß der Leibhaftige, und keine Macht der Welt konnte sie dazu verleiten, dieses teuflische Ding, aus dem menschliche Stimmen ertönten, anzufassen. Immer wenn die Klingel ertönte, bekreuzigte sie sich mit besorgtem Gesicht und flüsterte: „Es auferstehe der Herr und vertreibe alle seine Feinde; so wie das Wachs im Angesicht des Feuers schmilzt, so mögen sie verschwinden."

Sie strafte Mami mit einem langen strengen Blick, wenn sie sich der Macht des Teufels hingab und dennoch an den Apparat ging. Sie begriff nicht, daß die Herrin, die doch sonst klug und gottesfürchtig war, sich vom Teufel so einwickeln ließ.

Die Bettler erkannten Njanja und Bobik schon von weitem. Sie rafften sich auf, sie stellten sich und ihr Leid in Positur. Der erste Bettler war Mitrofan. Ein großer, alter, zerlumpter Mann, ein Invalide aus dem Krimkrieg. Das rechte Bein war ihm von einer Granate abgerissen worden. Der Unterschenkelstumpf ruhte angewinkelt auf einem Holzbein, das oben ganz dick war und sich nach unten verjüngte. Bobik mußte immer an den Flügel mit den drei Beinen denken, der im Musiksalon stand. Nur waren jene Beine schwarz poliert, und Mitrofans Bein war grob zugehauen. Bobik legte eine Kupfermünze in Mitrofans Hand. Mitrofan verneigte sich tief und bedankte sich mit singender Stimme. – „Möge der Herrgott dir gute Gesundheit geben!" –

Und zum wievielten Male erzählte ihm Mitrofan dann von dem Krimkriege und von seiner Verwundung. Njanja zupfte Bobik ungeduldig an der Hand, aber er mußte diese Geschichte bis zum Ende auskosten. Mit innerem Schaudern betastete er mit ausdrücklicher Genehmigung Mitrofans den Unterschenkelstumpf und das rohe Holzbein. Bobik machte den Bettler darauf aufmerksam, daß in seinem Märchenbuch der amputierte Bär, den man auf der Jagd verwundet hatte, genau solch ein schönes Holzbein trug. Mitrofan nickte vieldeutig zustimmend.

Etwas Angst hatte Bobik vor der nächsten Bettlerin, der Klikuscha Aljona. Sie hatte ein leeres Gesicht, sie konnte nie still stehen, irgend ein Glied bewegte sich an ihr ganz von selbst, oder sie verdrehte ruckartig den Kopf und stieß kleine durchdringende Laute aus. Dabei erschrak sie jedesmal selbst und schaute sich schnell um, als ob es jemand anderer getan hätte. Es war sehr schwer, ihr eine Kopeke zu geben, weil sie mit der Hand immer schnell vorbeigriff. Auch sagte sie nie „danke". Vielleicht konnte sie gar nicht sprechen.

Ehe sie ihn sahen, den lahmen Timofei, hörten sie das Dudeln seines Leierkastens. Diese Musik erfüllte Bobik mit erregender Freude, sie war noch viel schöner als Mamis Klavierspiel oder die Blasmusik der vorbeimarschierenden Soldaten. Süße Töne entrangen sich den zinnernen Flöten in dem Kasten, wenn Timofei daran drehte. Auf seiner Schulter saß ein kleiner behender Affe, der der Köchin Frossja mit seinen eng zusammenliegenden Augen und der kaum herausragenden Nase sehr ähnlich sah. Bobik fragte Timofei ehrfürchtig, ob er den Affen Frossinka nennen dürfe. Das wurde ihm großzügig gewährt. Auch durfte das Äffchen auf Bobiks Kolpak herumturnen. Die größte Seligkeit bereitete es ihm, wenn Frossinka mit ihren kleinen Händchen ihm an die Nase griff oder ihr putziges Gesicht ganz nahe an das seine brachte.

„Frossinka liebt Euer Hochwohlgeboren sehr", sagte Timofei. „Immer wenn Euer Hochwohlgeboren von weitem am Kommen sind, hüpft sie schon vor Freude und will sich von der Kette losreißen und Ihnen entgegenlaufen."

Bobik fühlte sich von der Anhänglichkeit Frossinkas sehr geschmeichelt. Nur einmal kam eine Dissonanz in diese beglückende Begegnung: als er nämlich der flachbrüstigen und breitgesichtigen Köchin Frossja, in der Meinung, ihr ein Kompliment zu machen, von ihrer Ähnlichkeit mit der Äffin erzählte. Frossja verlor alle Haltung, die einer Köchin in einem hochherrschaftlichen Hause geziemt, und fing an in den vulgärsten Ausdrücken zu schimpfen; sie nannte Bobik selbst einen Affen, sogar einen ganz großen, und vieles, das er nicht verstand; nur so viel, daß es sehr böse gemeint war. Und er glaubte Frossja eine ganz besondere Schmeichelei gesagt zu haben!

Es wäre besser gewesen, er hätte nach jenem Auftritt geschwiegen. Aber nun empfand er Frossjas Worte als Beleidigung für seinen geliebten Affen, und als Kavalier fühlte er sich verpflichtet, ihn zu verteidigen. Und so sagte er ganz hochmütig: „Ha! Der Affe steht ja turmhoch über dir! Und daß ich ihn dir ähnlich glaubte – solch ein Unsinn, der Affe ist ja eine Schönheit, und du bist ganz häßlich, mit deinen blassen Lippen, besonders jetzt, wo du dich so ärgerst! Und wie konnte ich nur den Affen Frossinka nennen! Das bist du gar nicht wert!“

Frossja geriet vollends in Wut. „Meinen christlichen Namen hast du auch noch jenem Höllengeschöpf, jenem Abbild des Teufels gegeben, du Taugenichts: Der Herrgott soll dich strafen dafür!“

Und ehe Bobik sich's versah, schlug sie ihn mit dem nassen Kochlöffel auf den Kopf. Er schrie wie am Spieß. Plötzlich war die Küche voller Menschen. Auch Mami, die nie in die Küche ging, war da. Frossja heulte und fühlte sich, auch im Namen ihrer christlichen Märtyrerin Euphrosyne, beleidigt. Alles war völlig verdreht. Bobik sollte der Köchin die Hand geben und sie um Verzeihung bitten, er würde das nie wieder tun. Was er nie wieder tun würde, begriff er nicht. Er merkte sich nur, daß diese Erwachsenen leider wohl nie früher Kinder gewesen sein konnten und daß man in verschiedenen Welten mit verschiedener Sprache lebte.

Am Tage nach dieser Staats- und Beleidigungsaffäre fragte er Timofei ganz leise ins Ohr, wie denn Frossinka wirklich heiße, denn er dürfe sie nicht mehr so nennen. Timofei warf sich in die Brust und sagte stolz: „Marja, Euer Hochwohlgeboren!“

„Marja ist ein schöner Name! Darf ich sie jetzt auch Marja nennen?“ Und er umarmte besonders zärtlich die Äffin Marja.

An den „Roten Toren“ aber saß der Clou aller Bettler, eine einmalige, eine großartige Frau, Marfa Iwanowna. Sie war hundertundsechs Jahre alt. Sie war zwölf gewesen, als der verfluchte Türkenhund Napoleoschka Moskau in Brand steckte. Sie hatte ihn von Auge zu Auge gesehen, sie war ein Stück neben seinem schönen weißen Pferd entlang gelaufen, und sie hatte den furchtbaren Brand wüten sehen. Wer Napoleoschka, der Türkenhund, war, wußte Bobik nicht genau, es muß aber ein schlimmer Hund gewesen sein, daß er das schöne alte Moskau angezündet hat. Und er hatte diesen Namen von den Erwachsenen oft gehört. In Mamis Boudoir war eine Miniatur von ihm, wie er rittlings auf einem Stuhl sitzt und eine Hand in den Westenausschnitt gesteckt hielt. Er sah nicht einmal unsympathisch aus. Aber es mußte sehr, sehr lange her sein, denn Bobik kannte niemanden, der hundert Jahre alt war. Und in den Stimmen der Erwachsenen, wenn sie von Marfa Iwanowna sprachen, war eine verhaltene Ehrfurcht.

Sie saß aufrecht auf einem Klappstühlchen. Bobik reichte ihr seine letzte, große Münze, ein Fünfkopekenstück. Und dann begann jedesmal das gleiche Zeremoniell. Bobik bat Marfa Iwanowna, ob er ganz tief in ihre Pupille schauen dürfe, womit sie doch den verfluchten Türkenhund Napoleoschka höchstpersönlich gesehen hatte. Die Bettlerin beugte sich tief zu Bobik, sie kam ihm mit ihrem von tausend Runzeln zerpflügten Gesicht ganz nahe, und er schaute ihr in die Pupille, immer in der Hoffnung, darin Napoleon zu erblicken. Aber die Pupillen waren trüb und hatten keinen Glanz mehr, und kein Napoleon war darin zu sehen. Nur manchmal war ein weißer Schimmer darin, und dann meinte Bobik, ob es wohl der Schimmel sei, auf dem er damals geritten habe.

An den „Roten Toren“ machten sie kehrt. Immer, wenn er alles Geld an die Bettler ausgegeben hatte, fiel ihm ein, daß er für sich und Njanja Konfekt kaufen wollte.

„Njanjuschka! Der Beutel ist ganz leer. Und ich wollte dir doch so gerne von den schönen, süßen Tjanutschki kaufen!"

„Macht nichts, mein Liebling! Wenn wir zu Hause sind, bekommst du von mir eine ganz schöne Konfetka. Sei nicht traurig, dafür können sich deine Freunde und das Äffchen Marja Brot kaufen."

„Warum müssen sie betteln? Sind sie sehr arm?"

„Sehr arm sind sie", bestätigte Njanja.

„Aber sie sind doch eigentlich ganz vergnügt."

„Ja, vergnügt sind sie wohl auch. Gottes Boten sind sie. Sie sollen das Gewissen der Reichen aufrütteln."

„Warum gibt es denn Reiche und Arme, Njanjuschka?!"

„Das hat Gott wohl so bestimmt, weißt du, wegen der Ungleichheit der Menschen. Unser Erlöser hat mal den Armen und den Bettlern einen großen goldenen Berg zum Verteilen schenken wollen. Aber da ist gerade im rechten Augenblick Johann Goldmund hinzugekommen und fing an den Herrn zu bitten, das doch nicht zu tun. – ›Sieh, Herr‹, hat er gesagt, ›die Armen und die Bettler sind leichtsinnige und geschäftsunkundige Leute; wenn Du ihnen den Geldberg gibst, werden sie ihn schnell vertun. Aber gib Du ihnen den Siegel Deines Namens, daß sie in Deinem Namen die Reichen um die Gaben bitten und daß jene niemals wissen können, wann Du zu ihnen im Gewand des Bettlers, in dem Du auf der Erde gewandelt bist, kommst und an ihre Tür klopfst.‹ – Und siehst du, nun gehen sie über die Erde und bitten in Christi Namen, und du gibst ihnen." – Bobik erschauerte.

„Ist denn Mitrofan, oder Timofei, oder Marja Iwanowna vielleicht der Heiland?"

„Vielleicht, mein Liebling, wer weiß es. Wir sind alle sündig und blind im Geiste. Vielleicht ist in jedem von ihnen auch nur ein Teilchen von der Seele des Erlösers drin!"

„Njanjuschka, und in der guten Äffin Marja, ist da der Heiland auch drinnen?!"

Da erschrak Njanjuschka heftig und schwieg.

Eine Weile gingen sie schweigend nebeneinander. Bobik dachte mit Trauer an die Äffin Marja, die aus unerklärlichen Gründen des Erlösers nicht teilhaftig werden sollte. Dann löste sich die Spannung. Er fühlte es an Njanjas Handdruck, der weicher wurde.

„Bobik!“ – „Njanjuschka?!“

„Deine Äffin, die Marja, – unser Heiland liebt sie auch. Wie kann er sie nicht lieben, wenn du sie liebst?“

Bobiks Herz machte einen deutlichen Sprung. Er wußte es ja, – seine liebe Äffin Marja!

FIGUREN WIE AUS DEM KASPERLETHEATER

Bobiks Alltag war durch den Gang der Ereignisse in zwei verschiedene Hälften geteilt. Bis zum Abend floß die Zeit breit und behäbig dahin. Aufstehen, essen, spazieren, spielen, philosophische Gespräche mit Njanja, der Gang zu den Stallungen, die Spiele mit den Hunden, Pferden, Kühen, gelegentlich eine kurze freundliche Begegnung mit Mami. Es fühlte sich an wie ein breit dahinfließender Strom, gutartig, etwas träge und überstrahlt von der Sonne.

Aber wenn der Abend sich neigte, geriet der Strom in Katarakte und Stromschnellen, die Wellen wurden erregter, bekamen weiße Schaumkronen, und schon stürzte sich das Wasser mit Getöse in gefährliche und gefährdende Tiefen hinab. An alledem war der Herr des Hauses, Karluscha, schuld. Schon lange ehe er ankam, verbreitete sich unter den Leuten eine Unruhe. Die Njanja wurde unkonzentriert und fahrig, sie gab Bobik nur kurze Antworten und behandelte ihn wie eine Fliege am heißen Sommerabend, die einem immer um die Nase fliegt und die man verzweifelt abzuwehren versucht. Die Köchin Frossja huschte hin und her, keifte vor sich hin und gab freche Antworten. Die Stubenmädchen verfielen in eine Art schreckhafter Lethargie, sie waren nie zur Stelle, wenn man sie rief, und taten immer etwas Verkehrtes. Selbst Mami, die den ganzen Tag ruhig und gelassen war und sich nie um den Haushalt kümmerte, begann in den Zimmern umherzugehen und nachzuschauen, ob auch alle Gegenstände an ihrem gewohnten Platz standen.

Dann gab es eine kurze Zeit, wie sie vor einem heftigen Regen auftritt. Der Himmel ist verhangen, noch ist alles ruhig, aber man spürt die elektrisch geladene Atmosphäre; dann rauscht plötzlich ein Wind daher, die Menschen und die Tiere werden unruhig und reagieren nervös, – und dann kommt der Regen. Und so hörte man, eben ehe dieser Regen kam, jeden Abend von weitem, einige Minuten lang, ein immer lauter werdendes bimbimbimbimbimbim . . . und schließlich das Getrappel von Pferdehufen. Mamis Augen wurden ganz groß und schwarz. Njanjuschka lief in ihrer Körperfülle hin und her, Frossja zeigte sich in der Tür, bekreuzigte sich, rief: „Er kommt, er kommt!" – und verschwand eiligst in der Küche. Bobik wurde vor die Eingangstür postiert. Auch ihm war nicht wohl zumute.

Und dann kamen sie. Der feurige und ungezogene Rappe dampfte und schlug mit den Hufen, Karluscha sprang vom Char à banc und warf dem Kutscher Aleksandr die Zügel zu. Karluscha ging zunächst zum Rappen und klopfte ihn am Hals. Dann stieg er die Stufen zum Haus hinauf. Bobik streckte ihm die Hand entgegen.

Karluscha war mittelgroß, hatte ein rotes Gesicht und einen roten Schnurrbart, den Bobik im stillen immer mit dem Schwanz eines Eichhörnchens verglich. Der Schnurrbart piekte unangenehm, wenn man Karluscha auf die Wange küßte. Dieser Eichhörnchenschwanz war fürchterlich, alles an Karluscha war fürchterlich, auch seine großen hellblauen Augen mit fast weißen Wimpern. Die Augen wurden heller, wenn er sich aufregte und ärgerte, und Karluscha ärgerte sich immer. Ein Freund von ihm sagte – was Bobik erst viel später begriff –, Karluscha sei der ausgeglichenste Mensch, den er je gekannt habe, er sei nämlich immer erregt und ärgerlich. Schrecklich waren auch seine hastigen Bewegungen, sein schneller, federnder Gang, der so sehr von dem Gang der russischen Menschen abstach, und seine lebhaften Armbewegungen. Am allerschrecklichsten aber war Karluschas Sprache. Die einzelnen Worte waren wohl russisch, aber er sprach sie auf eine fremde Art aus, so daß es sich immer, sogar wenn er etwas Gutes oder Freundliches sagen wollte, wie ein Schimpfen anhörte. Karluscha selbst schien wohl keine Angst zu haben, sein Auftreten war sicher; aber er verbreitete Angst um sich, er war wie in eine Wolke von Angst gehüllt.

Was Bobiks Unsicherheit noch erhöhte, war, daß er, der Njanjas breites moskowitisches Russisch gewohnt war, Karluschas Sprache einfach nicht verstand. Die Worte sprudelten so schnell und so falsch aus ihm heraus, und er war so wenig bereit, sie zu wiederholen, und forderte eine sofortige Antwort, daß Bobik immer ins Stottern kam und immer falsche Antworten gab. Das brachte Karluscha in Harnisch, er schimpfte, und am Ende wurde Bobik als dummer, ungezogener und störrischer Junge weggeschickt, in den Winkel gestellt, oder frühzeitig schlafen gelegt, was noch schlimmer war. Immer war er heilfroh, aus den Augen Karluschas zu verschwinden.

Der Krach fing also immer mit Bobik an, weil die Hausgenossen ihn als ersten Karluscha in den Weg stellten. Nach dem obligaten Wangenkuß fragte Karluscha Bobik in seinem Kauderrussisch, was er den Tag gemacht habe. Bobik versuchte, ängstlich und schüchtern, mit sehr leiser Stimme zu erzählen, daß er mit den Hunden spazierengegangen sei und daß Aleksandr ihn auf den lieben Rolf gesetzt habe. Aber Karluscha hörte schon nicht mehr zu, er rannte ins Haus. Mami stand in der Halle. Während er sie noch umarmte und ihr einen Kuß gab, schnupperte er mit den Nüstern.

„Es riecht nach Papirossen! Welcher Kerl war hier im Haus?!" schrie er laut. Mami wurde noch blasser. Leise sagte sie: „Es war niemand sonst da, nur meine Freundin Lore Howard. Du weißt, daß sie raucht." – Er schimpfte über Lore, er schimpfte über alle Menschen, die ins Haus kamen.

Das Abendessen war für alle, außer Karluscha, eine Tortur. Er aß sehr schnell, und sobald er fertig war, mußte der nächste Gang gereicht werden. Bobik konnte nicht so schnell essen, auch war er in der Handhabung von Eßbestecken noch ungeschickt, außerdem haßte er alle Saucen, Breie und Fleisch mit Fettrand. Karluscha verlangte aber, daß Bobik alles essen sollte; Bobik quälte sich, sein Schlund verschloß sich ganz von selbst vor den ungeliebten Speisen. Karluschas Augen wurden schneeweiß. – „Jetzt kommt das Gewitter", dachte Bobik. – „Hinaus mit ihm!" schrie Karluscha. „Njanja, steck ihn sofort ins Bett!" Njanja kam; – wie wohl tat Bobik ihre schützende Hülle. Sie nahm ihn bei der Hand und führte ihn hinaus. Sie sprachen kein Wort, aber Njanjas warmer Händedruck sagte mehr als alle Worte. Aus dem Eßzimmer hörten sie Karluscha mit Mami über ihre miserablen Erziehungsmethoden schimpfen.

Eine Weile war Stille. Dann rannte Karluscha in Bobiks Schlafzimmer, in der Hand hielt er eine japanische Vase, aus der ein Eckchen ausgebrochen war. Er schrie und wiederholte immerfort: „Wer schlug dieses Stückchen ab?!" und er hielt der verdutzten Njanja die Vase vor die Nase. Mit Njanjas Gleichmut war es nun zu Ende. Wohl schien es Bobik, daß außer Aleksandr die Njanja am wenigsten Angst vor Karluscha hatte, doch versuchte sie ihm aus dem Wege zu gehen. Jetzt griff sie mit gewaltigem Griff – einen Augenblick glaubte Bobik, diese Hand sei die Hand Gottes gewesen – und schlug die Vase zu Boden, daß sie in tausend Stücke zerschellte. Sie schaute Karluscha zornig an. „Ich war es nicht, und ich weiß nicht, wer es war; aber jetzt war ich es, und nun ist sie kaputt! Du Narr, du unbeherrschter!" –

Bobik merkte, wie, noch im Sprechen, der Mut sie wieder verließ, aber sie zwang sich dazu, ihre Wut aufrechtzuerhalten. „Du Krakeler, du ungezogener, tyrannisierst das ganze Haus, meinst du kannst es, weil du Germanez bist!“ Sie fand keine Worte mehr und brummte noch wie ein böser Hund. – Und nun geschah etwas völlig Überraschendes. Bobik erwartete zitternd, daß Karluscha sich auf die arme Njanja stürzen und sie umbringen würde. Statt dessen wurde er ganz ruhig, ja sogar freundlich und sagte mit gelassener Stimme: „Warum regst du dich so auf – wegen einer lumpigen Vase?!“ Und ohne Njanjas erneut aufkeimenden Wutanfall abzuwarten, verließ er das Zimmer. Njanja stand, wie Lots Weib, zur Salzsäule erstarrt, sprachlos über den eigenen Mut und über die unerwartete Wendung.

Nach einer Weile schauten sich beide wortlos an. Dann sagte Bobik ganz leise, er hatte selbst Angst vor seinen Worten, aber er mußte es aussprechen: „Er ist ja feige!“ – Njanja machte eine besorgte Bewegung mit der Hand, die soviel sagen sollte wie: „Schweig lieber.“

Nach und nach hüllte sich das große weiße Haus in Schweigen.

Jedes Jahr gab es im Nachbardorf Scheremetewo eine Kirmes. Man hörte schon von weitem, daß etwas Besonderes los war. Die Luft war voll von Geräuschen, mehrere Drehorgeln und Karussellorgeln überschnitten sich, dazwischen das gurgelnde Pfeifen von kleinen papierenen Pfeifen, die man „Schwiegermutterzunge“ nannte, und das Frohlocken der Dorfburschen und Mädels. Es war herrlich, die Freuden schon voher akustisch auszukosten!

Bobik ritt auf hölzernen Schimmeln im Karussell, sie gingen ins Lachkabinett, wo Bobik ganz groß und Njanja ganz breit wurden. Er aß Reibekuchen, die in stark riechendem Öl gebacken wurden, und Pfefferkuchen und Bonbons auf langen Holzstangen, Dauerbonbons. Er mischte sich unter andere Kinder, sie stießen sich an, sie riefen sich Ungezogenheiten zu, aber alle lachten und waren brüderlich gegeneinander gesonnen.

Dann kauften sie sich Karten für das Kasperletheater. Sie saßen erwartungsvoll vor der kleinen Bühne. Da erschienen Kasperle und die anderen Mitspieler. Kasperle war fürchterlich aufgeregt, hastig in seinen Bewegungen, er schrie und schimpfte unentwegt, er schlug seine arme Frau, er zankte sich mit seinen Nachbarn. Die Kinder schrien vor Wonne und zugleich vor Schreck. Bobik war es unheimlich zumute. Mit schrecklicher Gewißheit glaubte er Karluscha in den Kasperle verwandelt. Was die anderen Zuschauer belustigte, erschütterte ihn, da die Entsprechungen zu Hause und hier auf der kleinen Bühne so offensichtlich waren und hier ganz lebendiges Leben vorgespielt wurde. Er ließ Njanjas Hand keine Sekunde los. Auch Njanja war sichtlich aus dem gleichen Grunde aufgeregt.

Schließlich kam ein ganz großes Krokodil, und als Kasperle ihm frech und großmäulig entgegentrat, riß es sein Maul auf, verschlang ihn, klappte das Maul zu, und man hörte aus der Höhle seines Bauches Kasperle eine Weile dumpf wimmern. Die Kinder schrien vor Vergnügen, einige erschraken und weinten. Bobik war wie versteinert. „Njanjuschka! Das Krokodil! Das Krokodil!“ – Angst, Befürchtung und Wunsch waren in diesem Aufschrei miteinander vermischt.

„Willst du noch einen Wjasmapfefferkuchen essen, mein Goldjunge?“ fragte Njanja. Sie ahnte, was in ihm vorging. Er winkte mit der Hand ab. Er wollte nur schnell nach Hause. Weg aus diesem Lärm, aus der Verzauberung. Ob die Verzauberung Karluschas in den Kasperle vollkommen gelang?! Ob er doch wieder erscheinen würde? Ob das Krokodil am Ende eines Aktes auch auf ihn wartete?

Aber jener Abend war wie alle die anderen Abende. Karluscha kam und war der gleiche. Und immer, wenn Bobik in seine hellen aufgerissenen Augen schaute, sah er zugleich das Gesicht und die Gebärden des Kasperle, und er wußte auch um die Existenz des Krokodils. Nachts, als es still war und Bobik die Ereignisse des Tages überdachte, wobei er gequält die Begegnung mit Karluscha im Geiste nacherlebte – er begriff längst, daß er Karluscha nicht böse sein konnte, weil seine Aggressionen nicht gegen ihn, Bobik, gerichtet waren, sondern einfach zu seinem Wesen, seiner Ausstrahlung gehörten –, bat er den Heiland in der Ikonenecke, er möge ihm das Geheimnis der Zauberformel offenbaren, mit der er das Krokodil herbeirufen könne.

Er würde Karluscha nicht auffressen lassen, aber allein das Erscheinen des Krokodils, allein das Maulaufreißen würde alle Dinge wieder ins rechte Lot bringen.

„O du liebes gutes Krokodil! Sag mir den Namen, bei dem ich dich rufen kann, und hilf mir gegen den armen, bösen Karluscha!" –

Dann schlief er fest ein. Er träumte, ein warmes, molliges Krokodil läge in seinen Armen und schnarche. Und dieser Traum, den er oft träumte, gab ihm Kraft und Sicherheit.

GROSSMUTTER AUS DER KASPERLEKISTE

Babuschka war eigentlich keine richtige Großmutter. Sicherlich war sie Mamis Mama. Aber sie war offenbar nicht bis zu dem Zustand einer Großmutter herangereift. Wanjas Großmutter, das war eine richtige Großmutter, sie war richtig alt und dick, hatte eng anliegende Haare mit einem Dutt hinten, und eine kleine Brille in Metallfassung. Ihre Bewegungen waren langsam, die Schritte schlürfend, die Sprache gedehnt und singend. Und Märchen konnte sie erzählen! Man konnte auch auf ihr in aller Gemütlichkeit herumturnen. Sie war einfach Babuschka, nicht nur für Wanja, auch für andere

Freunde, die zu ihm kamen. Bobik beneidete Wanja um seine Großmutter.

Um so mehr stach seine Babuschka von jener ab. Sicherlich war sie eine große Dame, das merkte man schon an der Ehrfurcht, mit der ihr die Gäste von Mami entgegentraten. Hübsch war sie auch, aber das gerade brauchte eine echte Babuschka nicht zu sein. Alt mußte sie sein. Sie hielt sich gerade – wie Bobik, der gerne hinter alle Dinge kam, ausspioniert hatte – dank eines Apparates aus Walfischgräten, den sie sich um den Bauch schnürte. Das größte Unglück aber war, daß auch sie, nicht unähnlich wie Karluscha, der Sprache nicht mächtig war. Sie war Polin. Mit Mami sprach sie in einer sehr schnellen und schönen Vogelsprache, die sie „französisch" nannten. Die Sprache Bobiks verstand sie nicht, sie wollte sie nicht verstehen – so hörte er von dem Gesinde. Sie lebte in fernen Ländern und hatte in Moskau in einer stillen Straße ein totes Haus – tot, weil es dort unheimlich still war und weil viele Möbel, wie mit einer Leichendecke, mit weißem Leinen überkleidet waren.

Wenn Babuschka nach Girejewo kam, gab es Lärm und Krach. Ganz anderen Krach als den, den Karluscha verursachte. Für Bobik war es ein weniger gefährlicher, ein lustiger Krach, und an diesem Krach waren alle beteiligt. Bei Karluscha war es anders: er machte Krach, und die anderen schwiegen und zitterten. Bei Babuschka zitterte keiner, im Gegenteil, sie verwandelten sich in brummige und bissige Hunde und Füchse. Das ganze große Haus, die Stallungen und die Wohnungen des Gesindes wurden laut und gerieten in Unruhe.

Es fing damit an, daß eine Kalesche mit einem Mietskutscher im dicken blauen Mantel mit roter Schärpe und zylindrischem Pelzhut in den Hof hereinfuhr. Der Kalesche entstieg Babuschka im schwarzen Pelz, mit wehender schwarzer Straußenfeder auf dem Hut, die wie ein Trauersegel aussah und im Winde hin und her flatterte. In der Hand hielt sie krampfhaft eine schwarze viereckige Kiste, in der sie ihre Juwelen verwahrte. Mit schriller Stimme, in falschem Russisch, kommandierte sie dem Kutscher, daß er die vielen Koffer möglichst behutsam ausladen möge.

Im weißen Haus wurde es lebendig. Irgend jemand erspähte das unfreudige Ereignis. Njanjuschka rannte mit wehenden Schößen zu Mami:

„Sie ist wieder da, Herrin, sie ist soeben hereingefahren!"

„Wer um Gottes willen ist da?" fragte Mami, die gerade einen Brief schrieb.

„Die Exzellenz ist wieder da!" rief Njanja, in ihrer Stimme klang hysterische Erregung.

„Mein Gott!" sagte Mami und ging zur Tür, ihre Mutter zu empfangen.

Nach Handkuß und kurzer Umarmung begann Babuschka zu erzählen, schnell, in einer gutturalen Sprache, ohne Unterbrechung. Mami hörte ihr höflich zu, doch sah Bobik ihr an, daß sie sich langweilte.

Sobald Babuschka das Haus betrat, geschah etwas, was in Gegenwart gewisser Menschen oft geschieht: die Luft wurde dick. Es war eigentlich nicht Babuschka selbst, wie Karluscha etwa, die die Luft dick machte; es kam aus der Küche, aus dem Stall, aus den Mädchenkammern, aus Njanjas Zimmer, es kroch und verbreitete sich wie dicker Nebel.

Mami fragte behutsam, wie lange Maman bleiben wolle?

„Ich habe vor, lange zu bleiben und euch zu genießen. Oder wollt ihr mich nicht haben, störe ich euch?!" war die beleidigte Antwort.

Dann kam Bobik dran. Babuschka stürzte sich auf ihn, drückte ihn an sich; irgendwelche Nadeln aus ihrem Busen oder von dem lächerlichen Hut stachen ihn. Sie überschlug sich in Zärtlichkeiten, die aufdringlich und ihm lästig waren. Er versuchte, sich loszureißen, aber sie hielt ihn fest. Sie überschüttete ihn mit einem albernen Vogelgezwitscher, von dem er kein Wort verstand; er hatte den Eindruck, daß sie diese Sprache eigens für ihn erfunden hatte, wie es manche törichten Erwachsenen tun, wenn sie mit Kindern sprechen.

Er herrschte sie an: „Sprich russisch! Ich verstehe kein Wort!" –. Sie ließ von ihm ab, und er fühlte deutlich ihre Unsicherheit, sie konnte sich nicht überwinden, mit ihm richtig zu sprechen.

Mami geleitete sie in ihr Zimmer und empfahl ihr, sich nach der langen und anstrengenden Fahrt auszuruhen.

„Ja, ich lege mich nur wenige Minuten hin. Du weißt, ich muß dann nach dem Rechten sehen." Mami und Bobik wußten, was „nach dem Rechten sehen" bedeutete, und erschraken. Sie wußten, daß der träge Frieden des weißen Hauses für Wochen dahin sein würde. Alle wußten es und warteten darauf.

Babuschkas erste Schritte nach dem Ausruhen führten sie in die Küche. Dort stand Frossja, die Köchin, wie eine Königin in ihrem Reich. Sie verbeugte sich mit eisiger Würde vor Babuschka. Babuschka schaute sich schnüffelnd in der Küche um, ihre Augen sahen alles auf einmal.

„Was wird es heute zum Essen geben, Frossja?"

„Hühnersuppe, Bœuf Stroganow, und später Vanillecrème" – die Antwort kam wie aus einem Automaten.

„Gut, das ist ausgezeichnet, das esse ich sehr gerne. Ich werde dir dabei helfen."

Frossja bäumte sich auf. „Ich bin hier Köchin und nicht Sie. Hier hat in der Küche niemand außer mir etwas zu suchen! Wenn Sie kochen wollen, dann kochen Sie allein, dann gehe ich weg!"

Babuschka begann sinnlos zu schreien, da sie keine russischen Worte fand. Frossja packte derweilen in blinder Wut Pfannen und Kasserollen, die umherstanden, warf sie Babuschka vor die Füße und rannte aus der Küche. Babuschka blieb allein. Sie öffnete die Schränke, sie roch an den in der Kammer aufgehängten Räucherwürsten, sie biß in eine Wurst und kostete sie. Sie fand das Einkaufsbuch. Sie mußte sich hinsetzen, um es zu studieren. Dann entdeckte sie darin etwas. Sie ging zur Tür und schrie mit schriller Stimme: „Jadja! Jaadja!“ Man war es, außer von Karluscha, nicht gewöhnt, daß im weißen Haus laut geschrien wurde. Mami lief zur Küche.

„Was ist denn schon los, Maman, warum sind Sie in der Küche?“

„Ich muß es ja tun, weil ich weiß, daß du dich nie darum kümmerst. Lies hier, was ich gefunden habe! Siebzehn Pfund Zucker und zwanzig Eier für einen Kuchen. Siehst du nicht, wie sie dich betrügen?!“

„Gott, wenn sie den Zucker für den Kuchen gebraucht hat.“

„Aber verstehst du denn nicht, daß man keine siebzehn Pfund Zucker für einen Kuchen verbrauchen kann. Ich werde sie wegen Diebstahls verhaften lassen! Komm mit, wir werden weiter sehen!“ – und sie zerrte Mami in den Schlafraum von Frossinka. Sie öffnete die Truhe, sie kramte darin. Dann fand sie am Boden der Truhe Säckchen mit Zucker, mit Mehl, mit Grütze, sie zerrte Kissenbezüge und Handtücher mit dem Monogramm des Hauses heraus. Jadja stand bleich und still dabei.

„Siehst du nun, wie du bestohlen und betrogen wirst?! Und das nur, weil du dich nicht um den Haushalt kümmerst. Sie tanzen dir alle auf der Nase herum!“

„Niemand tanzt mir auf der Nase herum.“

Dann wurde Njanja herbeigerufen, Bobik lief ihr nach. Frossja war nirgends aufzufinden, und Babuschka beschloß, allein zu kochen. Sie entschied sich für Spinat mit Spiegeleiern. Mami wagte einzuwenden, daß Karluscha Spinat hasse. Babuschka meinte nonchalant: „Dann wird er seinen Haß eben überwinden müssen.“

Alle außer Babuschka ahnten, daß dieser Tag noch manche Überraschung in sich bergen werde.

Abends kam Karluscha übelster Laune heim. Der Kutscher

Aleksandr, der ihn in der Fabrik abholte, hatte ihm bereits von dem hohen Besuch und von Frossjas Flucht erzählt. Er hatte natürlich die Sache mit dem Zucker und den Wäschestücken in Frossjas Truhe verschwiegen.

Karluscha küßte Babuschka als vollendeter Gentleman die Hand, sie küßte ihn nach alter Sitte auf die Stirn. Er hieß sie in seinem Haus willkommen.

Sie saßen bei Tisch, Babuschka zu seiner Rechten. Es wurde Bouillon serviert. Die Hände von Arischa, die den Teller aufsetzte, zitterten so, daß das Geschirr klirrte. Karluscha saß da wie ein böser Hund, der, ohne den Kopf zu wenden, schief aus den Augen guckt. Dann kamen die Spiegeleier und der von Babuschka höchstpersönlich zubereitete Spinat. Karluscha war der erste, dem vorgelegt wurde. Seine Augen wurden weiß.

„Was ist denn das für ein grüner Dreck?!"

„Das ist Spinat, ausgezeichneter, sehr gesunder und von mir zubereiteter Spinat!" sagte Babuschka spitz.

Karluscha nahm sich wortlos einige Löffel davon. Der Spinat war sehr heiß, beim ersten Gabelbissen verbrannte er sich den Mund, er spuckte und wurde wütend, er sog kalte Luft laut in den Mund ein. Bobik dachte: „Wenn ich das täte, ich müßte sofort den Tisch verlassen." – Karluscha prustete und schimpfte. Der Spinat wurde weitergereicht. Bobik fand ihn teuflisch. Er knirschte in den Zähnen, offenbar war der Sand nicht herausgewaschen worden, und er bestand aus lauter Klumpen. Karluscha schimpfte vor sich hin. Babuschka, den Spinat kostend, wendete sich freundlich, wie zu einem unartigen Kind, zu Karluscha und sagte: „Ich weiß nicht, was du willst, er schmeckt ganz ausgezeichnet!"

„Ausgezeichnet! Ausgezeichnet!" brüllte Karluscha und lief rot an wie ein Puter. Er ergriff die Spinatschüssel mit beiden Händen, und ehe jemand dazwischentreten konnte, stülpte er sie mit großer Kraft über Babuschkas Kopf. Ein langgezogener Schrei aus den Mündern der Anwesenden war die Antwort. Babuschka saß unter der Haube, wie beim Frisör. Nicht auf einmal, langsam und stückweise flossen Spinatsträhnen über ihr Gesicht. Sie konnte vor Überraschung nicht schreien. Alle waren wie paralysiert, und niemandem kam es in den Sinn, Babuschka von der Spinatschüssel zu befreien. Bobik wollte laut und hysterisch auflachen, aber in diesem Augenblick traf ihn ein strenger und trauriger Blick von Mami und es gelang ihm, sich zu beherrschen. Karluscha, der über sein Husarenstück selbst erschrocken war, bemühte sich nun, Babuschka die Spinatschüssel vom Kopfe zu zerren, sie saß ziemlich fest; als er sie endlich herunter bekam, sah Babuschka aus wie eine Seejungfrau – auf den blonden Haaren saß ein grüner Pilz und das ganze Gesicht war wie von grünen Zöpfen durchzogen. Sie sagte automatisch: „Danke“.

Dann begriff sie offenbar, was alles in jenen kurzen Sekunden passiert war, und fing an zu weinen, – aber dieses Weinen klang irgendwie nicht echt – das wußte Bobik ganz genau, denn er verstand es auch, unecht zu weinen. Dann erhob sie sich, noch geblendet von den Spinatfetzen, und tastete sich aus dem Zimmer. Alle saßen still um den Tisch herum. Arischa stand da und hatte den Mund immer noch offen; das sah so dumm aus, daß Bobik wieder lachen wollte. Karluscha kaute an den kalten Spiegeleiern.

„Willst du nicht zu ihr hinaufgehen?“ fragte er Jadja.

„Ich glaube, das wäre deine Sache“, meinte Jadja. „Ich habe ihr den Spinat nicht über den Kopf gestülpt.“

„Aber versteh doch! Ich kann das nicht! Außerdem zieht sie sich sicherlich jetzt um.“

Jadja ging hinauf. Tatsächlich zog sich Babuschka gerade um, puderte die vom heißen Spinat geröteten Stellen im Gesicht. Sie sah Jadja ruhig an.

„Ein Benehmen! Impossible! Aber doch irgendwie imposant. Er ist wenigstens ein richtiger Mann!“

Dann erkundigte sie sich, ob das Dessert schon auf dem

Tisch sei, und man möge auf sie warten. Jadwiga berichtete im Eßzimmer, daß man auf Babuschka warten solle. Karluscha fing an still in sich zu lachen – wann war das schon mal vorgekommen! – und Bobik konnte sich vor Lachen nun nicht mehr halten. Jetzt sprang das Lachen auf Njanjuschka, dann auf Karluscha über, sogar Arischa vergaß ihre gute Erziehung und lachte hell wie ein Glöckchen. Mami schmunzelte.

Und dann ging die Tür auf und Babuschka erschien in neuem Gewand, sie war feierlich und etwas verlegen. Majestätisch ging sie zum Tisch und nahm Platz, als ob es nie eine heiße Spinatschüssel gegeben hätte und einen Kopf, der so gut dazu paßte. Die Vanillecrème wurde bis zum letzten Rest aufgegessen! Karluscha war bester Laune und lud Babuschka zum Kartenspiel ein.

Vor dem Nachtgebet sagte Bobik: „Weißt du, Njanjuschka, – wenn die Babuschka auch keine richtige Babuschka ist, aber hast du gemerkt, – sie hat vor ihm gar keine Angst!“ Das imponierte Bobik gewaltig.

Nach einigen Wochen durfte Aleksandr den Rolf, das ruhigste Pferd, das im Stall stand, anspannen, und Babuschka wurde samt ihrem kleinen schwarzen Kasten mit den Juwelen, samt den Koffern und samt einem großen Bündel Reisig, den sie im Park gesammelt hatte und den sie mit nach Hause nahm – aus Sparsamkeitsgründen – nach Moskau transportiert. Der Abschied fiel freundlicher aus als der Empfang.

Als Babuschka eine Stunde fort war und keine Befürchtung mehr bestand, daß sie unerwartet wiederkehren würde, nahm Njanja das Weihrauchgefäß, das vor der Ikone hing, tat Holzkohle hinein, die sie entzündete, und warf eine Handvoll Weihrauch hinein. Dicke weiße Wolken zogen durch das Zimmer. Dann ging Njanja mit dem Weihrauchgefäß durch alle Zimmer, durch die Gemächer des Gesindes, durch die Küche, das Bügelzimmer, das Nähzimmer, die Waschküche, immer murmelte sie mit ernstem Gesicht irgendwelche Formeln. Bobik ging mit, auch er murmelte, aber er wußte nicht was.

„Was machst du da eigentlich, Njanjuschka?"

„Die Exzellenz, die Babuschka ist doch weg, und nun räuchere ich sie aus."

„Die Babuschka?"

„Nein, nun ja, die Babuschka, und alle die Geister und Teufelchen, die sie mitbrachte, – damit keiner hier bleibt. Möge sie sie alle gut in ihren Koffern verpackt haben!"

EIN NEUES GESICHT

Plötzlich, oder war es allmählich? – veränderte sich die Atmosphäre im weißen Haus. Eigentlich blieb alles beim alten, und doch war es anders. Njanja und Frossja und die Mädchen flüsterten oft miteinander; wenn Bobik dazukam, schwiegen sie. Mami sah blaß und krank aus, sie wurde dicker und unbeholfener. Sie war besonders still und nahm sich mehr Zeit, mit Bobik zu sprechen. Manchmal erzählte sie ihm Geschichten, Märchen oder wahre Begebenheiten. Bobik sah sie bekümmert an, er wagte aber nie sie zu fragen, was es sei, das sie und alles um sie her verändert habe. Sogar Karluscha war stiller und freundlicher, was ihm allerdings nur wenige Minuten gelang, dann polterte er wieder los. Aber Njanja sah ihn dann so streng und strafend an, als ob sie seine Njanja sei, und das dämpfte ihn.

Eines Morgens probierte Jadwiga ein neues Kleid an. Bobik saß im Nähzimmer und schaute seine Mutter im Spiegel kritisch an. Das Kleid war wohl ganz hübsch und lustig, aber es paßte nicht zu Mamis traurigem Aussehen. Er wollte es eigentlich gleich aussprechen, aber dann tat ihm Mami leid, und er behielt es für sich.

Während er Mami und das Kleid noch im Spiegel betrachtete, fiel ihm auf, daß seine Mutter schneeweiß wurde, unter den Augen bildeten sich ganz dunkle Ringe, sie schwankte und glitt langsam zu Boden. Er lief zu ihr hin, er rüttelte sie; sie bewegte sich nicht, sie war weit weg. Ein furchtbarer Gedanke durchzuckte ihn: sie ist tot! Er wußte, was „tot" war, denn in den Kirchen hatten sie oft wächserne Tote in offenen Särgen gesehen. Njanja bekreuzigte sich vor ihnen, und Bobik sah sie mit Neugierde von nahem an. Es waren Junge und Alte, Kinder und Säuglinge, und Njanja belehrte ihn, daß ihre Seele sie verlassen habe und zu Gott geflogen sei, und manchmal auch vom Teufel weggeholt werde, und daß der Leib wieder zur Erde, aus der er erschaffen wurde, zurückkehre. Bobik konnte sich nie vorstellen, daß diese Toten je gelebt hätten. Er erlebte sie nur als Tote. Auch war es ihm unmöglich zu denken, daß Mami, Njanja oder er selbst je sterben könnten. Allenfalls reichte seine Phantasie für Karluscha oder Babuschka.

Jetzt lag Mami da und war tot. Er wurde von einem so gewaltigen Leid erfüllt, daß der kleine Körper die Fülle und Schärfe des Schmerzes nicht ertragen konnte. Er warf sich zu Boden, seine Gliedmaßen verkrampften sich und es schrie laut aus ihm heraus, es war eine fremde, laute und schreckliche Stimme, die da schrie. Er hörte sie außerhalb sich selbst: „Mami ist tot! Mami ist tot!" – immerzu diese schrecklichen drei Worte. Er sah nur undeutlich, daß Njanja und Frossja und Aleksandr hereinliefen und Mami aufhoben und wegtrugen. Er sprang auf, er lief ihnen nach, er zerrte an ihren Kleidern: „Nicht wegtragen! Nicht wegtragen! Nicht in die Kirche! Bitte, bitte nicht in die Kirche!" –

Sie legten Mami aufs Bett im Schlafzimmer. Es wurde etwas stiller in Bobik. Er stellte sich vor, daß seine schöne Mami nun zu Erde werde. Daß man sie aus dem Haus hinaustragen werde. Und dieses große Haus ohne Mami, diese schrecklichen leeren, toten Räume ohne sie. Und er, Bobik, ohne sie. Er konnte es nicht mehr ertragen. Er lief in sein Zimmer, er kniete vor den Ikonen nieder. Der Christusknabe umarmte seine Mutter, die Gottesgebärerin, als ob hier nichts, aber auch gar nichts passiert wäre. Bobik betete, er entfaltete einige Worte aus sich heraus, er wußte nicht, ob es die richtigen waren, ob es überhaupt ein Gebet war. Aber es war ja keine Zeit zu verlieren. Drüben lag seine geliebte Mami tot. „Lieber, lieber Christusknabe, gib sie mir wieder! Laß mich nicht allein auf dieser Welt, oder nimm mich mit. Bitte, bitte laß mich nicht auf dieser kalten Welt allein! Nicht mit Karluscha allein! Gib sie mir wieder! Du hast doch auch deine Mutter, du umarmst sie doch, du weißt doch, wie das ist!"

Dann hörten die Worte auf, es kamen keine Worte mehr aus ihm. Aber er fing an zu weinen. Nicht laut, nur schluchzend, unaufhörlich schluchzend, und das Leid löste sich in den Tränen. Schließlich wurde es seltsam ruhig in ihm, er sank in sich zusammen. Dann kamen, ganz von weitem, seltsam schlürfende, unbekannte Schritte. Bobik hatte Angst, sich umzudrehen. Und dann war da eine bekannte Hand, die seinen Kopf berührte. Er schaute auf und sah Mamis blasses Gesicht und ihre dunklen Augen. Eine Welle von Glück und Dankbarkeit überflutete ihn. Er drückte sich fest an sie. Sie sprachen kein Wort. Njanja schob Jadwiga einen Sessel hin.

„Ich war schon ganz weit weg, Bobik, und dann hörte ich dein herzzerreißendes Schreien, und dann gab ich mir einen Ruck, und dann bin ich zurückgekehrt. Ich mußte mit Gewalt zurückkehren, denn es war wunderbar dort drüben. Aber als du so schriest, da wußte ich, ich konnte dich nicht zurücklassen."

„Geh nie wieder dorthin zurück, Mami, wo es so schön ist. Ich kann ohne dich nicht leben! Verstehst du das, ich kann nicht. Ich bitte dich, bleib immer bei mir!" – und er umfaßte sie ganz fest und es überfiel ihn wieder der Schmerz von vorhin.

Abends, nachdem Njanja gebetet und den Raum verlassen hatte, und ehe die Mäuse kamen, stieg Bobik aus dem Bett, kniete vor den Ikonen nieder und dankte von ganzem Herzen dem Christusknaben. Diesmal waren es gar keine Worte mehr. Er schaute nur in dankbarer Verzückung den Knaben immerzu an. Er wußte, daß er ihn verstanden hatte und ihm seine Mami aus dem Land der Ferne wiederschenkte. War aber das Danken wirklich genug?

„Warte, ich werde dir etwas schenken, etwas ganz Schönes!“ Er überlegte angestrengt: was? Da war sein Lieblingsbär Wassenka, mit echtem Fell; wenn man ihn aufdrehte, marschierte er, drehte den Kopf und brummte.

„Ja, den Wassenka werde ich dir schenken.“

Er holte den Bären, küßte ihn auf die Schnauze, band ein Bändchen um seinen Hals und hängte den großen Bären an die Ikone. Es sah lieblich aus, der kleine goldene Christusknabe und der große Bär darunter. Und noch im Einschlafen freute sich Bobik, daß er dem Christusknaben seinen liebsten Bären geschenkt hatte.

Morgens kam Njanja, sie zog zuerst die Gardinen auf. Helles Licht flutete ins Zimmer. Dann bekreuzigte sie sich vor den Ikonen. Noch während sie sich bekreuzigte, erblickte sie offenbar den Bären. Sie erschrak und begann zu schimpfen.

„Was ist das für ein Unsinn! Wie kannst du an den lieben Gott ein Spielzeug hängen, du beleidigst ihn doch damit! Du beschädigst auch noch die Ikone! Wenn du das noch einmal machst, werde ich es Mami oder dem Herrn sagen!“ – behutsam nestelte sie am Bändchen, bis sie den Bären losgebunden hatte, dann warf sie ihn achtlos in die Ecke.

Bobik sah entsetzt zu. Er wollte sich und den Bären und den Christusknaben verteidigen. Aber dann besann er sich, daß die Erwachsenen das doch nicht verstehen würden, wohl auch die Njanja nicht. Womöglich würde sie auch noch etwas Schlechtes und Abfälliges über den Bären Wassenka sagen. Er nahm die unschuldige Schuld auf sich und schwieg. Njanjas Sturm legte sich bald.

Eines Tages durfte Bobik aus unerfindlichen Gründen seiner Mutter nicht guten Morgen wünschen. Er sah fremde Leute hin und her huschen. In einer alten Frau erkannte er die „Povivalnaja Baba“, die Wickelfrau, die immer gerufen wurde, wenn Kinder ins Haus kamen. Aus Mamis Zimmer hörte er leises Stöhnen und Stimmen. Er erschrak sehr.

„Njanjuschka, was ist mit Mami, ist ihr schlecht, tut ihr einer was? Ich will zu ihr, ich will zu ihr!“ – und er riß sich los, um zu Mami zu laufen. Njanja fing ihn ein, faßte ihn fest an der Hand und führte ihn in den Garten, zu den Pferden.

„Sei ruhig, es ist nichts Schlimmes, es kommt ein Kind ins Haus.“

„Was für ein Kind?“

„Ein Brüderchen oder ein Schwesterchen für dich.“

„Für mich? Ich habe keines verlangt, wieso denn für mich?“

„Der liebe Gott schickt es, und man muß es nehmen. Er hat dich auch geschickt.“

„Warum sind denn aber so viele Leute dabei, Doktor Ssorokin und die Wickelfrau und andere, warum weint denn Mami, will sie das Kind nicht haben?“

„Doch, sie will es schon haben, sie freut sich ja darauf. Aber es tut weh, wenn man ein Kind bekommt.“

„Dann soll sie es doch lieber nicht bekommen, wenn es weh tut! Mami soll nicht Schmerzen haben! Ich will es nicht!“

„Das verstehst du jetzt noch nicht, Bobik“, sagte Njanja zart.

Bobik verstand es auch nicht; er wußte nur, wenn die Großen nicht mehr weiter wußten, dann verstanden es die Kleinen nicht. Wenn die Großen nicht wollten, daß die Kleinen etwas aßen, dann war es schlecht und unbekömmlich; aber sie selbst aßen die bösen Sachen mit sichtlichem Vergnügen, zum Beispiel Kaviar, Champagner oder Kaffee. Er fragte nicht weiter, um Njanja nicht in noch größere Verlegenheit zu bringen.

Als sie aus dem Park heimkamen, trafen sie auf der Treppe Doktor Ssorokin. Er hatte ein gerötetes, frohes Gesicht. Er klopfte Bobik auf die Schulter, es ging eine gute Sicherheit von ihm aus.

„Geh und gratuliere deiner Mami! Du hast ein Schwesterchen bekommen“, sagte er.

„Gratulieren soll man auch noch, wie zum Geburtstag“, dachte Bobik. Aus Mamis Zimmer klangen seltsame Laute: „uauauauaua“. Bobik riß die Tür auf. Mami lag im Bett, sie sah müde und erschöpft, aber glücklich aus. Bobik umarmte sie, aber er gratulierte nicht, er fand es albern.

Dann führte Njanja ihn an eine Wiege – er hatte dieses Möbel bisher noch nie gesehen. Drinnen lag ein winziges rotgesichtiges Geschöpf, etwas größer als eine Puppe, es hatte ein knopfartiges Näschen, der Mund war weit geöffnet, die komischen Laute wurden von diesem Wesen erzeugt.

„Wie gefällt dir dein Schwesterchen, Bobik?“

„Gar nicht, Mami.“ Er wollte der Mutter nicht weh tun, aber er konnte sich nicht überwinden, dieses kleine schrumpelige Wesen schön zu finden. „Könnten wir es nicht wieder abgeben, oder wenigstens umtauschen?“ Aber Mami lachte und verneinte. Viele Gedanken gingen durch Bobiks Kopf, aber es fehlten ihm die Worte, um sie auszudrücken, und er kannte auch die Hartnäckigkeit der Großen, wenn sie etwas nicht sagen wollten.

Einige Tage später sah er, wie das kleine Wesen in Mamis Arm lag und an ihrer Brust saugte. Empörung stieg in ihm auf. Er sah sich das eine Weile an. Diese innige Umarmung zwischen dem „Schwesterchen“ und der Mutter – seiner Mutter – behagte ihm gar nicht.

„Was macht sie da mit dir, Mami, beißt sie dich!?“

„Nein, sie trinkt meine Milch, damit sie groß und stark wird.“

„Das hast du mit mir aber nie gemacht!“ sagte Bobik in vorwurfsvollem Ton. Er war sichtlich beleidigt.

„Du Dummer, natürlich hast du genauso an meiner Brust getrunken."

„Ich weiß es doch gar nicht, ich müßte es doch wissen!" – Er glaubte es nicht.

„Doch, Bobik, du hast es vergessen, du warst damals genauso klein und ohne Verstand, und so kannst du es jetzt nicht mehr wissen."

Er wollte sich noch weiter unterhalten, noch vieles fragen, aber Njanja kam und holte ihn hinweg. „Das soll einer begreifen, daß man nicht einmal weiß, was man getan hat!" dachte er.

DER SÜNDENFALL

Mami hatte eine ihrer üblichen Teegesellschaften. Auf dem langen Tisch stand der große silberne Samowar, der Wärme ausstrahlte und leise und gemütlich summte. Er war auch das einzige gemütliche Wesen im Raum. Es standen zahlreiche, kostbare, von Frossja zubereitete Warenje (eingezuckerte Früchte) umher und Kuchen. Der große Raum war von Zigarettenrauch wie in Nebelschwaden gehüllt. Wenn man hereinkam, hörte man zunächst ein Geschnatter von vielen Stimmen. – Bobik hatte die Erfahrung gemacht, daß die Erwachsenen immer alle zugleich sprachen. – Dann sah man den Nebel, und wenn man einige Sekunden im Raum war, konnte man die vielen Menschen unterscheiden.

Bobik mußte der Reihe nach zu den Gästen gehen, eine Verbeugung machen und den Damen die Hand küssen. Einige der Gäste beachteten ihn kaum, gaben ihm stumm die Hand, schauten ihn gar nicht an und kauten ungeniert weiter an ihrem Kuchen. Er wußte es ganz genau: Für sie war er einfach ein „Nichts", bloß ein Kind. Noch schlimmer aber waren jene, die sich ihm anzupassen versuchten und albern daherplapperten. Nur ganz wenige freuten sich offensichtlich, wenn er sie begrüßte; ihr Gesicht strahlte, und wenn es auch nur wenige Worte waren, die sie an ihn richteten, so waren es doch Worte von Mensch zu Mensch. Diese Gäste liebte Bobik, er lud sie in sein Spielzimmer ein und zeigte ihnen seine Kostbarkeiten. Das waren Menschen.

Er durfte an einem kleinen Separattischchen seinen Kuchen essen und Schokolade trinken. Er fühlte sich sehr abseits. Aber er hatte auch gar keine Lust, sich zu den lärmenden Gästen zu gesellen. Manchen sah man es geradezu an, wie sie sich aufplusterten und wichtig vorkamen.

Mami kam an seinen Tisch. Sie brachte einen Teller mit einem großen Stück Kuchen. Bobik sollte ihn der Njanja auf ihr Zimmer bringen.

„Ich mag nicht, Mami. Kann denn Arischa nicht den Kuchen hinauftragen, es ist doch ihr Amt!“

„Arischa hat genug mit den Gästen zu tun. Geh du, tu mir den Gefallen!“

„Immer diese Gäste!“ brummte er. Später fiel ihm ein, daß er diesen Ausdruck von Njanja hatte, die Gäste nicht leiden mochte, weil sie und Bobik dann nicht an der Tafel teilnehmen durften.

Unwillig und mürrisch ging er hinauf. Njanja hatte im zweiten Stock ein helles Zimmer mit schrägen Wänden und einem halbrunden Fenster. Aus diesem Fenster sah die Landschaft besonders reizvoll aus; wenn man gut zielte, konnte man auf die Spitzen der Bäume spucken.

Bobik ging sehr langsam und behutsam, um den Teller nicht fallen zu lassen. Da entdeckte er, daß der Kuchen nicht ganz symmetrisch war. Er blieb stehen und leckte das unebene Stückchen ab. Dann besah er den Kuchen von allen Seiten. Leider hatte er etwas zuviel abgeleckt, so daß er etwas windschief aussah. Er drehte den Teller herum und leckte jetzt an der anderen Seite, um den Kuchen gleichmäßig zu machen. Dann ging er einige Stufen hinauf. Als er auf den

Treppenabsatz kam, fiel helles Licht auf Njanjas Kuchen. Er war vom Lecken ganz ungleich geworden. So konnte er ihn der Njanja unmöglich bringen. Er leckte wieder.

Und schließlich geriet er in die Situation des Va-banc-Spielers. Das Lecken kam mit großer Gewalt über ihn. Schritt für Schritt hob er sich die Stufen hinauf, und er leckte. Jetzt war ihm alles egal, er konnte es nicht mehr lassen. Er war außer sich, er war es nicht mehr selbst, ein anderes, raubtierisches Ich in ihm gierte nach dem Kuchen.

Er war noch nicht ganz oben, als er feststellte, daß der Teller leer war. Erst in diesem Augenblick wurde ihm das Böse seines Tuns bewußt. Es fing damit an, daß er den Kuchen gleichmäßig machen wollte, nur eine kleine kosmetische Operation. – Er wollte wieder leise die Stufen hinabsteigen und den Teller in der Küche abstellen. Aber vielleicht war Frossja gerade dort, sie würde ihn ausfragen und verpetzen. Und Mami würde Njanja fragen, wie ihr der Kuchen geschmeckt habe. Er saß in der Falle. Zu Njanja hingehen und ihr gestehen, daß er den Kuchen aufgegessen habe und warum – das war beschämend und zu kompliziert. Die Großen ließen einen nie ausreden, sie redeten sofort dazwischen und verwirrten dadurch alle Angelegenheiten.

Er setzte sich auf die oberste Stufe vor Njanjas Zimmer und überlegte. In Gedanken leckte er den Teller sauber. Den Teller kaputtmachen und dann um Hilfe rufen?! Aber wo blieb dann der Kuchen? Auch das war kein Ausweg. Er wußte sich keinen Rat. Schließlich saß er nur da und döste, es war kein Gedanke mehr in ihm.

Da hörte er etwas rascheln. Die Tür zu Njanjuschkas Zimmer ging auf. Da stand sie, die Njanjuschka.

„Was machst denn du hier, Bobinka?"

„Ich, ich sollte dir einen Kuchen bringen, Njanjuschka. Aber er war so uneben, und da habe ich an ihm geleckt, und da wurde er immer unebener, und ich habe immer mehr geleckt – und schließlich war nichts mehr da für dich!" Er zeigte ihr den sauber geleckten Teller. Und er begann zerknirscht zu weinen.

Njanja drückte ihn an ihren molligen Busen.

„Weine nicht, mein Täubchen, weine nicht. Ich komme auch ohne Kuchen aus, wenn er dir nur gut geschmeckt hat!"

„Ich weiß gar nicht, wie er geschmeckt hat, ich habe ihn ja nur gleichmäßig gemacht!"

Nach dieser Absolution wurde ihm leichter zumute. Er konnte nicht danke sagen, aber in Gedanken sagte er tausendmal danke. Nach einer Weile kam Mami in Njanjas Zimmer. Sie fragte Njanja, ob ihr der Kuchen geschmeckt habe. Njanja wollte antworten, doch zögerte sie einen Augenblick. Jadwiga sah Bobiks verweinte Augen und seine Verlegenheit, und sie erriet sofort, daß hier etwas nicht in Ordnung war. Sie schaute Bobik groß an.

„Mami! Ich habe Njanjas Kuchen ganz zufällig, ganz unabsichtlich, auf Ehrenwort, aufgeleckt."

„Du solltest ihn doch der Njanja bringen. Du hast sie also um den Kuchen betrogen! Pfui! Das hätte ich niemals von dir erwartet, daß du ein Dieb bist! Bitte Njanja sofort um Verzeihung und stell dich in die Ecke und überlege dir, was du Böses getan hast!" – Mami schubste ihn zur Ecke. Er stellte sich gehorsam mit der Nase dorthin und war zunächst ganz still. Schon wieder griffen die Erwachsenen mit ihren schnellen Aktionen ein, ohne erst zu fragen, ohne die Meinung der Kleinen zu hören.

Er dachte nach. Er konnte nichts Böses in sich finden. Vielleicht war die Tat böse, aber eigentlich war es ein Unglück, eine Ungeschicklichkeit, weil er nicht so genau lecken konnte. Und dann, nach längerem Überlegen fand Bobik, daß man ihn erniedrigt und beleidigt habe. Daß er unschuldig in der Ecke büßen müsse, und daß seine Mami, seine liebe Mami, die ihm gerade vor einigen Tagen aus dem Evangelium erzählt hatte, daß Christus seinen ungestümen Jünger Petrus belehrte, man müsse einem, der einem Unrecht getan habe, nicht *ein*mal, nicht siebenmal, sondern siebenzigmal siebenmal verzeihen, ihn jetzt strafte, statt zu verzeihen.

Und dann kam das Weinen über ihn, ein mächtiges, beleidigtes Weinen eines unschuldig Verurteilten. Die Tränen liefen nicht die Wangen herab, sie spritzten buchstäblich, sie flossen über die blaue Matrosenjacke am Hals entlang, was sehr kitzelte. Er wischte sie nicht ab, er mußte das Weinen voll auskosten.

Und während er so weinte, betete er das Gebet des ersten christlichen Märtyrers, des Diakons Stephanus: „Herr, erbarme Dich derer, die mich beleidigen und bedrängen, und laß sie meinetwegen nicht zuschanden werden!" – er betete es immerfort und bemitleidete und bewunderte sich selbst. In dem Maße, wie er das Gebet betete, verwandelte sich sein Groll gegen die Mami in ein großes Verzeihen.

Njanja saß derweilen in ihrem Ohrensessel, und wie das große Schluchzen über Bobik kam, konnte sie sich nicht mehr halten und fing selbst laut an zu weinen, „huhuhu huhuhu huhuhu" erklang es in Diskant und in Kontralt. Bobik hörte Njanja weinen, und sein eigenes Weinen wurde größer und mächtiger – und es wurde plötzlich so lustvoll, so befreiend.

Njanja rannte hinab zu Jadwiga, ganz verweint. „Herrin, mach, was du willst, aber ich halte es nicht aus, der Bobik heult sich ja die Seele aus der Brust. Du darfst den Jungen nicht mehr quälen, komm herauf und beruhige ihn, ich kann es nicht, ich bin selbst ganz aufgeregt."

Jadja rannte schnell die Treppe hinauf. Njanja keuchte hinter ihr her. Mami kniete sich vor Bobik, sie suchte nach einem Taschentuch und wischte ihm die großen Tränen aus den Augen, den Wangen, dem Hals und versuchte die Jacke trockenzutupfen. Bobik war selig; das Schluchzen in ihm hörte jedoch nicht auf, es kam aber nur noch staccato – ein süßes Schluchzen.

Njanjas Schluchzen brach wieder in voller Lautstärke aus. In Jadjas Augenwinkeln zeigten sich zwei große Tränen, sie schluckte. Dann sagte sie mit veränderter, ganz strenger Stimme: „Nun hört sofort alle beide mit dem Heulen auf!" – Der strenge Befehl brachte beide wieder zur Besinnung.

„Huhuhu huhuhu – und nochmal huhu", machten beide, und dann war es vorbei.

Später, als er im Bett lag, als alles ruhig war und Bobik die schrecklichen Ereignisse des Tages überdachte, fiel ihm eine biblische Parallele ein. „Genauso werden die beiden den Apfel aufgegessen haben . . . ganz genau so." –

Und aus dieser gleichen Erfahrung verzieh er den Ureltern die erste Sünde.

DIE SCHUMMERSTUNDEN

Schummerstunden gab es nur in den Monaten mit „R", wenn die Sonne früh sich neigte. Sie wurden eingeleitet von feierlichem Teetrinken. Bobik und Njanja saßen an einem runden Tisch. Bobik trank seinen obligaten Kakao. Njanja trank Tee. Vor ihr stand eine alte Tasse mit dem Bild der großen Katharina darauf. Die Untertasse dazu war groß und tief. Daneben stand eine bunte, lustige, bauchige Teekanne, und auf ihr eine ganz kleine, wie eine Tochter. In der kleinen war Tee-Extrakt, in der großen heißes Wasser. Dann war da Warenje und Kuchen und eine Schale mit großen Zuckerstükken und eine kleine Brechzange. Bobik trank seinen Kakao, der ihm völlig unwichtig war. Er war ganz absorbiert von der Beobachtung der Zeremonie, die Njanja vollzog.

Sie mischte sich den Tee aus beiden Kannen. Dann goß sie den Tee aus der Teetasse in die Untertasse. Sie nahm ein Stück Zucker aus der Dose, zerknackte es mit der Zange in kleine Stückchen und schob sich ein Stück hinter die Zähne. Dann schlürfte sie gemächlich den Tee aus der Untertasse.

Wenn Bobik das gleiche tun wollte, verbot sie es ihm, und

Mami wurde sogar böse. Ihm wurde empfohlen, den Zucker in die Tasse zu tun und aus der Tasse zu trinken. Aus eigener Erfahrung aber wußte er, daß der Tee aus der Untertasse und mit dem zwischen den Zähnen eingeklemmten Stück Zucker viel besser schmeckte. Bei diesem Zeremoniell durfte Bobik Njanja nicht mit Fragen stören. Er wußte, sie war jetzt weit weg. Ihr Gesicht wurde weit, die Konturen verwischten sich, die Augen waren ins Nirgendwo gerichtet und schielten. Aber es war ein vergeistigtes Schielen, das sie gar nicht häßlich machte. Sie wurde urrussisch. So, stellte sich Bobik vor, sahen sie alle aus, die Baba Jaga, die Hexe, und die Frau vom Fischer, und Rotkäppchens Großmutter.

Sie war jetzt im Reiche der Märchen, und wie er so in die schielenden Augen, auf das flache liebe Gesicht, auf die ergrauten Haare schaute, da sah er durch sie hindurch die große russische grüne Ebene mit den kleinen Hütten, die dunklen Eichenwälder, das wogende gelbe Korn, die weidenden Kühe und Pferde, den sausenden Wind in den Baumwipfeln. Er liebte dieses Gesicht, das so anders war als die vornehme Schönheit Mamis oder die gleichgültigen Gesichter der Tanten und Bekannten. Njanja gehörte zu ihm, zu Gott, zum Teufel, zu den Mäusen und zu all den Wesen, die unsichtbar um sie herum lebten und die Njanja manchmal aus dem Dunkel hervorzauberte.

Inzwischen krochen die langen Schatten aus den Ecken und breiteten sich im Zimmer aus, sie nahmen immer mehr Besitz von ihm, alle Dinge verloren ihre Gestalt und wurden unwirklich. Njanja machte es sich auf dem großen wackeligen Sofa bequem. Bobik gesellte sich zu ihr, lehnte sich ganz dicht an sie und fühlte ihre Molligkeit. – Irgendein Onkel hatte mal erzählt, daß die Neger, schwarze Menschen in einem heißen Erdteil, ganz dicke Frauen bevorzugten und teures Geld für sie bezahlten. Bobik konnte das so gut verstehen.

Als es ganz dunkel wurde, so dunkel, daß es anfing unheimlich zu werden und Bobik die Njanja nicht mehr sehen, nur noch fühlen konnte, bat er sie, ihm etwas zu erzählen. Ihre Stimme vertrieb die unheimlichen Geister, die mit der Dunkelheit herangekrochen kamen.

„Wie ist es mit dem Domowoi (Hausgeist), Njanjuschka – hast du ihn schon mal gesehen?"

„Ja, Bobinka, gewiß habe ich ihn gesehen. Einmal, als ich allein in der Küche war und es schon ganz finster wurde, da kroch er hinter dem Ofen hervor, groß und behäbig, im rostbraunen Mantel, einen langen gelblichen Bart hatte er und lange Haare, und die Augen glühten wie Kohlen. Alles an ihm war zerfließend, du sahst nicht, wo er anfing und wo er aufhörte. Wo er hinkroch, da waren die Dinge, die da standen, verschwunden, er überkroch sie alle."

„Hattest du große Angst, Njanja?" fragte Bobik leise und schaute sich vorsichtig um, ob der Domowoi nicht irgendwo säße und horchte.

„Och, Väterchen, unheimlich war mir zumute. Ich kuschelte mich in die Ecke, damit er mir nichts tat. Er kroch tief gebückt und lugte in alle Ecken, als ob er etwas suchte. Dann drehte er sich nach mir um und ich fühlte, daß er mich erblickte. Er sah mich mit seinen glühenden Augen durchdringend an, so daß mir die Schauder den Rücken herabliefen. Dann sagte er mit tiefer Stimme (und Njanjuschkas Stimme wurde so erschreckend tief wie die des Domowoi): „Du hast meine Tarakany (Kakerlaken) vernichtet, haben sie dir etwas Böses angetan, daß du sie mit kochendem Wasser gebrüht hast? Sie sind meine Leibgarde, sie bewachen das Haus – und du gehst hin und tötest sie!"

Bobik erschauerte. Er mochte die Tarakany mit ihren langen schwarzen, geschmeidigen Körpern und den Schnurrbärten nicht leiden, er hatte Angst vor ihnen; und vor einigen Tagen hatte er ein Dutzend in der Küche, als sie aus den Ritzen krochen, zertrampelt.

„Das hat er, der Domowoi, zu dir gesagt, Njanjuschka? Hat er dir etwas Böses angetan?!"

„Mir fiel ein, daß ich in alle Ofen- und Dielenfugen, durch die die Tarakany herauskrochen, kochendes Wasser gegossen hatte, weil es zu viele geworden sind; und wie leicht können sie in die Suppe oder in den Teig fallen, und du weißt, dann Gnade uns Gott."

„Hast du ihm, dem Domowoi, denn geantwortet?"

„Ja, ganz tief und ehrfürchtig habe ich mich vor ihm verbeugt. Dann sagte ich mit banger Stimme: ‚Verzeih mir, Väterchen Domowoi, euer Hochwohlgeboren, ich wußte ja nicht, daß die verfl... Tarakany deine Gefährten sind. Ich werde es aber nie wieder tun!' – Er schaute mich mit schiefen Augen nochmal an, dann wurde er kleiner, drehte sich um und kroch ganz, ganz langsam in den Ofen. Wie war ich froh, daß er weg war und daß alles so gnädig abgelaufen war. Ich wußte ja, daß die Tarakany seine Genossen sind. Wo in der Küche keine Tarakany sind, da ist kein Domowoi. Und manchmal ziehen die Tarakany ganz von selbst aus einer Küche aus. Das ist ein böses Zeichen, da zieht auch der Domowoi weg. Und was ist ein Haus ohne Domowoi, da ist alles tot, da ist keine Gemütlichkeit und kein Friede mehr darin, da zieht Krankheit und Unglück ein. Nein, Bobik, mit dem Domowoi muß man sich gut stellen, er ist ein Freund der Menschen."

„Hast du denn, Njanjuschka, auch den Koschtschei bessmertnyi gesehen?"

Njanjuschka bekreuzigte sich: „Gott bewahre mich davor! Der ist ein böser Geist, ein unheimlicher. Er rappelt mit den Gebeinen, hat einen grünen Bart, und alles erstarrt in Schrekken vor ihm. Gott bewahre uns vor ihm!"

„Erzähl mir lieber von meinem Schutzengel, Njanja!"

„Dein Schutzengel, der ist hell und leuchtend, er bewacht dich auf Schritt und Tritt und paßt auf, daß dir nichts Böses geschieht."

„Warum kann ich ihn denn nicht selbst sehen, Njanjuschka?!"

„Weil der liebe Gott unsere Augen, die Augen des Geistes, mit Blindheit geschlagen hat, darum können wir ihn nicht sehen. Aber er ist immer um uns. Nur wenn wir etwas Böses tun, dann wendet er sich ab und weint bittere Tränen um uns, und der Teufel, der reibt sich die Hände und freut sich."

„Hab ich denn auch einen Schutzteufel, Njanjuschka?!"

„Ja, Bobik, auch der Teufel scharwenzelt immer um dich her, flüstert dir den oder jenen Blödsinn ein und möchte dich zu manch schlechter Tat verleiten. Der Engel zieht dich nach der guten, hellen Seite, und der Teufel zieht dich zum Bösen – an dir liegt es aber, nach welcher Seite du dich wendest."

„Es ist aber doch nicht recht, Njanjuschka, daß die beiden meine Seele immer hin und her zerren. Wenn sie mich nun in Ruhe lassen würden, was dann?!"

„Ja, das gibt es wohl nicht, Bobik, wir sind alle eingespannt zwischen Gut und Böse. Aber das wisse, wir haben selbst die Entscheidung!"

„Haben die Großen denn auch einen Schutzengel und einen Schutzteufel?"

„Alle haben wir ihn, Bobinka!"

„Und tun denn die Großen auch Böses, Njanjuschka?"

„Wir sind allzumal Sünder, Bobinka", sagte Njanja mit einem tiefen Seufzer.

„Aber du nicht, Njanjuschka, du nicht, du bist nicht böse, und du hast keinen bösen Schutzteufel! Und du kommst nicht zum Teufel in die Hölle!" schrie Bobik heftig und umklammerte Njanja. „Hörst du, ich will es nicht! Ich will es nicht, daß du auf den Teufel hörst und daß er dich in die Hölle verschleppt! Du mußt nicht auf ihn hören, wenn er dir etwas zuflüstert! Versprich mir das!"

„Ach, Bobik, man weiß ja oft gar nicht, wer von den beiden einem etwas zuflüstert. Manchmal, da hat der Teufel eine so sanfte Stimme, da meinst du, es wäre der Engel, und ehe man sich's versieht, da bist du schon in seinen Krallen. Och, och, unsere Sünden, unsere schweren. Gott verzeih uns!" – und sie bekreuzigte sich. – Das Gespräch lief aus, wie Wasser aus einem Gefäß zerrinnt. Beide dachten nach. Engel und Teufel, der Domowoi schwirrten durch den Raum. In einem fernen Zimmer schlug eine Uhr. Im Ofen knisterte das Feuer, oder drehte sich der Domowoi gerade um? Oder krochen seine Leibgardisten, die Tarakane, heran?

„Njanjuschka“, sagte Bobik, „die Tarakane, ich werde keine mehr tottrampeln, auch wenn sie noch so häßlich sind. Laß sie leben, wenn der Domowoi sie so gerne mag!“

DER GEBURTSTAG

Bobik feierte seinen sechsten Geburtstag. Tags zuvor wurden geheimnisvolle Pakete gebracht. Alles war geschäftig, diesen großen Tag mit Würde zu begehen. Frossja und die Mädchen waren aufgeregt, aus der Küche duftete es nach Vanille, es standen viele köstliche Torten da, wie Soldaten in Reih und Glied. Am Morgen gingen Mami, Njanja und Bobik in die Kirche zur Messe. Bobik durfte eine besonders dicke Kerze vor der Ikone der Gottesgebärerin anzünden. Er kniete nieder, bekreuzigte sich, dankte der Gottesmutter für all das Gute, das sie ihm schenkte, und versprach – zum wievielten Male – brav zu sein. Dann küßte er die Ikone. Nach der Messe küßte er die Hand des Popen und das Kreuz, das er ihm vorhielt, er nahm von dem heiligen Brot und aß es. Dann gingen sie schweigend und feierlich heim.

In Bobiks Spielzimmer war eine großartige Eisenbahn mit Schienen, Semaphoren, Stationen, Brücken und Häuschen aufgebaut. Bobiks sehnsüchtiger Wunsch war erfüllt. Er bedankte sich bei Mami, bei Njanja, bei Frossja und Aleksandr und bei der kleinen Schwester, an die er sich allmählich gewöhnt hatte.

Zu Mittag waren Erwachsene eingeladen. Nachbarn von

den umliegenden Gütern. Da war der Herr von Staroie Girejewo, der alte Kosakengeneral, Onkel Iwan Tarletzki, den Bobik innig liebte, weil er mit Bobik „von Mensch zu Mensch“ sprach, und seine junge, dritte Frau Ljola, eine kapriziöse Dame, an der außer den kostbaren Juwelen alles unecht war. Da war Onkel Iwans Sohn Sascha, mit Monokel, ein schöner Mensch, der immer nur mit sich selbst beschäftigt war, und seine bildschöne Frau Marussja. Mami und Bobik liebten Marussja wegen ihrer Verrücktheiten. Sie waren die nächsten Nachbarn, und Marussja war fast täglich im weißen Haus. Sie langweilte sich mit Sascha. In den Truhen des alten Schlosses fand sie uralte Kleider, die irgendwelchen Urgroßmüttern und Tanten gehört hatten, und Marussja belustigte sich jahrelang damit, diese Kleider anzuprobieren. Sie ritt, so verkleidet, durch Girejewo und kam an in Rokokoreifröcken, oder in schmalen und tief ausgeschnittenen Biedermeierkleidern, oder in bunten Fracks mit Spitzenjabots, und manchmal in Maskierungen als Astrologe oder als Schäferjunge, und immer spielte sie die dazu passende Rolle. Sie war immer aufgelegt zum Lachen, und es gab keinen Unsinn, den sie nicht erdachte oder mitmachte. Zu Ehren Bobiks kam sie diesmal als Teddybär. Sie hatte dazu eine kostbare Flauschdecke zugeschnitten und zurechtgenäht. Njanja seufzte tief, als sie das sah, und sagte zu Bobik: „So jagt sie das ganze Vermögen durch den Schornstein, nur mit Unsinn, sie hat keinen ernsten Gedanken.“

Da war die Fürstin Kutusow mit ihrem unscheinbaren Mann, der nie ein Wort sagte; er hatte wohl auch keine Gelegenheit dazu, denn die Fürstin redete ohne Unterlaß, immer schimpfte sie über irgend etwas, über die Politik, über den Zaren, über die Revolutionäre, über die Literatur, über ihren Mann. Bobik fürchtete sich sehr vor ihr. Aber sie mußte eingeladen werden, weil sie Nachbarin war und sonst vor Neid zerplatzt wäre. Außerdem fürchteten sich alle, außer Marussja, vor ihrer bösen Zunge.

Als Zufallsgast fand sich ein die erste geschiedene Frau Onkel Iwans, die Fürstin Moldivani mit ihrem Sohn. Sie pflegte jedes Jahr Onkel Iwan zu besuchen. Er küßte ihr galant die Hand und sagte: „On revient toujours à ses premiers amours." – Es war eine sehr korpulente und sauertöpfische Dame, die in der Mitte des Leibes stark verschnürt war, der Busen quoll gleichsam aus dem engen Korsett heraus. Das Gesicht war puterrot.

Bobik, als Jubilar, saß am Ende des Tisches, zu seiner Rechten die Fürstin Moldivani, die er zu unterhalten hatte – zu beider größtem Leidwesen; links von ihm Marussja als Teddybär, die alberner war als je, sie brummte nur wie ein Bär und sagte kein einziges Wort. Es gab herrliche Sakuski und schwere Weine und Schnäpse. Aleksandr wurde in die Galauniform gesteckt und mußte den Mädchen beim Bedienen helfen. Der große stattliche Aleksandr war zweifellos der schönste und interessanteste Mann dieser Gesellschaft. Die puterrote Fürstin versuchte immer wieder seine Aufmerksamkeit zu erregen, sie verlangte immerfort etwas von ihm. Er servierte, ohne sie eines Blickes zu würdigen, wie es sich gehörte. Die Fürstin aß sehr vornehm, in weißen Wildlederhandschuhen, die nicht mehr ganz jungfräulich weiß aussahen. Bobik bemerkte es mit Mißvergnügen.

Und dann geschah es: es war beim Braten, die Gäste waren durch die köstlichen Speisen und schweren Weine animiert, sie redeten laut durcheinander. In einem scheinbar unbemerkten Augenblick griff die Fürstin mit beiden Händen an ihr Mieder, sie machte mit dem Leib einige Bewegungen hin und her. Bobik sah ganz deutlich, daß sie ihr Korsett löste.

„Mami, Mami", rief er zum anderen Tischende, „die Tante da hat sich eben Luft gemacht! Sie hat sich geöffnet!"

Im gleichen Auenblick herrschte eisige Stille, Mami wurde ganz rot im Gesicht. Die Fürstin verfärbte sich weiß und rot. Sascha kicherte, Onkel Iwan, der weit weg, neben Mami saß, lächelte schadenfroh, man fühlte, daß ihm die Bemerkung

Freude bereitete. Bobik merkte, daß er offenbar wieder etwas falsch gemacht hatte, auch er wurde rot.

Marussja, die bisher den Bären gespielt hatte, versuchte die Situation zu retten. „Aber das kannst du doch gar nicht wissen, Bobik!“ sagte sie.

„Doch, doch, Tante Marussja, ich weiß es ganz genau, ich habe es doch ganz deutlich gesehen, sie hat so gemacht (und er machte die Gebärde des unauffälligen Korsettöffnens sehr komisch nach). – Zuerst werden die Augen ganz starr und das Gesicht unauffällig, als ob nichts passierte, dann hebt sich die Brust, man wird ganz rot, und dann, wenn das Ding offen ist, dann holt man tief Luft und ist wie erlöst. Großmutter macht es immer so, wenn sie sich überessen hat; sie hat es mir selbst gezeigt. Und am Morgen, als sie noch im Bett war, habe ich das knöcherne Ding gesehen und selbst angezogen.“

Die Damen blieben stumm, die Herren, Onkel Iwan voran, fingen an schallend zu lachen. Sascha und der Sohn der Fürstin lachten so ausgelassen und laut, daß sie sich verschluckten und anfingen zu husten. Nun fühlte sich Bobik als der Matador des Tages. Aber plötzlich hörte er Mamis strenge Stimme: „Bobik, bitte verlaß das Zimmer und geh zu dir hinauf!“

Bobik schaute sich um nach Hilfe, aber niemand wagte es, Mami zu widersprechen. Er stand auf, Tränen des Beleidigtseins rollten über seine Wangen. Er flüchtete zu Njanja.

„Was ist denn mit dir, mein Goldjunge, warum weinst du denn?“

„Sie haben mich vom Tisch gejagt, huhuhuhuhu, weil diese häßliche, dicke, rote, die Erstlingsfrau von Onkel Iwan, ihr Korsett aufgemacht hat. An meinem Geburtstag haben sie mich vom Tisch gejagt!“ – und er gab sich hemmungslos dem Weinen hin. Njanja umarmte und tröstete ihn, steckte ihm Konfekt zu. Er setzte sich und schmollte. Was hatte er nur falsch gemacht?!

Nach einer Weile kam Marussja zu ihm herauf. Ihre Worte

waren ernst gemeint, doch sie sah in dem Teddybärkostüm so töricht aus.

„Das hast du gut gemacht, Bobik, daß du dem gräßlichen dicken Krokodil die Wahrheit gesagt hast. Ich gratuliere!"

Dann kam Mami herauf, sie war noch immer ernst und böse. „Wie konntest du mir das antun, Bobik, einen Gast deines Hauses so zu beleidigen!"

„Aber ich habe sie ja gar nicht beleidigt und habe nur gesagt, was wahr ist, und das ist wahr!"

„Sie wird nie wieder zu uns kommen."

„Soll sie auch nicht, wir wollen sie doch gar nicht, und Onkel Iwan will es auch nicht, daß sie zu ihm kommt, und Tante Ljola und Tante Marussja auch nicht!"

Jadja gab es auf und ging hinaus. Zu Njanja sagte Bobik, völlig durcheinander: „War es nun die Wahrheit oder war es nicht so? Was habe ich denn falsch gemacht? Die Tante Marussja sagt, es war gut so, es war sehr gut sogar, und Mami ist böse. Und alles wegen diesem ollen Fischgrätenkorsett!" – er war ernstlich böse.

Dann kamen Sascha und der Sohn der Fürstin, sie hatten rote Gesichter, sie sprachen und lachten sehr laut und schwankten. Sie streichelten Bobik den Kopf und sagten: „Das hast du glänzend gemacht, Bruder. Das war mal ein Eclat! Und wie du das nachgemacht hast! Das war großartig!"

Und dann erblickten sie die Eisenbahn, sie knieten sich nieder und fingerten daran herum. Sascha nahm die nagelneue Lokomotive und zog sie auf.

Nach einer Weile sagte die Lokomotive „knack" und hauchte ihren mechanischen Geist aus. Bobik kannte das von anderen aufziehbaren Spielsachen. Danach gab es immer Schimpfe, Ohrfeigen und Eckenstehen. Die beiden Großen sahen schrecklich verlegen aus, am liebsten wären sie weggelaufen, aber das konnten sie nicht, weil Bobik dabei war. Sie stellten die Lokomotive auf die Schienen und knipsten sie mit den Fingern, damit sie lief. Sie lief aber nicht.

„Jaa, Bruder“, sagte der Sohn der Fürstin, „so ist es. Die ist kaputt, die läuft nimmermehr. Nun dann, lebe wohl! Schade!“ – und sie torkelten aus dem Zimmer. Bobik ging mit der toten Lokomotive zu Njanja.

„Sie ist tot, sie ist kaputt, die beiden Großen haben sie überdreht.“

„Was müssen die großen Kerle auch damit spielen!“ brummte Njanja.

„Das war mein sechster Geburtstag“, dachte Bobik traurig. „Wie haben wir alles vorbereitet, und gebetet haben wir, und gedankt für alles, und die dicke Kerze haben wir angezündet. Und was ist daraus geworden?!“

VERBOTENE HUNDE

Jadwiga ließ anspannen und fuhr zu den Tarletzkis ins alte Schloß. Njanja mußte in Moskau Besorgungen machen. Bobik und seine Schwester Wera wurden streng ermahnt, diese zwei Stunden recht brav zu sein und keine Dummheiten zu machen. Bobik versprach es auf Ehrenwort. Dann sahen sie, wie Mami wegfuhr. Aleksandr kutschierte. Njanja band sich ein schwarzes Kopftuch um und trottete zum Bahnhof.

Das Alleinsein war für Bobik und Wera ungewohnt. Sie schlenderten zu dem Hundezwinger, in dem gute und böse Hunde waren. Die Bernhardinerhündin Laika hatte gerade vier süße Hündchen geworfen. Bobik und Wera spielten eine Weile mit Laika, dann kam es Bobik in den Sinn, den wolligen kleinen Hündchen das weiße Haus zu zeigen. Sie fingen die winselnden kleinen Wesen ein und schleppten sie ins Haus, in Mamis Zimmer, wo die weichsten Teppiche waren. Sie wollten, daß die Hunde sich in den großen Spiegeln sehen sollten. Sie sollten sich doch selbst kennenlernen.

Arischa kam die Treppen herauf und schaute ins Zimmer.

„Was macht ihr denn hier in Mamis Zimmer, ihr sollt doch nicht! Oh Herrgott! und die Hunde! Das hat man euch doch verboten! Nehmt sie sofort wieder weg!“

Bobik war entrüstet. „Das geht dich gar nichts an, was wir hier machen, es ist Mamis Zimmer und nicht deines!“

Arischa wußte nicht recht, was sie machen sollte. Schließlich drehte sie sich um und ging weg. Bobik und Wera sahen sich schweigend an. Es dämmerte ihnen beiden, daß sie vielleicht etwas Unrechtes taten; aber nun waren sie schon mittendrin. Sie tätschelten die Hunde, nahmen sie auf den Arm und brachten sie an den Spiegel. Die Hunde winselten. Sie beschnüffelten den Teppich. Wera rutschte aus und fiel auf einen Hund; der schrie herzzerreißend. Dann sah Bobik, wie ein Hündchen sich hinsetzte und ein sehr ernstes Gesicht bekam. Während er so saß, lief hinten aus ihm etwas heraus, Bobik hob ihn ein wenig an – da lag eine dicke Wurst.

Entsetzen packte ihn. Die anderen Hunde folgten dem Beispiel. Überall waren Pfützen und Würste, und plötzlich kam es den Kindern vor, als wären nicht vier, sondern vierzig Hunde im Zimmer. Die Hunde schienen sich nach jener Prozedur der Entleerung auf dem flauschigen Teppich sehr wohl zu fühlen. Bobik und Wera begannen, ohne sich zu verabreden, die munteren Tiere einzufangen. Sie entglitten ihren Händen, fielen auf den Boden, winselten. Schließlich packte jedes zwei Hunde, und sie rannten die Treppen hinab. In der Halle entglitten die Hunde ihnen wieder. Die verzweifelte Jagd begann von neuem. Endlich waren die Hunde wieder im Zwinger bei ihrer Mutter, die sie aufgeregt beschnupperte.

Dann suchten sie Arischa. „Arischenka, liebe, hilf uns doch bitte! Die Hunde haben die Teppiche vollgemacht. Mach sie bitte sauber, ehe Mami und Njanja zurückkommen!“ Beide flehten demütig und voller Angst. Aber Arischa, tief beleidigt und erbarmungslos, weigerte sich: „Ich denke nicht daran, euren Dreck wegzufegen. Ihr habt mir ja nicht

gehorcht, nun löffelt die Suppe selbst aus!" – und sie ließ nicht mit sich reden.

Die beiden gerieten in Zeitnot. Sie suchten verzweifelt nach Behältnissen für die Würste. In die Küche wagten sie nicht zu gehen, weil dort Frossja war, sie sollte nichts erfahren, sie würde die ganze Geschichte noch mehr aufbauschen. Sie liefen ins Eßzimmer, dort nahmen sie einige Servietten mit und Bobik fand eine blecherne Keksdose, deren Deckel ihm für die Aufräumungsarbeit geeignet schien. Sie liefen hinauf. Mit großem Ekel wickelten sie die Würste in die Servietten und wischten die Flüssigkeit vom Teppich. Dann stopften sie die gefüllten Servietten und den Blechdeckel ins Klo. Die Spuren des Verbrechens waren verschwunden. Nur der schöne helle Teppich hatte hier und da verräterische braune

Flecken und es roch nicht gut im Zimmer. Die Lust zu weiteren Spielen war ihnen vergangen. Eine innere Leere nahm von ihnen Besitz. Sie setzten sich auf die Stufen vor die Paradetür und warteten, bis Mami oder Njanja wiederkäme; sie wetteten, wer zuerst kommen würde. – Mami kam zuerst. Sie tätschelte sie auf die Wangen. „Wart ihr auch brav?"

„Jaaaa", sagten beide gedehnt und unsicher. Mami ging in ihr Zimmer, sie folgten ihr nur bis zur Schwelle, sie wagten nicht hineinzugehen. „Jetzt wird sie die Flecken erblicken! Jetzt gibt's was!" dachten sie. Aber es passierte nichts. Gott sei Dank.

Einige Stunden später jedoch wurde es laut im Haus. Jemand schrie. Njanja rannte umher. Es wurde nach Aleksandr gerufen. Beide Kinder wußten instinktiv, daß diese Unruhe irgendetwas mit den Hunden zu tun hatte. Sie waren sich nicht sicher, sollten sie wie immer, wenn etwas los war, hinausgehen und an dem Geschehnis teilnehmen, oder war es ratsamer, sich zurückzuhalten. Sie entschieden sich für den Mittelweg. Sie machten die Tür auf und warteten. Sie sahen, wie Aleksandr mit nassen und braungefleckten Servietten und einem Blechdeckel aus dem Klo hinausging. Ihm folgten Njanja und Mami mit dem Ausdruck von Ekel im Gesicht. Nun kam alles heraus. Mami brauchte nicht viel zu fragen. Auf den Gesichtern der Kinder stand alles geschrieben.

„Es waren die lieben kleinen Hündchen. Sie wollten sich gerne im Spiegel sehen", stotterte Bobik.

„Die Hunde wollten gar nichts, sie wollten nur in Ruhe gelassen werden. Und das ist dein großes Ehrenwort, Bobik!" – Jadwiga sah ihn mit großen traurigen Augen an, und das schmerzte mehr als eine Ohrfeige.

Bobik bewunderte Aleksandr. Während Mami und Njanja sich über die Affäre aufregten, blieb Aleksandr, der die Spuren des Verbrechens aus dem Klo mit eigenen Händen herausfischen mußte, gleichmäßig vergnügt und unberührt. Er lächelte den Kindern sogar aufmunternd zu.

BEGEGNUNG MIT TOLSTOI

An einem Nachmittag läutete es. Njanja ging zur Tür. Bobik lief hinter ihr her. In der Tür stand ein ganz alter Mann mit weißem, zweigeteiltem Bart, im Russenhemd. Es war etwas Großartiges in seinem Gesicht. Es durchzuckte Bobik: „Das ist der liebe Gott!" – Bobik hatte Njanja noch nie so aufgeregt gesehen. Sie verbeugte sich ganz tief vor ihm, sie nahm seine Hand und küßte sie. „Väterchen, Lew Nikolajewitsch! Sie hier! Ach Gott! ach Gott! kommen Sie, kommen Sie her!", und sie führte ihn in den Salon. Bobik gab ihm die Hand. Der alte Mann hatte eine große runzelige Hand, er faßte Bobiks Hand und ließ sie auf dem ganzen Wege zum Salon nicht los. Er setzte sich nieder und machte Bobik Zeichen, sich auf seinen Schoß zu setzen. Er fragte Bobik, was er werden wolle. Bobik wußte es nicht ganz genau, aber er meinte, er wolle gerne Aleksandr werden. Auf dem Schoß dieses alten Mannes, der sicher ein Heiliger oder der liebe Gott war, fühlte sich Bobik so sicher und geborgen wie selten zuvor. Es ging eine Wärme und Freundlichkeit von ihm aus, und das, was Bobik „von Mensch zu Mensch" nannte.

Jadja kam herein. Der alte Mann versuchte sich zu erheben, was ihm wegen Bobik nicht gelang. Jadja wollte seine Hand küssen, aber er ließ es nicht zu. „Setz dich, setz dich zu mir", sagte er.

Sie sprachen halblaut miteinander. Es war ein ernstes Gespräch, fast wie eine Beichte beim Priester; aber nicht Mami beichtete, der alte Mann war es, der ihr erzählte. Bobik begriff nur einiges; daß der alte Mann von zu Hause, von seiner Familie, von seinem Schloß weggehen wollte, daß er es nicht mehr dort aushalten konnte, daß sie ihn nicht verstanden, ihn nicht in Ruhe ließen, daß seine Frau, die wohl ähnlich war wie Karluscha, in seinem Schreibtisch herumsuchte – Bobik verstand nicht, was sie dort suchte, aber es mußte etwas sehr Wichtiges sein. – Er sprach sehr lange und sehr ernst, und er mußte sehr traurig und sehr unglücklich sein, und er tat Bobik sehr leid. Manchmal preßte Bobik ihn an sich, um ihn zu trösten. Sie redeten lange, lange. Bobik rutschte vom Schoß des alten Mannes und blieb auf dem Boden sitzen. Einerseits wollte er gerne spielen gehen, andererseits zog ihn die Gegenwart dieses wunderbaren Menschen an.

Schließlich stand der alte Mann auf, umarmte Mami, schlug das Kreuz über sie und ging hinaus. Jadwiga und Bobik begleiteten ihn bis ans Tor. Er bestieg eine alte Kalesche. Dann fuhr er fort.

Bobik umfaßte Mamis Hand. „Mami, zuerst dachte ich, es sei der liebe Gott. Aber es ist ja ein ganz unglücklicher Mensch. Er tut mir so leid!"

„Woher weißt du denn, daß er unglücklich ist?"

„Ich habe es gehört, was er sagte, daß er weg von zu Hause wollte, daß sie alle böse sind mit ihm und ihn nicht verstehen."

„Er ist kein lieber Gott, Bobik, aber er ist ein ganz großer Mensch, ein Heiliger und ein Prophet."

„Aber ein Heiliger, Mami, ist doch nur auf der Ikone?!"

„Die Heiligen, Bobik, waren früher auch Menschen, gute Menschen, die sich überwunden haben und Gott suchten. Und Gott war ihnen gnädig."

„Dann kann ja jeder Mensch ein Heiliger werden, Mamuschka? Dann bist du aber auch eine Heilige."

„Gott verzeih dir, Bobik, ich und eine Heilige!"

„Aber warum denn nicht, Mami?"

„Weil uns der Teufel alle nicht in Ruhe läßt, und um so mehr man sich müht, gut zu werden und gerecht und liebevoll, um so mehr Widerstände stellt er vor uns auf, und wir sind alle schwache Menschen, wie leicht geben wir nach, und schon ist es aus mit der Heiligkeit!"

„Aber du sagtest doch selbst, daß der alte Mann heilig ist, – er ist doch sicher heilig, das habe ich ganz genau gefühlt!"

„Er ist heilig, Bobik. Aber weil er heilig ist, ist so viel Schwaches und Unheiliges in ihm, und er muß sehr, sehr viel leiden."

Bobik schwieg. Heilig und doch unheilig, das versteh nur einer. Für ihn war der alte Mann einfach heilig, und basta!

SCHURUM BURUM

In einem etwas entlegenen Platz in Girejewo gab es eine Tatarenkolonie. Es war ein alter tatarischer Ort. Als Moskau noch unter der Tatarenherrschaft stand, im dreizehnten Jahrhundert, erhob der Tatarenkhan Girei diesen Ort zu seiner Residenz. Eigentlich war er mit seiner blinden Frau auf der Reise nach Moskau, um Steuern einzutreiben. Er nächtigte in seinem Zelt unter einer Eiche. Am frühen Morgen kam der Moskauer Bischof mit einer Bittschrift zu ihm, er möge sich in seinen Forderungen mäßigen. Der mächtige Khan verhöhnte den Kirchenfürsten. „Wenn dein Gott so mächtig ist, dann hätte er auch die Macht, mich zu vernichten."

„Unser Gott vernichtet niemanden, er ist ein verzeihender, ein geduldiger Gott", antwortete der Bischof.

„Dann könnte er meine blinde Frau sehend machen", rief der Khan.

„Wenn es sein Wille ist, wird er es tun, wir können nur darum beten!" Und der Bischof betete. Da geschah ein Wunder. Die Frau des Khan wurde sehend. Der Khan und seine Frau warfen sich vor dem Bischof nieder und priesen den heilenden Gott und baten, getauft zu werden. An der Stelle, an der das Wunder geschah, floß ein kleiner Bach. Der Khan und seine Frau und einige von dem Gefolge wurden mit dem Wasser aus dem Bach getauft. Der Khan errichtete an jenem Ort eine schöne Kirche, und an der Stelle, da er seine

Zelte aufgeschlagen hatte, ein Schloß. Von ihm stammte das Geschlecht der Tarletzki; das alte Schloß stand vor der mächtigen Eiche, deren Äste wie lange Arme jetzt bis zur Erde reichten. Das Schloß wurde zur Zeit der Kaiserin Elisabeth im neuen westländischen Stil, den sie Rokoko nannten, umgebaut.

Die tatarischen Gefolgsleute, die nicht christlich wurden, blieben dem Khan treu und siedelten sich in der Nähe an. Zwischen der russischen und der tatarischen Bevölkerung gab es fast keine Berührung. Sie waren eben Unchristen und man mied sie. Was die Tataren eigentlich machten, wußte man nicht, man kümmerte sich nicht darum. Einige gingen mit Säcken herum, kauften alte Kleider und Lumpen auf. Von weitem hörte man sie näselnd singen – „Schuruuum Buruuum . . . Schuruuum Buruuuum . . ."

Die Kinder von Girejewo und anderswo zeigten den Tataren, um sie zu necken, das Schweineohr; es war eine Anspielung darauf, daß die Tataren als Moslems kein Schweinefleisch aßen. Es war lustig zu sehen. Sie wagten es aber nie, die Kinder anzugreifen oder zu schlagen, sie ließen es über sich ergehen. Die Eltern der Kinder fanden es so in Ordnung, denn sie und ihre Voreltern und wie viele Generationen vor ihnen hatten dasselbe Neckmittel angewandt.

Bobik war allein im Garten, als er den gedehnten Ruf – Schurum Burum – hörte. Er fühlte sich sehr sicher hinter den schmiedeeisernen Toren. Er holte sein nicht sehr sauberes Taschentuch hervor, nahm einen Zipfel davon, so daß er aus der Faust herausschaute und just wie ein Schweineohr aussah, und neckte damit den sich nähernden Tataren. Überdies fuchtelte er mit dem Zipfel und rief: „Swinoe ucho, swinoe ucho!" (Schweineohr, Schweineohr).

Der Tatare ging weiter und nahm keine Notiz von ihm, das steigerte Bobiks Mut, er rannte am Zaun entlang wie ein Hund und rief. Da blieb der Tatare plötzlich stehen, er drehte Bobik sein schlitzäugiges Gesicht zu, das, wie Bobik meinte, fürchterlich aussah. Bobik wollte in panischer Angst weglaufen, aber dann fand er es feige. Er blieb wie angewurzelt stehen.

„Habe ich dir etwas Böses getan? Habe ich dich gekränkt oder dich geschlagen?“ fragte er mit sanfter Stimme.

„Nein“, stotterte Bobik, er war vor Entsetzen dem Weinen nahe.

„Warum beleidigst du mich denn?“

„Weil du Tatare bist“, sagte Bobik, als ob es ganz selbstverständlich wäre.

„Aber du bist Christ, und ich beleidige dich auch nicht.“

„Wir sind aber hier alle Christen, und ihr seid nur wenige.“

„Ach so!“ sagte der Tatare, als ob er es verstünde.

Bobik aber begann zu ahnen, daß in seinen Antworten wohl keine rechte Logik war, und er wurde unsicher. Der Mann sah gar nicht mehr so schrecklich aus.

„Wir wohnen hier ganz in der Nähe, willst du mitkommen und sehen, wie wir leben, und daß wir nichts Böses tun?“

Bobik war in tödlicher Verlegenheit. Was sollte er tun? Nein sagen, das wäre feige. Mitgehen – was für Komplikationen würden sich daraus ergeben?! Würden sie ihn vielleicht töten und aufessen? Man hörte manchmal solche Geschichten. Der Tatare wartete geduldig, und Bobik entschloß sich klopfenden Herzens mitzugehen.

Sie kamen zu der Siedlung, die kein Girejewer je betrat. Es waren viele kleine, saubere Häuser. Kinder in schönen bunten Kleidern mit roten bestickten Mützen liefen umher und starrten auf Bobik. Der Tatare rief sie herbei und forderte sie auf, Bobik die Hand zu reichen. Sie taten es etwas scheu, aber als sie ihn berührt und bewundert hatten, liefen sie neben ihm her.

In den Räumen war es hell, schöne bunte Teppiche lagen auf dem Boden und hingen von den Wänden herab. Es waren keine Stühle da, dafür kleine niedere Tischchen und mit Teppichen bedeckte Sitzkissen. Der Tatare kniete nieder, wie

Bobik es in seiner Kirche oder vor der Ikone tat, er beugte den Kopf bis zur Erde und murmelte. Als er sich wieder aufrichtete, fragte Bobik, was er da täte. „Ich betete. Ich betete zu Gott Allah auch für dich und für dein Wohl und für deine Familie."

„Betet ihr denn auch?" fragte Bobik erstaunt. „Dann seid ihr aber keine Ungläubigen!"

„Alle beten", sagte der Tatare. Bobiks enges Weltbild bekam einen Riß.

Dann kam die Frau des Tataren und ein Sohn, der so alt und so groß war wie Bobik; sie begrüßten sich. Der Junge verneigte sich tief vor Bobik, und Bobik sah sich genötigt, das gleiche zu tun, obwohl er sich vor Gleichaltrigen nicht zu verneigen pflegte, aber diese Sitte gefiel ihm ausgezeichnet. Die Tatarenfrau bot ihm Chalva und Rachat Lukum und duftende Limonade an. Sie war so sanft und gut wie eine Njanja oder eine echte Babuschka.

Plötzlich fiel ihm ein, daß man ihn zu Hause vermissen würde. Er stand auf und bat, ob er jetzt nach Hause gehen dürfe. Man geleitete ihn aus dem Hause. Achmet, der Sohn, fragte ihn, ob er wiederkommen würde, ob die Eltern es ihm erlauben würden. Bobik meinte, sie würden es wohl tun.

Als er seine kleine Hand in die große Hand des Tataren legte, griff er plötzlich in seine Tasche, holte das schmutzige Taschentuch heraus, das noch zum Schweineohr geknotet war, und reichte ihm das Corpus delicti.

„Hier, nimm das böse Taschentuch! Und ich verspreche es dir: ich werde nie, nie wieder Swinoe ucho nach dir und nach keinem anderen Tataren rufen. Ihr seid ja so lieb!" – und er schüttelte mit aller Kraft die Hand des Tataren. Der schaute ihm lange nach. Bobik lief heim wie auf Flügeln. Sollte er das Erlebnis der Mami oder Njanja erzählen? Würden sie ihn wieder ausschimpfen oder strafen? Warum nur?! Er entschloß sich für Mami.

Glücklicherweise war kein Besuch da, und Mami hatte die

Geduld ihn anzuhören. Sicherlich milderte er in der Geschichte den ersten Teil mit dem Necken ab, alles andere aber malte er breit aus, besonders die große Güte und Freundlichkeit der Tataren. Mami hörte sehr aufmerksam zu.

„Darf ich denn wieder zu ihnen und mit Achmet spielen und ihn auch zu uns einladen, wenn es auch Unchristen sind?"

„Natürlich darfst du es, Bobik, und wenn sie auch nicht Christen, sondern Moslems sind, so sind sie alle Gottes Kinder. Sie sprechen zu ihrem Gott in anderer Sprache und nennen ihn mit anderem Namen, aber er liebt sie genauso wie er dich und uns alle liebt."

Nach dem Gebet vor der Christusikone, die er lange anschaute, sagte Bobik leise: „Du liebst sie auch, auch wenn sie Unchristen sind, den Achmet und den Tataren und die Tatarenfrau und die anderen Tataren, die ich nicht kenne. Und bitte, beschütze sie alle."

DIE GOUVERNANTE

Aus Gesprächen der Erwachsenen hörte Bobik heraus, daß eine grundlegende Veränderung bevorstand. Er würde unter Njanjas Regie verbauern und verwildern. Es sollte eine französische Gouvernante ins Haus kommen.

„Ich will keine französische Gouvernante!" meinte Bobik. „Njanja genügt mir vollkommen, sie hat mich bis jetzt erzogen, sie kann mich auch weiter erziehen." – Njanja war gleicher Meinung. Sie hielt nichts von Ausländern. Sie waren alle Unchristen, und Gott weiß, was für fremdländische Teufelssitten sie ins Haus bringen würden!

Aber sie kam doch. Eines Tages holte Alexsandr eine magere, ältere Frau aus Moskau ab. Sie sah verängstigt aus und sprach kein Wort. Wie wenn eine Bombe eingeschlagen wäre – alle Hausgenossen stürzten in den Hof, das französische Wundertier zu besichtigen. Sie grüßten nicht, sie gafften. Bobik stand hinter einem Fenster und lugte durch die Tüllgardine. Teils tat sie ihm leid, teils fand er sie scheußlich. Schließlich kam Mami auf den Hof und verjagte die Neugierigen. Sie begrüßte die Französin freundlich und führte sie ins Haus. Ein schäbiger schwarzer Lederkoffer blieb wie vergessen auf dem Hof stehen, keiner von dem Gesinde nahm sich seiner an. Mami mußte Aleksandr rufen und ihm befehlen, den Koffer hinaufzutragen. Man wies ihr ein kleines hübsches Mansardenzimmer im zweiten Stock an. Mami sprach in der fremden Sprache mit der Gouvernante.

Am nächsten Morgen war die erste Unterrichtsstunde. Bobik und Mademoiselle, wie er sie fortan nennen sollte, saßen in seinem Spielzimmer. Sie redete schnell in der fremden Sprache auf ihn ein. Er verstand kein Wort. Sie wiederholte das Gesprochene offenbar. Bobik streckte die Zunge gegen sie aus und sagte „bäääh“. Sie schimpfte, das konnte man am Tonfall hören. Nach einer Weile sagte Bobik in gereiztem Ton: „Sprich endlich vernünftig mit mir, du dumme Baba!“ – Sie verstand nicht. „Mais écoutez, vous devez apprendre le Français!“

„Sprich wie ein Mensch und nicht immer dein verdammtes ble ble ble!“ Er sprang auf und trampelte vor Wut mit den Füßen. Sie begann zu weinen, nahm ein winziges Taschentuch aus der Tasche, das bestenfalls für ein Nasenloch ausreichen würde, und wischte sich die Tränen. Wenn sie noch laut und dramatisch geweint hätte, aber sie weinte ganz schwach und leise vor sich hin. Das konnte Bobik nicht aushalten, das tat ihm leid. Er stand auf und klopfte ihr auf die Schulter, er konnte sie einfach nicht umarmen.

„Hör jetzt auf“, sagte er autoritär, „und fang an. Was ist das?“ – er zeigte auf den Tisch.

„C'est une table.“ – „Eto stol“, sagte er. Er wiederholte so gut es ging das französische Wort und verlangte von ihr, daß sie das russische Wort ausspreche. Ihre Aussprache war gottsjämmerlich, Bobik hatte keine Hoffnung, daß sie es je lernen würde. Nun nannten sie die Gegenstände im Zimmer und wiederholten sie. Nach einer Weile wurden beide müde und beschlossen aufzuhören. Sie gaben sich ritterlich, wie nach einem Turnier, die Hand und trennten sich.

Njanja war schlecht gelaunt und ließ es Bobik spüren. Mami fragte, wie die Stunde gewesen sei. Bobik zuckte die Schultern. „Fürchterlich schwer", meinte er, „sie ist ja fürchterlich dumm, sie lernt es nie!"

„Was lernt sie nie?" fragte Mami.

„Russisch natürlich."

„Lehrst du sie Russisch? Ich denke du lernst Französisch?"

„Ja, das auch", meinte er, „aber daraus wird nichts. Sie ist zu sauertöpfisch. Ein armes Luder."

„Wie kannst du so von deiner Mademoiselle reden, Bobik!"

„Aber wenn es doch so ist!"

So lernten sie jeden Tag, sie lernten beide Vokabeln und schließlich einige Sätze, aber eine wirkliche Freude war es nicht. Es war eine Anstrengung. Es sprang kein Funke über, Bobik fühlte, daß sie Kinder nicht liebte, daß sie das Land und die fremden Menschen nicht liebte, daß sie unglücklich war, und ihre eigene Kontaktlosigkeit hinderte ihn, nett und warmherzig zu ihr zu sein.

Njanja, die Zimmermädchen und Frossja waren garstig zu ihr. Sie vergaßen, ihr das Mittagessen oder den Tee zu bringen, oder sie ließen die Speisen kalt werden. Sie sagten ihr dumme und unverschämte Dinge ins Gesicht, die sie nicht verstand. Es war gerade so, als ob sie nicht als Mensch angesehen würde.

In Njanjas Kopf reifte eine teuflische Idee, das wußte Bobik aus einigen dunklen Andeutungen, die sie machte. Einmal gingen sie zu der gefürchteten Hexe Avdotja, die in einem verwahrlosten Häuschen auf dem Wege nach Staroje

Girejewo wohnte. Sie war dafür bekannt, daß sie den bösen Blick hatte und einen verhexen konnte. Soweit Bobik aus dem Getuschel verstand, wollte Njanja, daß Avdotja über die Gouvernante den „Schlicks", das Aufstoßen zaubern sollte. Avdotja wackelte bedächtig mit dem Kopf, sie verlangte einige Haare oder Nägel von der Dame, und es schien Bobik, daß der Preis für den Zauber unverhältnismäßig hoch sei. Jedenfalls kam der Handel nicht zustande. Avdotja bot Njanja für einen kleineren Preis an, der Gouvernante einige Furunkel anzuzaubern, aber das erschien Njanja nicht wirkungsvoll genug.

„Na, dann muß ich wohl die Sache selbst in die Hand nehmen", seufzte Njanja und sie trennten sich. Bobik war es unheimlich zumute. Sicherlich, er konnte die „Marmasel", wie Njanja sie nannte, nicht leiden, aber es war ihm zuwider, daß ihr etwas Böses passieren sollte. Auf dem Weg kehrten sie noch im Laden der redseligen Lukina ein, die die bestinformierte Klatschbase von beiden Girejewos war. Njanja kaufte einen großen Pott Schmierseife.

„Wofür brauchst du so viel Schmierseife, Njanjuschka?" fragte Bobik.

„Zum Waschen sicherlich, mein Herzchen, zum Waschen!" – Aber ihre Stimme klang nicht echt, und Bobik traute ihr nicht. Er wußte, daß in den nächsten Tagen etwas geschehen würde, etwas, das ganz natürlich aussah, aber hinter dem in Wirklichkeit ein böser Wille stand. Es war beklemmend, das zu wissen. Aber er konnte sich niemandem anvertrauen. Er wollte seine liebe Njanja nicht verpetzen. Und wenn Mami ihn nach konkreten Tatsachen gefragt hätte – es gab gar keine konkreten Tatsachen. Es lag aber etwas Geheimnisvolles und Furchterregendes in der Luft. Bobik horchte mehr als sonst auf die vielen Geräusche, die in dem großen Haus waren, er versuchte sie zu deuten.

Eines Morgens, das Haus war noch ruhig, niemand war auf, gab es plötzlich einen fürchterlichen, anhaltenden Krach.

Dumpfes Getöse von fallenden harten und weichen Sachen. Das Haus wurde im Nu lebendig. Türen öffneten sich, Menschen, ungeordnete, ungekämmte, in Nachthemden, in Schlafröcken stürzten hinaus, jeder schaute den anderen noch verschlafen und erschrocken an und fragte, was denn geschehen sei. Nur Njanja war nicht da.

Auf dem Treppenabsatz lag Mademoiselle, in einem dünnen Schlafröckchen, in die Haare waren viele Zeitungsstückchen gewickelt. Sie lag ganz unnatürlich da, ein mageres Bein hoch, das andere angewinkelt, sie war ganz blaß und stöhnte leise. Aus lauter Verlegenheit wagte sie nicht einmal laut zu stöhnen.

Karluscha war der erste, der bei ihr war. Er versuchte sie zunächst aufzurichten, aber sie rutschte wieder hinunter, auch der zweite und dritte Versuch mißlang. Karluscha geriet in Wut. – „Zum Donnerwetter, stellen Sie sich doch nicht so blöd an! Richten Sie sich schon auf!“ – „Je ne peux pas“, flüsterte sie mit schmerzverzerrtem Gesicht. Dann versuchte Karluscha sie von oben her aufzurichten, im gleichen Augenblick machten seine Beine ein Saltomortale und er lag neben Mademoiselle auf dem Rücken, die Beine in der Luft. Alle lachten laut. Nur Karluscha fluchte, und Mademoiselle weinte leise. Offenbar war ihr diese Schaustellung neben dem Schmerz fürchterlich peinlich.

Karluscha tastete die Stufen mit der Hand ab. – Aha! Hier hat ja einer Schmierseife draufgetan! Wer war es?!“ – Seine schreckerregenden weißen Augen gingen in die Runde. – „Wo ist denn die Njanja?!“ rief er.

Sie begaben sich in Njanjas Zimmer. Njanja war im Bett und schlief den Schlaf der Gerechten. Sie schnarchte und war echt erschrocken, als man sie wachrüttelte. Sie wußte von nichts, sie hatte auch keinen Lärm gehört. Man erzählte es ihr; mit „ach“ und „och“ hörte sie zu und schüttelte besorgt den Kopf. Aber Karluscha, der immer alles sah, fand den großen Topf halbvoll mit Schmierseife unter dem Tisch, er holte ihn hervor und hielt in Njanja vor die Nase. Er sagte kein einziges Wort, aber das war noch viel furchtbarer, als wenn er getobt und geschimpft hätte. Man nahm Bobik bei der Hand und führte ihn aus dem Zimmer. Mademoiselle wurde auf ein Kanapee gebettet. Aus Njanjas Zimmer drangen Stimmen, erregte, er hörte Njanja jammern. Es geschah dort etwas Ungutes. Bobik fühlte sich elend – irgendwie war er, wenn auch indirekt, in die häßliche Geschichte verwikkelt.

KAMPF MIT DEM DRACHEN

Seit jenem Ereignis mit der eingeseiften Treppe war die Atmosphäre im weißen Hause seltsam verändert, sie war – „surdinig" – die Stimmung war gedämpft. Mamsells Schüchternheit war noch größer, sie wagte es kaum, jemandem offen in die Augen zu schauen. Njanja war wortkarg und ging brummend umher, auch die anderen Hausgenossen waren niedergeschlagen.

Eines Abends, Bobik war schon zu Bett, hörte er seltsame Geräusche draußen. Ein Wagen kam angerollt, schwere Schritte gingen über den Sand. Es wurde etwas Schweres geschleppt. Nach einer Weile fuhr der Wagen weg. Aus seinem Zimmer konnte Bobik die Vorgänge nicht beobachten.

Am Morgen kam Njanja im Mantel und mit Kopftuch in sein Zimmer und umarmte ihn. Bobik umhalste sie fest. Irgendwas Schreckliches war im Gange.

„Wo gehst du denn hin so früh, Njanjuschka?" fragte er.

„Ich gehe nur in die Badeanstalt, nach Moskau", sagte sie mit tränenerstickter Stimme.

„Das ist nicht wahr, ich sehe es dir an, du willst fort! Du willst ganz fort von hier! Willst du mich wirklich allein lassen?!" – Er schluchzte.

„Ich komme wieder, ich komme bestimmt wieder", versicherte sie.

„Du kannst mir nichts vormachen, Njanjuschka, ich ahne es, ich sehe es, daß du fortgehst!"

Sie umarmte ihn mit aller Gewalt, dann riß sie sich von ihm los und rannte aufheulend aus der Tür. Er ließ sich in das rote Sofa fallen und blieb regungslos. Wenn er eine Lokomotive gewesen wäre, so wäre seine Feder jetzt gebrochen. Irgendeine Feder in seinem Inneren war gebrochen. Er saß nur da. Er konnte keinen Gedanken fassen. Das Ereignis hatte ihn überwältigt. Die behütete Welt seiner Kindheit war zusammengebrochen. Frossja rief ihn zum Frühstück, er kam nicht. Niemand meldete sich mehr. Mami ließ sich nicht sehen.

„Diese feigen Erwachsenen!" dachte er, „diese Verräter!"

Als Mademoiselle zum Unterricht kam, saß er immer noch in der Sofaecke. Er sagte ihr nicht guten Tag, er erhob sich nicht. Sie fragte ihn irgend etwas, doch die Worte drangen durch den dichten Schleier des Schmerzes, der um ihn und in ihm war, nicht hindurch. Da packte sie ihn an der Hand und versuchte ihn hochzureißen. Er klammerte sich mit der anderen Hand an die Sofalehne fest. „Faß mich nicht an! Ich hasse dich" – schrie er sie an. Sie verstand ihn nicht, aber sie sah den Haß, der in seinen Augen loderte. Sie ließ seine Hand los. Er weigerte sich, am Unterricht teilzunehmen. Frossja brachte ein Tablett mit Speisen. Sie wollte sagen: „Nun iß doch, Bobik!" Als sie sein Gesicht sah, sagte sie nichts. Sie stellte das Tablett ganz leise auf den Tisch und ging möglichst geräuschlos hinaus. Mami kam immer noch nicht.

Er stellte sich an das Fenster, von dem aus er die Tore überwachen konnte, die Nase ganz dicht an das Glas gedrückt. So wartete er stundenlang in der Erwartung, ob Njanja nicht durch irgendein Wunder doch wiederkommen würde. Es wurde Mittag, es begann zu dämmern. Njanja kam nicht. Das Fensterglas wurde von den verschmierten Tränen ganz trüb.

„Lieber Gott, lieber, lieber Gott, bring sie mir wieder, meine Njanjuschka, bring sie mir wieder. Ich verspreche Dir alles" – weiter fand er keine Worte, er wußte auch eigentlich nicht, was er versprechen sollte. In ihm war die entsetzliche Gewißheit, daß Njanja nicht wiederkommen würde, aber er hoffte auf ein Wunder.

Er verstand noch nicht viel vom Tode, aber zum ersten Mal war in ihm das Verlangen, ausgelöscht zu werden, nicht mehr zu sein. Das Leid war so groß, daß es gar nicht Platz in ihm hatte, sein ganzes Inneres, so schien ihm, war mit dickem, stickigem Leid erfüllt.

Die Uhr läutete acht. Die Gouvernante kam herein und forderte ihn auf, sich auszuziehen und ins Bett zu gehen. Er blieb am Fenster kleben und rührte sich nicht. Sie bat ihn ganz leise, ganz demütig. Er reagierte nicht.

Da packte sie ihn; aber er entriß sich ihr und klammerte sich an den Fenstergriff. Sie versuchte seine Hand zu lösen, da biß er sie mit aller Gewalt in das Handgelenk, das zu bluten anfing. Sie schrie und weinte. Einen Augenblick tat es ihm leid – aber warum faßte sie ihn auch an?

Die Gouvernante geriet in verzweifelte Wut, mit letzter Kraft ergriff sie ihn und riß ihn vom Fenster los. Er schrie und jammerte: „Njanja, Njanja, rette mich! Hilf mir!"

Mademoiselle ergriff einen Stock und schwang ihn über ihm. Bobik, der noch nie geschlagen worden war, sah es mit weit aufgerissenen Augen, starr vor Entsetzen. Zu Hause durften die Pferde und Hunde auch nicht geschlagen werden. Er hob flehend und beschwörend die Hände. – „Nicht! Nicht! Nicht schlagen, bitte nicht schlagen, Mademoiselle!" – Wenn sie auch die Worte nicht verstand, so begriff sie sein panisches Entsetzen. Aber sie schwenkte noch den Stock, so daß er das Empfinden hatte, sie würde ihn doch schlagen. Er rannte in sein Schlafzimmer und verkroch sich unter sein Bett. Er mußte ganz flach darunter liegen. Er atmete Staub ein und mußte husten.

Die Gouvernante lief ihm nach, sie versuchte ihn unter dem Bett zu angeln, das gelang ihr nicht. Schließlich rückte sie das Bett plötzlich ab. Er war unbeschützt. Er fühlte, wie die Verzweiflung, die Angst ihn lähmten und aktionsunfähig machten. Sie ergriff ihn wieder. Sie hatte immer noch den gräßlichen Stock in der Hand. Sie war erhitzt, atmete kurz und drohte wieder ihn zu schlagen. Da fiel er vor ihr auf die Knie, er beschwor sie, er schrie und schluchzte derart, daß sein kleiner schmächtiger Körper erbebte.

„Schlag mich nicht! Nur nicht schlagen! Nur das nicht! Ich will alles tun, was du willst, alles, alles! Hier, ich küsse dein Kleid!" – und er ergriff den Saum ihres Kleides, der etwas muffig roch, und führte ihn an seine Lippen. – „Nur schlag mich nicht! Mich hat noch nie jemand geschlagen! Ach Njanja, Njanja, komm doch, warum hast du mich allein gelassen! Komm doch, Njanja, siehst du denn nicht, sie bringen mich um!"

Die Französin, die kein Wort verstand, begriff endlich, daß es nicht Eigensinn und Ungehorsam waren, daß sich hier in der kindlichen Seele eine Tragödie abspielte. Sie selbst fühlte ihre ganze Hilflosigkeit, ihre Verlassenheit; und alle Demütigungen, die sie eh und jeh erlebt hatte, wurden ihr schmerzhaft gegenwärtig. Etwas Mütterliches, lang Verschüttetes regte sich in ihr angesichts dieser schmerzzerissenen Kreatur. Sie warf den Stock mit Vehemenz von sich, hob Bobik auf ihren Schoß, streichelte zum ersten Mal den Kopf dieses gräßlichen und ungezogenen Burschen, wie sie ihn in Gedanken immer genannt hatte, und brach in leises Weinen aus. Sie weinten beide, die alternde Frau und das Kind. Bobik umfaßte sie. Mit Erschrecken stellte er fest, daß ihre Arme ganz dünn und fleischlos wie dürre Stangen waren. Und sie tat ihm plötzlich leid. Vorsichtig entkleidete sie ihn und legte ihn ins Bett. Sie blieb an seinem Bett sitzen. Er suchte mit seiner Hand die ihre und schlief so ein.

Der nächste Morgen brachte wieder die Enttäuschung.

Njanja war nicht mehr da. Bobik ging zu seiner Mutter. – „Wo ist Njanja, Mami? Was habt ihr mit ihr gemacht?!“

„Njanja ist fort, Bobik, sie ist zu einem anderen ganz kleinen Kind gegangen, das sie braucht.“

„Warum denn, hat sie mich denn gar nicht mehr lieb?“

„Natürlich hat sie dich immer lieb, aber du bist jetzt groß, du wirst bald erwachsen sein und brauchst keine Njanja mehr, sie ist für die kleinen Kinder da.“

„Ich brauche sie sehr, Mami! Und warum habt ihr mir nicht gesagt, daß Njanja weggehe?! Warum habt ihr mich nicht gefragt? Bin ich denn nicht auch ein Mensch?“ – Jadwiga schwieg betreten. Sie wußte keine Antwort darauf, aber sie fühlte sich schuldig.

„Geh jetzt lernen, Bobik.“ – Bobik ging, er fühlte, daß die Kleinen von den Erwachsenen immer verraten würden, daß sie, wenn sie keine Antwort wüßten, immer mit einer leeren Phrase aufwarteten. Irgendwie müssen sie, trotz aller scheinbaren Sicherheit, sehr dumm und ungeschickt sein. Eines war ihm klar: in allen entscheidenden Augenblicken war man allein und konnte kaum auf die Hilfe der Großen rechnen.

Mademoiselle saß in seinem Zimmer. Er ging zu ihr hin und gab ihr die Hand; und dann, einer spontanen Eingebung folgend, küßte er sie auf die Wange. Ihr Gesicht leuchtete auf und sie errötete.

BOBIK SUCHT SEINE NJANJA

Njanja kam nicht wieder, und Bobik hatte niemanden, mit dem er über seinen Schmerz, seine Sehnsucht hätte sprechen können. Er dachte an die gemütlichen Stunden mit ihr, an ihre Märchen, an die Schummerstunden. Das Letzte, was er von ihr sah, war, wie sie weinend aus dem Zimmer lief. Immer mußte Bobik daran denken; diese Erinnerung zerschnitt ihm das Herz. Niemand sagte ihm, wo sie war. Es war auch sinnlos, danach zu fragen, sie würden ihm doch keine wahre Antwort geben. Langsam reifte in ihm ein Plan. Er wollte seine Njanja suchen, und wenn es am Ende der Welt wäre. Aber er mußte mit Geschick an diesen Plan herangehen.

Eines Morgens ging er in den Stall zu den Pferden, er klopfte ihnen den Hals, gab ihnen Zuckerstücke aus der flachen Hand. Nur an den wilden Rappen, Karluschas Lieblingspferd, wagte er sich nicht heran, weil er biß und ausschlug. Aleksandr war da, er sprach mit ihm einige Worte über das Wetter, über die Pferde. Dann fragte er ganz unvermittelt: „Hat sie denn sehr geweint, als ihr sie wegbrachtet?!"

„Ja, Herrchen, die ganze Fahrt hat sie geschluchzt, die Herrin hat mitgeweint, und ich mußte sehr aufpassen, daß ich nicht auch noch heulte."

„War es denn sehr weit?"

„Nein, nicht so sehr, so fünf Werst nach Kuskowo, zu den Afanassiews. Dann habe ich die Herrin nach Moskau gefahren. Ich glaube, es war ihr nicht wohl zumute, und sie wollte nicht so allein ohne Njanja heimkehren. Wir vermissen sie alle, die Njanja. Vermißt du sie auch?"

„Und ob ich sie vermisse, Aleksandruschka!"

Bobik wußte nun alles, was er wissen wollte. Der gute Aleksandr erzählte es ihm ohne Hinterhalt . . . „Kuskowo", „Afanassiews" wiederholte er immerzu in seinem Sinn.

Eines Morgens fuhr Mami mit Aleksandr nach Moskau. Sie würden erst nachmittags heimkehren. Bobik absolvierte die Unterrichtsstunde mit Mademoiselle, er war sehr zerstreut und verwechselte die Vokabeln. Nach der Stunde stieg die Gouvernante in ihr Zimmer. Die Gelegenheit war günstig. Bobik ging unbemerkt aus dem Haus. Am hinteren Ende des großen Parks war ein unbenutzter Ausgang. Jener Teil des Parks war ganz verwildert, weil niemand so weit spazierenzugehen pflegte. Es war unheimlich, durch das dichte Moos und über die vielen aus der Erde ragenden Baumwurzeln zu steigen. Eichhörnchen spielten ungeniert vor Bobiks Füßen, ein Eichelhäher schrie durchdringend. „Das ist so der richtige Platz für den Koschtschei bessmertnyi, den bösen Waldgeist, und für die Gnomen und Heinzelmännchen", dachte Bobik ängstlich. Manchmal huschten auch kleine Wesen daher, er konnte nur nicht genau unterscheiden, ob es Gnome waren, er wollte es jetzt auch lieber nicht.

Das große Tor war verschlossen, Bobik zwängte sich zwischen den Eisenstäben hindurch. Nun war er außerhalb des Besitztums, in einer anderen Welt. Eine breite Schneise führte durch einen dichten Wald mit starkem Unterholz. Er wußte, daß der Wald gefährlich war. Der Teufel und die Baba Jaga waren dort zu Hause und es gab Räuber, die direkt aus Sibirien aus dem Zuchthaus geflüchtet waren und in den undurchdringlichen Wäldern lebten, sie beraubten einzelne Gefährte und Wanderer. Diese Schneise führte nämlich direkt zu der Wladimirskaja Chaussee, die von Moskau bis nach Sibirien führt und auf der die Unglücklichen, die zu Zuchthaus verbannt wurden, bis nach Sibirien marschieren mußten. Bobik schaute sich bei jedem Geräusch ängstlich um. Er ging sehr schnell. Endlich kam er an den Zaun der Datscha von Schachmatows. Hoffentlich würde ihn niemand sehen. Er ging ganz gebückt. Plötzlich hörte er seinen Namen rufen. Es war Lola. Er wollte schnell weglaufen, aber vielleicht war es doch unklug. Er setzte eine harmlose Miene auf.

„Ach, guten Tag, Tante Lola!"

Die rotwangige Lola lief zu ihm und hockte sich vor ihm nieder. „Wohin gehst du denn, Bobik, so früh am Morgen?"

„Oh, ich sehe mir die Gegend so an."

„Geh aber nicht zu weit. Komm schnell herein, ich gebe dir Konfekt!" Im Hause holte sie zwei Hände voll Konfekt und gab sie ihm. Es waren herrliche Bonbons in lustigen bunten Papierchen. Bobik steckte sie in die Taschen.

„Du bist immer so lieb, Tante Lola, ich danke dir. Aber nun muß ich weiter. Auf Wiedersehen!“

„Leb wohl, geh nicht zu weit, und grüß mir die Mami!“

Er wanderte weiter. Endlich kam er an den erhöhten Eisenbahndamm. Er stieg die steile Böschung mühsam hinauf. Als er oben war, blieb sein Herz fast vor Schreck stehen. Zwei Schritt vor ihm saß ein Schurum Burum Tatare und frühstückte. Es war aber nicht sein Freund. Bobik rannte in panischer Angst los. Der Tatare rief ihm etwas nach. Bobik rannte. Er stolperte über einen Stein und stürzte. Die Knie und Hände schmerzten. Er sah sich verstohlen um. Der Tatare saß noch immer an der gleichen Stelle – Gott sei Dank. Bobik erhob sich und rannte weiter. Erst als er aus der Reichweite des Tataren war, verlangsamte er seine Schritte. Jetzt konnte er die Häuser von Kuskowo sehen. Fremde Menschen begegneten ihm. Er wollte sie nach der Datscha von Afanassiew fragen, aber er hatte Angst. Er ging weiter. Gerade hatte er sich entschlossen, wenn ein Junge vorbeikomme, den zu fragen, als er auf einer offenen Terrasse eine Gestalt sitzen sah.

„Njanja, Njanjuschka!“ – schrie er laut. Die Gestalt erhob sich, schaute aufgeregt über die Ballustrade. Es war seine Njanja. Sie erblickte ihn, rannte Hals über Kopf auf ihn zu, fing ihn auf. „Bobik, mein Bobik! Wie kommst du denn hierher? Ist die Mami bei dir?!“

„Njanjuschka, ich bin gekommen dich zu holen. Komm mit mir und geh nie wieder von mir fort.“ Er faßte sie ganz fest an. Dann kramte er in seiner Tasche und holte die Konfekte heraus. – „Hier, die sind alle für dich!“

Njanjas Herrschaften kamen heran, sie bestaunten Bobik und fragten Njanja, wer der fremde Junge sei. Bobik fühlte sich beleidigt. – „Ich bin kein fremder Junge, ich bin Njanjas Bobik! und Njanja gehört zu mir. Nicht wahr, Njanjuschka, ich bleibe jetzt bei dir. Ich gehe nicht mehr weg!“

„Aber das geht doch gar nicht, mein Liebling! Ich habe hier

ein kleines Kind, das ich pflegen muß. Du mußt aber schnell nach Hause, die Herrin wird sich aufregen! Komm, ich hole dir einen Fuhrmann und bringe dich heim."

Die Afanassiews berieten mit Njanja etwas Geheimnisvolles, sie stritten sich auch wohl. Aber dann kam ein stolzer Kutscher und Njanja und Bobik wurden feierlich hineingesetzt.

Girejewo schien in Aufruhr zu sein. Menschen liefen aufgeregt umher. Andere standen in Grüppchen und diskutierten miteinander. – „Was ist hier bloß los?" fragte Bobik. Dann kam Frossja dahergelaufen. Sie erblickte die Kutsche. Sie rannte darauf zu. – „Da seid ihr ja endlich. Mein Gott, haben wir uns geängstigt! Kommt schnell nach Hause!"

Sie hielten vor dem Portal. Um sie her bildete sich ein Klumpen Menschen, die alle durcheinander schrien. Man konnte nicht verstehen, was sie redeten. Njanja stieg majestätisch aus der Kalesche. Sie machte eine großartige Handbewegung, die sofort die Menschen zum Schweigen brachte.

„Was ist da noch zu gaffen?! Geht nach Hause!"

Jadja kam aus dem Haus gelaufen. Sie war aufgeregt, sie wollte gleich mit Bobik schimpfen. Aber es war etwas in Njanjas Haltung, daß sie schweigen mußte. Sie umarmte Bobik, erlöst, daß er wieder da war.

„Du hast ja Fieber, Bobik, fühlst du dich nicht wohl?" – sie erschrak sehr. Bobik fühlte sich ganz wohl, nur daß er Angst hatte vor all den Auseinandersetzungen, die noch folgen würden. Es wurde in der Achsel das Fieber gemessen. Er hatte Fieber. Man zog ihn aus. Er hatte Flecken am Körper.

„Holt sofort Doktor Ssorokin", befahl Mami. „Er hat die Masern oder die Windpocken. Njanja, du kannst jetzt nicht zu dem kleinen Kind zurück, du könntest es anstecken. Bleib jetzt bitte hier" – und ganz leise fügte sie hinzu: „bleib wieder ganz hier!" – Njanja weinte vor sich hin und nickte.

Dann lag Bobik mit Fieber, mit Masern oder Windpocken, das war ganz einerlei, im Bett und Njanja saß neben ihm und hielt seine Hand. Und der liebe Gott und der Christusknabe waren da, und es war alles wieder beim Alten, beim guten Alten.

Bobik schielte mit halbgeschlossenen Lidern zum lieben Gott, er dankte ihm für die Auffindung Njanjas und für die wunderbaren Masern, die seine Njanja zwangen, wieder bei ihm zu bleiben.

SCHULE

Bobik war eigentlich konservativ; er liebte keine Veränderungen; besonders nicht, wenn sie mit Mühen, mit Frühaufstehen, mit Arbeit und Anstrengung verbunden waren. Aus völlig unerklärlichen Gründen mußte er plötzlich zur Schule gehen. Er fand es völlig überflüssig, aber er mußte sich fügen. Einmal las die Großmutter ihm aus dem Buch „Unglück durch Verstand“ vor. Dort wurde ein Junge, nicht unähnlich Bobik, mit dem Lernen von Geographie gequält. Seine Großmutter war darüber sehr empört und fand, ein adliger Junge brauche solch ein unterkätiges Zeugs nicht zu lernen, dazu gebe es genug Kutscher, die wissen müßten, wo welcher Ort zu finden sei. Bobik war ganz der gleichen Meinung.

Er mußte sehr früh aufstehen. Der Weg zur Schule war nicht weit. Die Eltern von Girejewo hatten diese Schule für ihre Kinder erbaut. Schon von außen war es ein langweiliges Haus. Innen – keine Gemütlichkeit, kein Komfort. Leere Wände, an denen manchmal Landkarten hingen. Niedrige Pulte mit Bänken. Die Pulte waren mit Tinte beschmiert und mit Monogrammen von Schülern beschnitzt.

Die Mitschüler kannte Bobik von früher her, mit manchen hatte er gespielt, bei anderen war er schon zu Hause gewesen. Es war sehr seltsam: Diese gleichen Kinder waren zu Hause freundlich, wohlerzogen und manierlich. Man spielte mit ihnen, manchmal waren sie wild und machten einem ein Spielzeug kaputt, man zankte sich, man war sich oft böse und traf sich dann nicht mehr; später wußte man nicht mehr, warum eigentlich, aber aus Tradition blieb man sich böse. Hier, im größeren Haufen, waren die meisten Kinder frech, laut, angeberisch und unausstehlich. In den Pausen rannten sie wie wild umher, balgten sich, überrannten sich, schrien. Es wurde kein ordentliches Gespräch oder ein Spiel daraus. Sie waren alle überreizt.

Auch Bobik fühlte sich anders als zu Hause. Er stellte etwas vor, was er gar nicht war, er gewöhnte sich eine saloppe und derbe, abgehackte Sprache an – wenn er sie zu Hause sprach, wurde er deswegen getadelt. Er war nicht mutig, aber er trug eine Bravour zur Schau, über die er sich in besinnlichen Stunden schämte.

Der Unterricht langweilte ihn, die Lehrer langweilten ihn. Es fiel ihm schwer, dem Unterricht zu folgen. Es geschah auch so viel in der Stunde, es wurden allerlei Dummheiten ausgeheckt, die manchmal ganz nett waren, es flogen Papierkügelchen durch die Luft, die – selten allerdings – den Lehrer trafen. Es wurde getuschelt. Manchmal piekte einen der Hintermann mit einer Nadel, so daß man schreien mußte. Dafür wurde man bestraft, weil man den wahren Grund nicht angeben konnte. Das wäre Petzerei gewesen, und dafür hätten einen die Kameraden dann übel zugerichtet. Alles in allem, es war eine vollkommen verkehrte Welt. Alle moralischen Begriffe, die man mühsam zu Hause erlernt hatte, standen hier kopf.

Es kam ein schnoddriger Fatalismus über einen. Man tat, was man sollte. Aber man war nicht mit der Seele dabei. Man wußte auch eigentlich nicht, wozu man das alles lernte. Wenn die Lehrer einem das erklärt hätten, vielleicht hätte man es begriffen. Aber so waren es lauter fremde, kalte Dinge, die keinerlei Beziehung zu einem selbst, zu dem Ort, in dem man lebte, zum Zuhause hatten.

Bobik hatte jetzt immer Angst aufzustehen, weil der Alltag nicht mehr strahlend und lustvoll war; er war sozusagen zum Klischee geworden, alles war über eine Leiste geschlagen, er empfand diese Normierung als bösen Zwang.

Eines Tages, es war kurz vor Feierabend, erschien in der Klasse die Direktorin. Eine ältere, hagere, sehr strenge, sonst sehr uninteressante Dame. An ihrer Haltung, an dem puterroten Gesicht sah man, daß sie sehr erregt war. Sie suchte, wie mit einer Taschenlampe, mit ihren bösen Augen die Gesichter der Schüler ab, bis sie auf Bobik stehenblieben. Sie forderte ihn auf sich zu erheben. Und dann sprudelte aus ihren dünnen Lippen eine Kaskade von Vorwürfen und Schimpfereien heraus. Bobik, völlig verdutzt, konnte nur einiges verstehen.

Der Inhalt dieser völlig enthemmten Rede war wohl, daß sie ihm abends im Dunklen begegnet sei. Er sei in ungezogenster Weise mit den Händen in den Taschen, spuckend, pfeifend und unanständige Lieder singend ihr begegnet, er habe sie nicht nur nicht gegrüßt, sondern sie sogar angerempelt und sei dann weggelaufen. Sie sagte noch viel mehr, sie wollte auch einen Brief an Bobiks hochangesehene und ehrbare Eltern schreiben. Aber, da es die erste Warnung sei, wollte sie davon absehen; Bobik solle dafür zwei Stunden nachsitzen.

Bobik stand, zu einer Salzsäule erstarrt, da. Er begriff zunächst nichts. Er mußte lange überlegen, dann kam ihm zum Bewußtsein, daß er abends nie ausging, daß er gar nicht pfeifen konnte und daß er leider bisher noch kein einziges unanständiges Lied kannte, obwohl er gerne einige gelernt hätte. Er wollte widersprechen, es gelang ihm aber gar nicht, den Mund aufzumachen. Im selben Augenblick hackte sie, wie ein Sperber, mit bösen Worten auf ihn ein. Dann verließ sie majestätisch den Klassenraum.

Eine Weile herrschte merkwürdige Stille in der Klasse; die Kinder waren erschrocken. Bobik stand noch aufrecht. Alle Blicke waren auf ihn gerichtet. Mit Entsetzen und mit

Hochachtung. Er fühlte, daß er bei den Kindern an Wichtigkeit gewann.

Das Nachsitzen war fürchterlich langweilig. Das völlig Verrückte daran war, daß der Klassenlehrer, der sehr gerne nach Hause gegangen wäre, auch nachsitzen mußte, obwohl er weder gepfiffen noch gespuckt hatte. Das gab Bobik eine gewisse Genugtuung. Er mußte völlig idiotische Sätze immer wieder abschreiben. „Wir lernen nicht für die Schule, sondern für das Leben." – Er haßte diesen albernen, unwahren Satz. Von Zeile zu Zeile wurde die Schrift unordentlicher und fehlerhafter. Er wurde sehr müde. Gerne hätte er den Kopf auf die Bank gelegt. Aber sofort wurde der Lehrer darauf aufmerksam und zwang ihn zu weiterem Schreiben. Einmal schaute die Direktorin ins Klassenzimmer herein; sie war sichtlich zufrieden, sich an Bobik gerächt zu haben. – „Du kannst jetzt nach Hause gehen. Und wenn das noch einmal passiert, fliegst du aus der Schule. Du verdirbst mir die anderen Kinder. Hast du verstanden?!"

Bobik nahm stramme Haltung an und sagte: „Jawoll". – Innerlich fing er an sich zu freuen, daß ein erwachsener Mensch, der sich so schrecklich wichtig vorkam, so blöd war, daß er sich solchen Irrtümern hingeben konnte. Und welcher Hochmut, welche Feigheit lag darin, den anderen Menschen nicht anzuhören!

Er schlenderte nach Hause. Vor dem Tor stand Njanja, die aufgeregt nach ihm ausschaute. Jadwiga kam hinzu. Beide waren sehr in Sorge.

„Wo warst du, Bobik, denn so lange? Wir haben uns so geängstigt!"

„Ich hatte zwei Stunden Nachsitzen", sagte er philosophisch.

„Was hast du denn verbrochen?"

„Ich habe nachts gepfiffen, unanständige Lieder gesungen, der Directrice die Zunge herausgestreckt und sie angerempelt."

„Aber, Bobik, du gehst doch gar nicht abends aus und du kannst doch gar nicht pfeifen!"

„Aber ich soll trotzdem alles das getan haben, Mami."

Abends sagte er zu Njanja: „Weißt du, Njanjuschka, ich möchte nie, nie erwachsen werden!"

Abends kam Jadwiga auf einige Plauderminuten zu ihm. Sie war merklich besorgt. „Laß dich von solchen Erlebnissen nicht verbittern. Es ist besser, du leidest unschuldig, als schuldig. Das Böse fällt dann immer auf den, von dem es ausgegangen ist. Nimm es tapfer auf dich. Sieh, man hat unseren Heiland als einen Verbrecher gefangengenommen, mißhandelt und gekreuzigt. Und er hat für unsere Sünden das alles getragen und erduldet. Und wir sind doch nicht besser als er. Wenn es dir wieder geschieht – und es wird noch oft geschehen –, dann denk an Ihn und ertrage es geduldig und ohne Rachegefühle. Verzeih dem, der dir Unrecht tut, dann wirst du es leichter ertragen."

DER RÜCKFALL

Die Schüler nannten Bobik nur noch „Swistun" – den Pfeifer. Er genoß den Ruf des Verwegenen und Schlauen. Dieses Ansehen umgab ihn wie eine Hülle, wie eine Maske, hinter der er sein verwundbares Wesen verbergen konnte. Bei Schlägereien wagten sie sich nicht recht an ihn heran, weil sie seine verborgenen Kräfte fürchteten. Durch ein neues Ereignis wurde dieser Ruf noch verstärkt.

Sie hatten Unterricht bei der Direktorin. Sie alle hatten Angst vor ihr wegen ihrer durchdringenden Augen, die so aussahen, als ob sie zugleich mindestens in drei Ecken gucken könnten. Die Stunde verlief daher in ziemlicher Ruhe. Da sah Bobik, wie Wassja Ssemenow mit einer Papierkugel aus dem Katapult nach ihr schoß. Die Kugel traf sie mitten auf die

Stirn. Es tat ihr nicht weh. Sie erschrak nur und wischte sich sehr komisch die Stirn mit der Hand, wie man eine lästige Wespe abwehrt. Es waren um diese Jahreszeit keine Wespen da. Dann sah sie die Papierkugel, die ihr in den Schoß fiel. Sie sprang wütend auf, ihre Augen wanderten von Schüler zu Schüler. Bobik wurde krebsrot.

„Wer hat das getan?! Der stehe sofort auf!" rief sie.

Niemand stand auf. Alle blieben sitzen und schauten starr und unschuldig geradeaus. Bobiks Herz klopfte vor Aufregung. Sie musterte alle, jeder, der angeschaut wurde, nickte hin und her mit dem Kopf, was „nein" bedeuten sollte. Sie sah Wassja an. Auch Wassja nickte mit dem Kopf. Jetzt kam Bobik dran. Er vergaß mit dem Kopf zu nicken, er schaute mit verhaltenem Entsetzen in das strenge, unliebe Gesicht der Lehrerin. Es durchzuckte ihn die Erinnerung an eine Geschichte von Njanja – von dem armen Kaninchen, das im Anblick einer Schlange erstarrt. Er konnte diese Geschichte nie recht begreifen. Jetzt plötzlich stand das Bild des Kaninchens ganz deutlich vor seiner Seele. Er war das Kaninchen.

„Ahaaaa! Du warst es wieder! Das hätte ich auch gleich wissen sollen!" kreischte sie.

„Nein! Ich war es nicht!" sagte Bobik fest.

„Lüg nicht! Du warst es! Du bist ja ganz rot geworden!" – Und nun ergoß sich ein Strom von Vorwürfen, Verwünschungen und Drohungen über ihn. Er war davon wie betäubt. Es waren die üblichen Dinge, stereotyp und ohne Phantasie: – „ehrbare Eltern . . . zwei Stunden nachsitzen . . . Brief an die Eltern . . . wenn nochmal was vorkommt . . . dann Hinauswurf . . . schlechtes Beispiel . . . schlechter Umgang . . . Verführen anderer, lieber und braver Kinder . . . und so weiter . . . und so weiter . . ."

Es kam ihm vor wie eine alte, angekratzte Grammophonplatte. Er schaute sie unentwegt an, aber er sah sie gar nicht mehr, sie war ganz weit weg, und aus irgendeiner Ferne prallten die Worte an ihn heran.

Er saß wieder nach. Er malte wieder blöde Sätze vierzig Mal in das Heft. – Jadwiga und Njanja empfingen ihn. „Was war denn jetzt wieder los, Bobik?“

„Jetzt sollte ich aus einem Katapult nach der Direx geschossen haben. Dafür mußte ich wieder nachsitzen. Der Wassja, der hat es getan, aber er war zu feige, es zuzugeben. Und ich, weil ich rot geworden bin, ich war es. Wenn sie nicht so dumm gewesen wäre, hätte sie nur nach dem Katapult suchen brauchen. Aber sie ist unfehlbar, und darum war ich es eben!“ – Er hätte gerne vor Wut ausgespuckt, wie er es von den Bauern gesehen hatte, aber er beherrschte sich.

„Ich bin der schlechteste und böseste Junge, den sie hat, und ich verderbe und verleite alle die anderen. Ich habe es satt. Nimm mich da heraus Mami!“

Jadwiga war ernstlich besorgt. „Ich gehe zu ihr, ich werde mit ihr sprechen“, sagte sie resolut.

„Tu das bitte nicht, Mami! Sie ist so selbstherrlich, sie läßt das alles nachher an mir aus!“

Einige Tage später ging Bobik mit Wassja heim.

„Ei, du Swistun! Ich habe es gar nicht gemerkt, daß du auch geschossen hast. Zeig mir doch dein Katapult! Sollen wir tauschen, mein Katapult ist prima! Aber es trifft nicht so gut!“

„Ich habe ja gar kein Katapult“, sagte Bobik.

„Wie hast du sie denn so genau auf die Stirn getroffen? Aus freier Hand? Alle Achtung!“

„Ich hab ja gar nicht geschossen!“ sagte Bobik empört.

„Wer hat denn geschossen?“

„Na, du natürlich, wer denn sonst! Ich habe es doch ganz genau gesehen!“

„Ich? hmmmm. Dann habe ich sie doch getroffen! Aber warum hat sie dich denn erwischt und bestraft?“

„Weil du zu feige warst es zuzugeben, und weil schließlich einer es getan haben muß! Und weil ich bei ihr sowieso das schwarze Schaf bin!“

„Sooooo, hmmmm, dann warst du es gar nicht. Und ich war schon so neidisch auf dich und dachte, du könntest besser zielen als ich . . . Aber warum hast du denn nicht protestiert, daß du es nicht gewesen bist?“

„Wie sollte ich es denn, dann hätte doch die ganze Klasse nachsitzen müssen. Oder hätte ich dich verpetzen sollen?“

„Mensch! wenn du das getan hättest, dann Gnade dir Gott, ich hätte Hackfleisch aus dir gemacht!“ – und Wassja zeigte ihm seine geballte Faust.

„Was sollte ich denn tun?!“

„Gar nichts! Ableugnen bis zur Weißglut. Laß sie es doch selbst herausfinden. Sie ärgern uns, und wir ärgern sie. Punktum!“ Wassja machte kehrt und lief weg.

ERSTE LIEBE

Bobik saß in der Schule neben Aljona Oblonskaja. Er kannte sie schon lange. Sie wohnten in einer kleineren, etwas baufälligen Datscha mit großem Park. Der Park sah viele Jahre keine Gärtner. Sie hatten auch keine Pferde. Die Dächer von den Stallungen und Remisen waren durchgebrochen. Sie hatten auch kein Gesinde. Bobik fragte Aljona, warum sie keine Pferde und kein Gesinde hätten und warum ihre Mama alles allein machen müsse, sogar das Kochen und Putzen. Aljona wurde immer verlegen, wenn er so fragte.

„Wir wollen gar kein Gesinde haben, und was brauchen wir Pferde, es gibt doch eine Eisenbahn.“

Wenn die Erwachsenen von den Oblonskis sprachen, senkten sie immer bedeutungsvoll die Stimme, machten bedauernde Gesichter, und wenn auf den Vater Oblonski die Rede kam, wiegten sie den Kopf immer hin und her, sagten „tsetsetsetsetse“ und machten mit der rechten Hand eine Gebärde, als ob sie sie zum Munde führten. Bobik fragte die

Njanja, was das zu bedeuten hätte, aber sie gab das Symbol dieser Bewegung nicht preis. Was blieb ihm da übrig, als Aljona danach zu fragen. Er hatte es nicht böse gemeint, und die Heftigkeit ihrer Reaktion versetzte ihn in Schrecken.

„Sag mal, Aljona, was ist eigentlich mit deinem Vater los?" – und dabei hob er die rechte Hand zum Mund. Aljonas Gesicht verzerrte sich, dicke Tränen spritzten aus ihren Augen, sie stürzte sich auf ihn und schlug mit ihren Fäusten auf ihn ein. – „Du Hund, du räudiger!" schrie sie immerzu und schlug. Bobik konnte sich nicht wehren, so unerwartet kam der Überfall. Sie wälzten sich im Sand. Schließlich ließ sie das Schlagen. Sie war wohl selbst von ihrer Heftigkeit erschrocken. Bobiks Anzug war beschmutzt, das Gesicht hatte lange Kratzer und blutete. Er tat ihr plötzlich leid.

„Mein Vater ist der beste Mensch, und der beste Vater von der Welt! Ich lasse ihn von niemandem beleidigen! Und wenn wir arm sind, darum sind wir nicht schlechter als Ihr, oder die Tarletzkis, oder die Kutusows! Und dich geht das überhaupt nichts an! Bäääh!" – Sie streckte ihm die Zunge heraus und lief davon.

Eine Zeitlang kam sie nicht und spielte nicht mit ihnen. Dann trafen sie sie auf der Straße und nahmen sie wieder mit in den Park auf den Spielplatz. Ohne daß man sich verabredet hätte, bekam Aljona immer die schlechten oder bösen Rollen im Spiel. Bei „Himmel und Erde" mußte sie den Teufel spielen, oder die Hexe bei Hänsel und Gretel, in Räuber und Gendarmen war sie ein Polizist. Und sie spielte mit. Ohne zu mucksen, nahm sie die Rolle auf sich.

Natürlich wurde sie auch zu allen Kinderfesten eingeladen.

Wieder wurde ihr die Rolle des Teufels zugeteilt. Aber diesmal muß wirklich der Teufel in sie gefahren sein, denn sie wollte nicht. Sie wehrte sich nicht laut, sie protestierte nicht. Sie sagte nur leise, aber in der Stimme klang Verzweiflung: „Ich will nicht immer den blöden Teufel spielen! Immer muß ich ihn bei euch spielen. Ich will auch mal ein Engel sein!"

Sie bestürmten sie, kein Spielverderber zu sein, sie hätte doch immer den Teufel gespielt, und die anderen hätten ältere Rechte auf die Engel. Als man, da das Spiel ohne Teufel ungültig war, andere Kinder dazu animierte, den Teufel zu spielen, da weigerten sie sich – nein, so eine dreckete Rolle wollten sie nicht spielen. Man stand ratlos umher.

Da kam Jadwiga heran, sie erkundigte sich, was sie gerade machten. Bobik berichtete ihr, daß Aljona nicht den Teufel spielen wolle. Aljona saß allein auf der Bank und schmollte. Jadwiga umarmte sie, setzte sich zu ihr und fragte sie leise, ob man sie gekränkt hätte. Und da begann Aljona leise in sich hinein zu weinen, ohne Gebärde, so, als ob sie keine rechte Kraft zum Weinen hätte. Sie verbarg ihr Gesicht in den schmalen, schmutzigen Händchen. Jadwiga streichelte ihren Kopf! Sie begriff instinktiv, daß die Kinder das Kind der armen Eltern schlecht behandelten. Sie nahm sie mit sich und ging mit ihr durch den Park. Die Kinder standen ratlos da. – „So!“, sagte Bobik, „nun können wir Himmel und Erde nicht mehr spielen, wenn wir keinen Teufel haben.“

Abends sprach Jadwiga ernstlich mit Bobik. „Ihr dürft das arme Kind, die Aljona, nicht immer schikanieren, sie leidet darunter. Ihr demütigt und beleidigt sie. Und sie ist doppelt empfindlich, weil sie arm ist!“

„Aber sie lädt uns doch nie zu sich ein, und sie hat kein Pferd und muß immer auf unseren reiten, und sie ist auch nicht gut angezogen! Warum will sie denn nicht den Teufel spielen?!“

„Du mußt das verstehen, Bobik – sie kann nichts dafür, daß sie arm ist, jeder kann das Unglück haben und arm werden. Und sie ist ein wohlerzogenes und gutes Kind! Ihr solltet lieb zu ihr sein. Ich erwarte es von dir und von euch allen.“

„Aber Mami, ihr Vater“ . . . und Bobik hob die Hand an den Mund.

Jadwiga sah ihn indigniert an. „Pfui, Bobik! Schäm dich, wie kannst du so etwas Gemeines sagen! Du bist herzlos! Ihr

Vater ist arm und krank, und niemand hilft ihnen, alle spotten über sie, statt ihnen irgend etwas Gutes anzutun; ist es da ein Wunder, daß er trinkt?! Ihr solltet lieber alle, du und Njanja und Frossja und die Lukina, anstatt zu klatschen und das Kind seine Armut fühlen zu lassen, nachdenken, wie man ihnen helfen könnte!"

„Wie könnte man ihnen denn helfen, Maminka?"

„Hast du der Aljona schon einmal im Leben etwas Gutes getan, ihr etwas geschenkt, hast du dich ihr gegenüber ritterlich benommen?"

Bobik senkte beschämt die Augen. Er wollte sagen: „Ja, wir haben sie doch auf unseren Pferden reiten lassen und haben sie zu den Kinderfesten eingeladen" – und er begriff sofort, daß das noch keine gute Tat bedeutete.

„Darf ich ihr denn von meinem Taschengeld etwas Schönes kaufen, Mami?"

„Natürlich darfst du. Wir gehen zusammen und suchen etwas aus."

Sie fanden im Geschäft ein hübsches Kleidchen, und Bobik ging zu der verwahrlosten Datscha. „Aljoooona! Aljooonuschka!" rief er vom Tor aus. Sie erschien auf der breiten Terrasse. – „Komm doch her!" rief er. Sie kam.

„Schau mal her", sagte er und reichte ihr das Paket, „das ist für dich." – Sie errötete, sie war mißtrauisch, denn wie oft neckten sie die Kinder und gaben ihr Pakete, in denen Lumpen eingewickelt waren. Dann packte sie das Paket behutsam aus. Bobik war ungeduldig und nestelte an den Bindfäden. Als das schöne Kleid zum Vorschein kam, errötete sie tief. Sie ließ es fallen und klatschte vor Freude in die Hände. Dann schaute sie Bobik mit unbeschreiblich strahlendem Gesicht an, umarmte ihn und küßte ihn mitten auf den Mund. Bobik erschauerte, ein unheimlich süßes und erregendes Gefühl ergriff seine Seele. Es hatte ihn noch niemand auf den Mund geküßt. Er genierte sich sehr, aber es war so schön, daß er seinerseits Aljona behutsam umarmte und auf den

Mund küßte. Dann liefen sie zu der Terrasse, wo Aljonas Mutter Speisen zubereitete.

„Sieh mal, Mama, was Bobik mir geschenkt hat!"

„Du hast heute doch nicht Geburtstag?" neckte die Mutter. Aljona verschwand mit dem Kleid und kam nach einer Weile wieder. Bobik war es bisher nie zum Bewußtsein gekommen, wie hübsch und fein sie aussah.

„Du siehst just so aus wie die Aljona Prekrassnaja, die Schöne aus dem Märchen von Iwanuschka Duratschok!" – Aljona errötete. Bobik war noch glücklicher als Aljona! Sie gingen Hand in Hand durch den verwilderten Park. Bobik fühlte sich in das Märchen versetzt; er war der verstoßene Königssohn, Iwanuschka der Einfältige, der Parzival, und sie war die schöne Prinzessin Aljona, die ihn liebte, obwohl die ganze Welt ihn verstieß.

Irgendwo lugte aus den moosbewachsenen Baumstümpfen der gute-böse Wolf. Die herumtollenden Eichhörnchen sahen sie ohne Scheu an und spielten weiter. Bobik und Aljona setzten sich auf ein Gebilde, das ganz früher einmal eine Holzbank gewesen war. Bobik streichelte Aljonas Hand, er bewunderte ihre schmalen zarten Finger. Alles an ihr erschien ihm verwandelt. Auch das alte Haus und der von Unterholz überwucherte Park.

„Weißt du, dieser euer Park gefällt mir viel besser als unserer. Der ist so geleckt, und hier ist noch ein richtiges Märchenreich. Hier könnte man so viel schöner spielen! – Aljonuschka! – du brauchst nicht mehr den Teufel und den Polizisten zu spielen. Wir werden jetzt viel schönere Spiele ausdenken!" Aljona drückte stumm Bobiks Hand und lehnte ihren Kopf an seine Schulter.

Und sie ersannen neue Spiele, die schön anfingen und, wie so oft, ein etwas dramatisches Ende nahmen. Sie versammelten sich in Mamis Salon, was ausdrücklich verboten war. Aber der Anlaß war ein so ernster und feierlicher, daß sie trotzdem diesen Ort wählten. Sie berieten ein neues Spiel –

Bobiks und Aljonas Hochzeitsfeier. Sie schlossen die Türen, damit sie nicht gestört würden, und sprachen mit gedämpften Stimmen. Für die Festtafel hatten Mami und Njanja versprochen, die nötigen Vorbereitungen zu treffen. Ungelöst war die Kostümfrage. Bobik hatte einen schwarzen Anzug, in dem er sehr vornehm aussah. Wera zog ihr weißes Tüllkleid mit einer enormen Schleife auf dem Kopf an. Wassenka war der Priester. Er brauchte eine Popenmütze. Bobik hatte eine Idee. In Karluschas Kleiderschrank war ein Zylinder. Wenn man seinen Rand abschnitt, ergab das genau eine Popenmütze. Gesagt, getan. Die Ränder waren nicht ganz gerade geraten, aber auf dem Kopf von Wassenka sah die Popenmütze großartig aus. Wassenkas Gesicht bekam eine ungeahnte Würde. Ein großes, altes kupfernes Kreuz wurde von der Wand geholt, und aus dem Stall ein großer Pinsel, mit dem sonst die Wände gekalkt wurden. Der war dazu da, um die Andächtigen mit Weihwasser zu besprengen. Über die Schultern bekam Wassenka eine Damastdecke, die auf dem Flügel lag. Es fehlte noch der Brautschleier für Aljona. Mami hatte einen herrlichen großen Umhang aus Brüsseler Spitzen, den sie zu ganz besonders feierlichen Gelegenheiten trug, er war sehr kostbar. Nein, – sie ließen diese Idee fallen. Dann besah sich Bobik die langen, schönen Tüllgardinen im Salon. Ja, das wäre gerade das Richtige. Bobik stieg auf das Fensterbrett. Wassenka und Wera hielten ihn fest. Er schnitt mit großen Schnitten, so hoch er konnte, die Gardine ab. Es gab einen herrlichen Schleier, der wie eine Königsmantille lang herabhing. Aljona sah wie eine Märchenprinzessin darin aus. Es waren nun alle Vorbereitungen getroffen. Das sagte Wera:

„Und wo bleibt das Kind?“

„Ja, das Kind“, sagte Aljona.

„Kinder kommen erst nach der Hochzeit“, sagte der Pope Wassenka.

„Nicht immer“, sagte Bobik, „als Mavra heiratete, war schon ein Kind da.“

Sie beschlossen, die geduldige Katze Sisi zum Kind zu erklären. Die Katze wurde geholt. Ihr wurde eine Kapuze von einer Puppe Weras übergezogen und sie wurde in einen Puppenwagen gelegt; sie ließ alles mit sich geschehen.

Bobik und Aljona traten vor den Altar, Wera als Brautjungfer trug Aljonas Schleier. Der Kinderwagen stand rechts von Aljona. Der Pope besprengte die Hochzeitsgemeinde reichlich mit heiligem Wasser, an dem noch Kalkreste waren. Dann sang er mit imitiertem tiefem Baß, durch den oft der natürliche Diskant durchbrach: „Gospodi pomilui“ (Herr, erbarme Dich unser).

Bobik und Aljona mußten sich küssen. Das war das Schönste an der ganzen Zeremonie. Dann gingen sie feierlich dreimal um den Tisch herum. Aljona verwickelte sich in den Schleier, fiel um und riß den Tisch um. Die Vase mit den Rosen zerbrach. Das Wasser ergoß sich über den Teppich. Die Reste der Vase wurden schnell in eine Ecke hinter der Konsole versteckt. Die Blumen nahm Aljona in die Hand. Dann gingen sie in feierlicher Prozession in den Park. Zuerst der Pope Wassenka, das schwere Kreuz in der erhobenen Rechten. Ihm folgte Marussja, die den Kinderwagen mit der geduldigen Katze schob, dann das Ehepaar, Arm in Arm, Bobik sah behutsam und beglückt in Aljonas strahlende Augen. Wera als Brautjungfer trug den Schleier. Sie sangen sehr laut und nicht immer sehr melodisch geistliche Lieder. Zuerst „Gospodi pomilui“ (Herr erbarme Dich unser), dann „Komm Herr Jesu, sei unser Gast“, dann das Morgengebet, das sie vor dem Unterricht in der Schule aufsagen mußten, und schließlich: „Herr gib seiner Seele den ewigen Frieden, und laß ihn ruhen mit Deinen Heiligen“. Richtige Hochzeitslieder fielen ihnen nicht ein, aber auch so klang alles ungeheuer feierlich. Die Prozession näherte sich dem Spielplatz. Wassenka verweilte einen Augenblick. Marussja, vom angestrengten Singen ganz benommen, fuhr ihm mit dem Kinderwagen ins Hinterteil, der Wagen überschlug sich, Sisi sprang entsetzt heraus und wetzte mit dem Kapotthütchen ins Dickicht der Rhododendronbüsche. Dann stolperte Aljona über Marussja und fiel. Der Schleier, den Wera festhielt, riß sich vom Kopf, und Wera blieb verdutzt und feierlich mit dem Schleier stehen.

Nun waren sie der Hochzeitszeremonie müde und beschlossen, jetzt den Polterabend zu machen. Ein wunderschöner Graben trennte den Spielplatz von dem Park. Sie begannen über den Graben zu springen. Es war etwas unbequem in den feierlichen Sonntagskleidern. Bobik konnte nie verstehen, warum die Sonntagskleider immer so steif und unbequem sein mußten. Sie sprangen wie Vögel hin und her. Am komischsten sah Wera aus in ihrem aufgetakelten Kleid, mit der riesigen Schleife, die bei jedem Sprung hin und her wippte. Alle lachten darüber; sie wurde böse. Beim nächsten Sprung glitt sie aus und fiel in den modrigen Boden des Grabens. Bobik und Wassenka versuchten, sie zu retten; dabei fielen sie selbst bis an die Knie in den Dreck. Schließlich zogen sie die schreiende Wera heraus. Sie war nicht wieder zu erkennen. Von der Feierlichkeit blieb nichts übrig. Es war ein dicker schreiender Klumpen von stinkigem Moder.

Wie immer bei solchen Gelegenheiten, blieb ein Unglück nicht allein. Njanja erschien und rief sie zum Hochzeitsmahl. Als sie das, was von Wera übrigblieb, erblickte, schrie sie laut auf. Sie schnappte sich wahllos die Kinder, die sie greifen konnte, und beklopfte ihnen die Hintern. Es tat nicht direkt weh, aber es demütigte und kühlte einen schnell ab. Dann sah sie den Brautschleier. Mit einem Kennerblick begutachtete sie dessen Herkunft, dann richteten sich ihre Augen auf die priesterliche Damastdecke und auf den kastrierten Zylinder von Karluscha, und es entströmte ihrem Munde ein Gewirr von Worten, die der beste Linguist nicht hätte deuten können, es quollen immer zwei oder drei Worte auf einmal von ihren Lippen. Sie packte resolut die Corpora delicti und befahl den Kindern, ihr zu folgen. Mit hängenden Köpfen, erschöpft, verängstigt und schuldbeladen trotteten sie hinter ihr her.

Stumm, mit der Würde einer Rachegöttin, zeigte sie Jadwiga die traurigen Resultate der Hochzeitsfeier, das zerschundene lebende und tote Inventar. Mami setzte ein sehr strenges Gesicht auf, aber sie konnte es nicht sehr lange behalten, zuerst wurden die Augen glänzend und lustig, dann zuckten die Mundwinkel, und schließlich begann sie zu lachen. Und dann lachte die zerschundene und drecküberkrustete Gesellschaft mit. Am meisten lachte Mami über den Zylinder von Karluscha, sie stellte sich vor, wie er darin aussehen würde.

Der Bann war gebrochen. Die Kinder mußten sich waschen und umkleiden. Dann begann das köstliche Fest. Bobik und Aljona saßen an einem Tischende, Mami am anderen. Zum Abschied umarmte Aljona Bobik mit aller Inbrunst eines kindlichen Herzens. Sie war so glücklich.

LIEBESERKLÄRUNG AM FALSCHEN ORT

Jadwiga hatte so viele gesellschaftliche Verpflichtungen, daß sie die Kinder verhältnismäßig wenig sah. Die Erziehung wurde der Njanja und der Gouvernante überlassen. Zwischen beiden herrschte eine Art aggressiver Waffenstillstand. Sie konnten nicht miteinander sprechen, weil die Französin trotz Bobiks gutgemeintem, aber im wesentlichen unsystematischem Unterricht sehr geringe Fortschritte in der russischen Sprache machte. Bobiks Französisch dagegen nahm Gestalt an.

Doch gehörten die kurzen Stunden, die Jadwiga den Kindern widmete, zu den schönsten Erlebnissen. Sie erzählte ihnen Märchen oder Geschichten vom lieben Gott, oder einfach andere Geschichten, die große Männer geschrieben hatten. Die schönsten davon waren ohne Zweifel die kurzen Geschichten von Onkel Tolstoi. Es gehörte zu Bobiks stolzestem Erlebnisinventar, daß er auf dem Schoß dieses großen, heiligen Mannes hatte sitzen dürfen.

Am herrlichsten waren die Nachmittage vor Weihnachten und in den heiligen zwölf Nächten. Es wurde früh dunkel. In den Zimmern standen große Vasen mit Tannenzweigen. Kerzen brannten, es roch nach Wachs und angebrannten Tannen. Aljonuschka war da und andere Kinder, man spielte Lotto, Domino oder Karten, oder Bobik führte mit viel Geschrei und hochgeschraubter Stimme ein Kasperletheater vor. Das ganze Haus roch nach Lebkuchen und Spekulatius. Man knackte Nüsse, trank Tee und aß die frischen, duftenden Printen. Njanja kam mit einem Blech voll herrlicher Bratäpfel herein.

Nachmittags kam Jadja in den von Kerzen erleuchteten Raum. Sie war wie ein verzaubertes Wesen aus einer anderen, einer ätherischen Welt. Alle fühlten das Besondere ihres Wesens und alle verehrten sie. In ihrer Gegenwart fiel das Schwere, Böse, Neidische von ihnen ab. Sie entdeckten in sich so viel Gutes und Lichtes, und der Wunsch regte sich in ihnen, diesem Guten die Fülle zu geben.

Bobik konnte sich nicht erinnern, daß Mami je ungeduldig, böse oder heftig gewesen wäre. Sie hatte auch nicht die Gewohnheit wie so viele andere Mütter, die er kannte, auf die Kinder unentwegt einzureden, sie dauernd zu ermahnen, zu schimpfen, zu gängeln. Das war ihm so zuwider. Die Kinder solcher Eltern taten ihm in der Seele leid. Er konnte an den Lippen der Mütter sehen, daß sie „so“ waren; die Worte fielen ganz schnell und in Kaskaden aus dem wie zerfransten Munde heraus. Dabei sahen solche Mütter ganz dumm und hilflos aus – aber nicht wie die Kinder – ganz anders, schrecklich!

Und Mami las den „Glücklichen Prinzen“, oder das „Gespenst von Canterville“, oder „Das Mädchen mit den

Streichhölzern", oder aus „Onkel Toms Hütte", oder aus „Der kleine Lord Fountleroy". Es war viel Schönes, aber auch sehr viel Trauriges in den Geschichten. Alle weinten, jeder auf seine Weise. Wera heulte hemmungslos und laut und verlangte, Mami solle aufhören – sie könne es nicht mehr aushalten. Wassenka machte ein konzentriertes Gesicht, als ob er damit den Tränenfluß verhindern könnte. Aljonas schöne Augen wurden glänzend, dann perlte ab und zu eine dicke Träne heraus und fiel auf ihre Wange. Bobik wischte sich immerzu die Tränen, zuerst mit den Fingern, und als der Strom nicht mehr zu bändigen war, mit dem Taschentuch. Njanja mußte sich dauernd schneuzen, obwohl sie keinen Schnupfen hatte.

Wenn die Geschichten zu Ende waren, waren alle von den Tränen wie saubergewaschen, es war ihnen so gut und so leicht zumute, und innerlich versprachen sie sich, besser und freundlicher zu werden. Beim nächsten Zank gingen diese Vorsätze natürlich in die Brüche. –

Bobik hatte nie die Möglichkeit, seiner Mutter zu sagen, wie sehr er sie liebte und verehrte, und wie dankbar er war, daß sie seine Mutter war. Er war, wie alle Menschen, ihr gegenüber befangen und scheu. Er hatte die Erfahrung gemacht, daß man wahrhaft großen und heiligen Menschen immer mit Ehrfurcht begegnete und es nicht wagte, in ihrer Gegenwart so alltäglich zu reden, wie man es sonst gewohnt war.

Er wußte nicht einmal, ob sie es wirklich wußte, daß er sie liebte. Es drängte ihn, ihr das kundzutun. Aber wie? Niemals würde er es wagen, es ihr zu sagen. Sie würde gleich verlegen werden und das Gespräch abbrechen. Er aber wollte solch ein Gespräch ganz auskosten. Die Großen nannten das „Sich-Aussprechen", obwohl dieses Sich-Aussprechen, wie Bobik es erfahren hatte, meist ein böses Ende nahm und die Menschen danach völlig entfremdet und beleidigt auseinandergingen. Nach einem guten Sich-Aussprechen lechzte seine

Seele. Was sollte er tun? Einen Brief schreiben? Das war so unecht, so pathetisch. Oder sollte er ihr eine ganz große Printe backen und darauf mit Zuckerguß schreiben? Aber dann würden Frossja und alle davon wissen und gewiß darüber lachen. Wie er es auch überlegte, er fand keinen Ausweg.

Eines Tages saß er im Klo. Er konnte sich nicht vorstellen, daß Mami auch aufs Klo mußte; bei den anderen, Njanja, Aleksandr, Frossja, Karluscha war es ganz selbstverständlich. Aber Mami war ein höheres Wesen, das konnte kaum sein. Da fiel sein Blick auf die schöne schneeweiße Wand über den Kacheln. Und die furchtbare biblische Geschichte von Nebukadnezar stand plötzlich vor seinen geistigen Augen. Die schreckliche Hand, die auf eine weiße Wand die schicksalsschweren Worte schrieb: „Mene, mene tekel upharsim" (gewogen, gewogen und zu leicht befunden). Er sah förmlich, wie diese Hand langsam, bedächtig schrieb – Buchstabe um Buchstabe.

Und ehe er sich's versah, hatte er einen kleinen Bleistift in der Hand, und seine Hand schrieb mit langsamen, unbeholfenen Lettern: „Mamotschka! ich liebe dich unendlich! Ich danke dir für alles!"

Und dann merkte er plötzlich, was Dummes er getan hatte. In Angst versuchte er die Buchstaben wegzuwischen, aber der Text war tief in die Kalkschicht eingeritzt, und je mehr er wischte, desto schmutziger wurde die Wand, aber das Skelett der Worte war unauswischbar. – „Folgenschwere Worte", dachte er, „wie bei Nebukadnezar". – Was war zu tun? Wem sich anvertrauen? Aleksandr war der einzige Mensch, der helfen konnte. Er wußte so viel, er wußte alles von den Leuten vom weißen Haus, und er schwieg, er verpetzte niemanden, und es schien, daß er alle und alles verstand und verzieh.

Er lief zu den Stallungen, zu Aleksandrs Wohnung. Er traf ihn beim Polieren des Pferdegeschirrs. Aleksandr schaute auf und lächelte. In diesem Lächeln war so viel innere Sicherheit und Güte.

„Aleksandruschka, Aleksandr!" flüsterte Bobik, „du mußt mir schnell helfen! Du mußt mir Kalk und einen Pinsel geben. Ich habe da Dummheiten gemacht, – was aufgemalt auf einer Wand. Das muß weg."

„Was hast du denn da alles gemalt, wieder Schweinchen und Rehlein und Hunde?" fragte Aleksandr.

„Ooooch, nicht gerade so etwas, aber was Ähnliches. Auf die Klowand, das muß schnell weg, ehe es einer liest."

„Warte nur, Bobik, ich muß erst diese Trense sauber kriegen, sonst beschlägt sie sich wieder, dann komme ich mit dem Kalkeimer selbst, und wir bringen die Sache schon in Ordnung." Bobik dankte Aleksandr überschwenglich und lief voraus. Er beschloß, sich im Klo einzusperren, bis Aleksandr kam. Dann konnte nichts Schlimmes passieren.

Aber als er um die Ecke bog, stand Njanja vor der Tür. Er wußte sogleich, daß sie nach ihm Ausschau hielt.

„Ah, da bist du, du Schwein! Wer macht denn so was, beschmiert die guten weißen Wände im Klo! Du bist wohl nicht mehr ganz gescheit, die Teufel kitzeln dich wohl! Du hast wohl lange von unserem Herrn keine Strafe gehabt?!"

„Njanjuschka, verzeih, ich werde es nie wieder tun! Aleksandr kommt gleich und streicht es wieder zu."

Njanja war Analphabetin – Gott sei Dank! „Man sollte nicht immer auf die Analphabeten schimpfen!" dachte Bobik erleichtert.

Nun kam Aleksandr mit dem Kalktopf. Mit breiter Geste strich er zweimal über die Liebeserklärung. Und die Wand war wie vorher, weiß und schön. Bobik schaute ganz genau hin. Man konnte zwar die Worte noch lesen, aber wer es nicht wußte, dem würde es nicht auffallen. Beinahe hätte er die rettende Hand von Aleksandr geküßt.

„Ich danke dir, Aleksandruschka!"

Mami erfuhr niemals etwas von der Liebeserklärung.

DER TEUFEL FLÜSTERT IN VIER OHREN

Onkel Iwans Geburtstag stand bevor. Aleksandr mußte anspannen. Mami und Bobik fuhren nach Moskau, um ein passendes Geschenk auszusuchen. Man zerbrach sich lange den Kopf, was man dem alten Kosakengeneral schenken sollte. Es mußte ins alte Schloß passen. Jadwiga entschied sich für das Kunstgewerbemuseum, in dem die kostbarsten Kunstgewerbegegenstände von uralter Zeit bis heute aufbewahrt wurden. Dort gab es eine Verkaufsabteilung, und man konnte alte und neue Gegenstände kaufen.

Es war ein milder Herbsttag. Die Blätter der Bäume erglühten in tausend Farben. Sie fuhren über die ungepflasterte breite Wladimirka, eine riesige Waldschneise, die Moskau mit Sibirien verbindet. Eine historische Straße. Früher wurden die zu Zuchthaus Verurteilten mit schweren zehnpfündigen Eisenkugeln, die an die Füße geschmiedet waren, zu Fuß bis nach Sibirien getrieben. Jeder Quadratmeter dieser Chaussee barg unerhörte menschliche Tragödien. Verbrecher und Mörder, Diebe und Revolutionäre aller Zeiten setzten ihre wunden Füße auf diese Straße.

Bobik hatte immer ein beklemmendes Gefühl, wenn sie über diese Straße fuhren. Es gab Räuber, die in den undurchdringlichen, sumpfigen Wäldern hausten und einzelne Gefährte oder Fußgänger ausraubten oder töteten. Oder es verschwanden Menschen, die vermutlich dort getötet und verscharrt wurden! Man fand weder die Toten, noch faßte man je die Räuber. Es gab auch Bären, Wölfe und Luchse in jener Waldwüste – wie die Leute diese Gegend nannten. Das Bedrückende aber war nicht so sehr die Gegenwart, als vielmehr die Vergangenheit, das Bewußtsein einer unermeßlichen Tragödie, einer jahrhundertelangen politischen Unterdrückung und einer Machtlosigkeit des Volkes gegen die Despotie.

Alle drei sprachen kein Wort, so sehr bedrückte sie diese unendlich lange Straße, die weit am Horizont zusammenzulaufen schien. Schließlich kamen sie in den Vororten Moskaus an. Die Pferde liefen lustig auf dem Kopfpflaster. Der Wagen ratterte. Die Häuser waren grau und traurig; primitive, verzeichnete Aushängeschilder von Friseuren, Schlossermeistern, Fleischereien, Bäckereien, Textilläden boten ein unschönes Bild. Dann kam Moskau mit seinen unzähligen Kirchen mit goldenen und bunten Kuppeln, mit ausladenden, etwas verkommenen Palästen, mit Triumphtoren und großen Mietshäusern, die brüderlich neben kleinen Hütten standen.

Als sie vor dem Kunstgewerbemuseum hielten, gab Jadwiga Aleksandr einige Münzen und empfahl ihm, in den Zoologischen Garten zu gehen. Er solle in drei Stunden wiederkommen.

Dann umfing sie die Volkskunst vieler Jahrhunderte. Überall standen große bunte Steinkrüge, herrliche alte Möbel und Truhen mit gewölbten Deckeln, in denen die Mägde ihre Aussteuer verwahrten. Sie sahen türkische und slawische buntbestickte Sättel und Waffen und Gebrauchsgegenstände und Schmuck. Es war wie in der Wunderhöhle des Berges Sesam. Sie konnten sich nicht sattsehen.

Sie berührten die Gegenstände, sie betasteten die schönen gestickten und gewebten Stoffe, sie setzten sich in die geschnitzten Schlitten. Am liebsten hätten sie alles gekauft. Jadwiga und Bobik gerieten in eine Kaufwut. Vergessen war der Geburtstag von Onkel Iwan, der Zweck ihrer Reise. Sie waren ganz im Bann der herrlichen Dinge. Und sie kauften: gestickte Gewebe, Teppiche, große und kleine Töpfereien, geschnitzte Salznäpfe, große Bratiny, Holzgefäße, aus denen die alten Bojaren gemeinschaftlich Met oder Schnaps tranken.

Aber es gab auch winzig kleine Dinge, die bezaubernd aussahen. Da war ein großer Korb mit kleinsten bastgeflochtenen Bauernschuhen, winzige, daumengroße Nachbildungen. Bobik staunte, wie jemand so etwas Kleines überhaupt machen konnte. Diese Miniaturbastschuhe kosteten nur eine Kopeke. Bobik schaute wie fasziniert in den Korb. Und fast mechanisch, sich von der Person Bobiks freimachend, griff seine Hand verstohlen in den Korb und angelte sich ein kleines, süßes Schühchen. Er ging dann weg von dem verführerischen Korb. Sie kauften weiter. Irgend etwas würde von den schönen Dingen auch für Onkel Iwan passen.

Ganze Berge von Gegenständen wurden im Wagen verstaut und sie fuhren los. Zurück fuhren sie einen kürzeren Weg durch viele Dörfer. Die Straßen waren meist gepflastert, aber mit grobem Kopfpflaster, und es gab viele Löcher, so daß die Fahrt einer Schiffsfahrt auf stürmischer Biskaya nicht unähnlich war. Es war auch viel Verkehr auf der Straße. In den Ortschaften liefen die Kinder, die Hunde, Schweine und Schafe achtlos in den Wagen hinein. Aleksandr war sichtlich verstimmt. Er roch nach Schnaps und saß ganz aufrecht auf dem Kutschbock und schimpfte leise vor sich hin. Er drehte sich kein einziges Mal nach Jadwiga und Bobik um.

Sie waren es gewohnt, daß über den einen oder anderen, ganz unvermittelt und ohne ersichtliche Ursache, „das arme Dier", wie sie es nannten, kam. Und sie verhielten sich ganz ruhig, um das reizbare Tier im Menschen nicht zu wecken. Am meisten waren Njanja und Frossja von dem armen Dier geplagt. Unvermittelt fühlten sie sich beleidigt, nicht genug beachtet, oder bezogen Mamis Traurigkeiten auf sich selbst.

Njanjas „armes Dier" dauerte nicht lange. Karluscha, der in der Politik bewandert war, nannte den Zustand „Bismarcks Entlassung". Es kam daher, daß Njanja, wenn sie verstimmt war, immer damit drohte, sie würde gehen, und zwar sofort, sie hielte es in diesem verrückten Hause nicht mehr aus, alles wäre gegen sie, und sie hätte nicht die Nerven, es weiter auszuhalten. An solchen Tagen ging die ganze Familie, und sogar Karluscha, auf Zehenspitzen. Man wagte nichts zu sagen, nicht zu fragen oder gar etwas zu fordern. Auch blieben alle verlegten und verlorenen Gegenstände liegen! Jadwiga und die Kinder konnten notorisch nie etwas finden, Njanja dagegen wußte immer gleich, wo etwas war. Sie band ein Taschentuch an ein Tischbein und flüsterte einige Worte, die an den heiligen Spiridon gerichtet waren, und wie durch einen Zauberspruch war das Ding in wenigen Minuten wieder da.

Njanjas Gesicht machte während des Zustands des „armen Diers“ eine seltsame Veränderung durch. Die Unterlippe stand wie eine Schippe vor, die Augen schauten nirgendwohin oder durch einen hindurch, als ob man einfach Luft wäre, und das Gesicht war vollkommen verschlossen. Alle hatten dann furchtbare Angst vor dem Gesicht.

Frossjas „armes Dier“ war entschieden primitiver und dynamischer, sie polterte drauflos, warf einige Kasserollen durcheinander; nie wagte sie es, mit zerbrechlichen Gefäßen um sich zu werfen, aber auch die Kasserollen trugen Beulen davon. Wenn sie züchtig und blank geputzt auf den Regalen standen, voller Narben wie alte Kriegsveteranen, so zeugten die zahlreichen Beulen von der Häufigkeit von Frossjas Verstimmungen. Aber nach dem Kasserollenwerfen war sie bald wieder im Gleichgewicht.

Viel schwerer hatten es die Zimmermädchen und die Serviererinnen; wenn nur der leiseste Anflug von „armem Dier“ über sie kam, wurden sie von Njanja oder Frossja recht unsanft angepfiffen, und sie kehrten dann zur normalen Stimmungslage zurück. Das „arme Dier“ war somit ein Privileg der bevorzugten Klasse im weißen Haus.

Sie kamen abends in Girejewo an. Wera und Njanja bestaunten mit „ach“ und „och“ die Menge der kostbaren Gegenstände, die auf dem großen Eßtisch ausgepackt wurden. Es war ein erregendes Erlebnis.

Bobik mußte sich die kalt gewordene Nase, die zu tropfen drohte, putzen. Er holte sein Taschentuch. Und da geschah es: der winzige Bastschuh flog heraus und rollte über den Tisch. Wera schrie begeistert: „Wie süüüß!“ Aber Jadwigas

Augen wurden ganz groß und schwarz. Bobik erzitterte vor Scham und Schuldgefühl. Er war ein Dieb.

Jadwiga begann in ihrer Tasche zu kramen – und plötzlich sprang ein anderer kleiner Bastschuh auf den Tisch. Wera klatschte in die Hände:

„Da ist ja der zweite, Gott sei Dank! Gott, wie niedlich sind sie, Mami! Darf ich sie haben?"

Bobik schaute seine Mutter entsetzt und in heimlichem Verstehen an.

„Du auch?!"

„Ja", sagte sie fast unhörbar.

Dann lachten sie beide. Es klang sehr verlegen.

Abends ging Bobik in die Küche, was verboten war. Da saßen die Leute um den großen Eßtisch herum. Es sah gemütlich aus, wie sie einträchtig und laut schlürfend alle aus der gleichen ausladenden Steingutschüssel die Kascha (Grütze) mit gold und rot lackierten Holzlöffeln aßen. Aleksandrs Gesicht war gerötet. Er erzählte.

„Und denkt euch mal, da gehen sie kaufen, all den Trödel, den es bei uns auf dem Dorf zur Genüge und für wenige Kopeken gibt. Und mich schicken sie in den ‚Zululogischen Garten', wo viele, ach so viele unglückliche Tiere in Unfreiheit leben. Was habe ich da alles gesehen, angestrichene, gestreifte Pferde, wie unsere Igrunka, lächerlich zum Gotterbarmen. Pferde, kranke, genau wie die unglücklichen Menschen, mit einem Buckel, mit zwei Buckeln sogar. Und gelbe, bunte, Pferde, denen die Bösewichter die Hälse ausgerenkt haben, soooo lang ausgerenkt", und er zeigte, indem er beide Arme ganz weit ausstreckte, wie lang. „Und dann war da ein mächtiges Ding, so groß wie ein Zimmer, mit dicken Beinen. Und was denkt ihr, ich gehe nach vorne und schaue, und gehe nach hinten und schaue. Hinten hat er einen kleinen, dünnen Schwanz. Vorne aber einen mächtigen Schwanz, wie ein riesiger Wurm, und wackelt immer damit. Mir wurde speiübel von diesem Teufelsspuk! Und dahin schicken die einen, daß man all das Kranke und Furchtbare und Unfreie sehen soll. Als ob man nicht genug eigene Sorgen hätte!"

Die anderen nickten bedächtig und mitfühlend mit den Köpfen.

Bobik schlich sich bedrückt und tief beeindruckt unbemerkt aus der Küche.

DIE GUTEN UND DIE BÖSEN GÄSTE

Gäste gab es die Menge im weißen Haus. Oft fuhr Jadwiga zu Bällen und Festen weg. In kostbare Pelze gehüllt, feierlich angezogen, nach einer fremden, großen Welt duftend, verabschiedete sie sich von den Kindern. Sie fuhr irgendwohin, in eine erregende Fremde. Von Bobik und Wera erhielt sie regelmäßig den Auftrag, irgend etwas besonders Leckeres von der Festtafel mitzubringen. Sie schliefen fest, aber im Traum noch wurden sie von den Glöckchen am Pferdegeschirr geweckt; dann hörte man das Trampeln der Pferdehufe und den mächtigen Ruf Aleksandrs, der die Pferde zum Stehen zwang. „Huuuu, stooooiiii!"

Und dann kam Jadwiga ins Zimmer. Wenn sie Bobiks Wangen küßte, war ihre Nase von der winterlichen Kälte eiskalt, das kitzelte so wonnig und machte einen ganz wach. Dann holte sie aus ihrer Tasche köstliche Schokoladen von George Borman oder einem, oder Marrons glacés, oder Tjanutschki. Sie waren ganz anders als die Süßigkeiten zu Hause, wie überhaupt die Dinge anderswo ganz anders und viel erregender schmeckten. Dann schlief man selig ein mit dem Bonbon im Mund, und manchmal, wenn man morgens aufwachte, war ein Reststückchen davon noch in der Wangentasche, und man kostete die nächtliche Wonne nochmal aus.

Aber es kamen auch Gäste ins weiße Haus, dreierlei Gäste;

die einen blieben mehrere Tage oder Wochen, sie wurden bald alltäglich und langweilig, sie verloren den Duft des Gastes und nahmen die Atmosphäre des weißen Hauses an. Andere Gäste kamen zu abendlichen Festen, sie waren sehr aufgedonnert, rochen stark nach Parfüm, erinnerten die Kinder an bunte Pfaue oder balzende Fasane oder geile Tauberiche; sie waren unecht, gespreizt, taten furchtbar wichtig, und jeder hatte so viel eigene Luft um sich herum, daß er gar nicht bis zum anderen vordrang. Bobik und Wera wurden stark an den Zoologischen Garten erinnert. In der Luft stand ein dicker, lauter Lärm, ein Summen, und alle mußten schreien, um sich verständlich zu machen.

Der lange, feierliche, mit brennenden Kerzen besetzte Tisch erglühte in den schönsten Farben; Blumen, bunte Würste, zartrosa Lachs und Sterlet und erregende schwarze Kaviarsorten standen darauf. Die meisten Speisen waren trotzdem irgendwie anrüchig; denn immer, wenn Bobik davon etwas probieren wollte, hieß es, es sei nicht gut für ihn, er dürfe das oder jenes nicht essen.

Dieses Verbot hatte wohl seinen Sinn. Einmal leckte er an einer Auster, in der Meinung, es sei etwas Delikates und Süßes. Seine Zunge berührte etwas Kaltes, Glibberiges, Schleimiges, es ekelte ihn noch Stunden lang davor. Und als er sich einmal ein schmales Glas mit der goldenen perlenden Flüssigkeit vollgoß und es auf einen Zug austrank, weil er es eilig tun mußte, ehe einer der Erwachsenen hinzukam, da wurde er vollends krank. Gleich nach dem Genuß drehte sich alles vor ihm, das Zimmer mit dem großen Tisch mit den Kerzen raste um ihn herum, immer schneller, immer gefährlicher. In seinem Inneren entstand eine entsetzliche Leere, sein Magen hob sich immer höher und plötzlich schoß der perlende Saft, jetzt stark angesäuert, in hohem Bogen aus ihm heraus. Das Zimmer drehte sich immer weiter. In seinem Mund war eine fürchterliche Bitternis. Er lag wie gelähmt am Boden und jammerte. Plötzlich waren da mehrere Njanjas,

Mamis und Frossjas, sie sahen alle gleich aus, er hatte noch nie gewußt, daß Mami und Njanja so viele Doppelgänger hatten. Er wurde von vielen Armen gepackt und ins Bett getragen. Immerhin kam er zu der Überzeugung, daß die Dinge, die die Erwachsenen auf den Festtisch stellten, wirklich giftig oder zumindest unbekömmlich waren.

Wenn man früh genug aufstand, konnte man die Spuren des Festes deutlich sehen. Überall im Zimmer verstreut lagen zerbrochene Weingläser, zerbrochene Teller, zerbrochene Grammophonplatten. Dicke, bauchige Champagnerpfropfen fand man auf Fensterbrettern und in den Ecken. Kleine Tischchen waren umgekippt. Die Tischtücher, die vorher so blendend weiß waren, hatten braune Sauce- und rote Weinflecken und waren voll von abgetropftem Kerzenwachs. Es war ein Bild der Verwüstung. Arischa und die Zimmermädchen hatten alle Hände voll zu tun, um die Räume wieder in wohnbaren Zustand zu verwandeln. Im Vestibül blieben Schals, Hüte und Handschuhe liegen, die Bobik und Wera anprobierten; sie bewegten sich vor den großen Spiegeln, gespreizt und affig wie die Erwachsenen; jeder vesuchte den anderen an Groteskheit zu überbieten.

Nach solchen Festen blieb Karluscha im Bett, er war todkrank. Bobik und Wera liebten diesen seinen Zustand, weil sie nur dann die Beziehung „von Mensch zu Mensch“ zu ihm hatten. Von seiner ungestümen, drängenden, erregten Art war nichts mehr übriggeblieben. Er wurde ein guter Ehemann, Vater und Christ. Er lag, wie ehedem der Urvater Abraham, hoch aufgerichtet auf seinem Lager. Neben ihm stand Njanja, einen Nachttopf in der Hand. Ab und zu beugte er sich zu dem Nachttopf und mußte qualvoll erbrechen. Njanja hielt ihm dann den Topf vor den Mund, mit der anderen Hand hielt sie seine kalte, schwitzige Stirn. Dann wurde ihm kaltes klares Wasser gereicht. So lag er dann, erschöpft, leidend und vom Tode überschattet.

Wie ein wahrer Patriarch versammelte er die Familie und

das Gesinde um sich. Mit todesmatter Stimme hielt der Sterbende eine Ansprache.

„Jadja, meine lieben Kinder, Aleksandr, Njanja, Frossja, Arischa und ihr anderen", er sah sie alle nach der Reihe mit einem erlöschenden Blick an, „wenn ich jetzt sterbe und zum Herrn aufsteige, vergeßt mich nicht, verzeiht mir alles. Ich war wohl manchmal heftig, aber ich habe euch alle geliebt, ich habe für euch alle gearbeitet, bis zum letzten Kräfteverfall. Ihr seid fürs Leben alle gesichert durch meine Arbeit. Bleibt alle zusammen. Njanja, beschütze du Jadwiga und greif ihr unter die Arme, in der Erziehung der Kinder und in der Wirtschaft, du weißt, sie versteht das alles nicht." (Aha, dachte Bobik, ein Stich gegen die Mami!) – „Aleksandr, du als Mann beschütze sie alle zusammen. Betet für mich."

Hier wurde er wieder von einem qualvollen Anfall von Erbrechen befallen. Dann hielt er Njanjas Hand fest und winkte mit der anderen die Kinder zu sich heran, um sie zu segnen. Wera begann herzzerbrechend zu weinen, Bobik stimmte ein, nun heulten auch Njanja, Frossja und Arischa. Mamsell behielt ein würdiges undurchdringliches Gesicht. Aleksandr stand ungerührt da. Jadwiga versuchte der Situation entsprechend würdig zu bleiben, aber in ihren Mundwinkeln zuckte es verräterisch. Karluscha selbst weinte, soweit es seine versiegenden Kräfte erlaubten, leise vor sich hin. Dann rief Njanja: „So, nun ist es genug! Nun geht jetzt!"

Und sie verließen das Zimmer. Später, als diese Vorgänge sich wiederholten, war es nur Wera, die ergriffen wurde und weinte, allerdings konnten Njanja, Frossja und Arischa dem Beispiel nicht widerstehen und heulten mit. Sie genossen aber alle diese sentimentalen Schwächezustände Karluschas, weil das die einzigen Gelegenheiten waren, in denen er schwach, menschlich, den himmlischen Dingen geöffnet und freundlich war.

Es gab aber noch eine mittlere Sorte von Gästen, an denen die Kinder lebhafteren Anteil nahmen. Das waren die Nachmittagsgäste, die zu Jadwiga persönlich kamen. Sie kamen zweimal in der Woche. Sie waren weniger aufgetakelt, sie schwenkten nicht mit Pleureusen und Reiherfedern und hatten keine glitzernden Sterne und Kreuze auf der Frackbrust. Sie waren eben mehr „von Mensch zu Mensch“. Es waren Schriftsteller und Künstler, Yogis und Philosophen, Musiker und einfache Menschen, die sich gerne mitteilten. Es waren, wie meist, viele Sprechende und fast keine Zuhörenden dabei.

Es ging gemütlicher zu als bei den Festen. Auf dem Tisch stand der bauchige Samowar, auf ihm drauf eine dicke, geblümte Teekanne. Die Männer tranken Tee aus Gläsern, die Frauen aus breiten schönen Tassen. Es gab eine Menge von Warenje (eingezuckerten Früchten), die Frossja zubereitete, und viele Kuchen. An diesen Nachmittagen wurde nichts zerschlagen, es wurde nicht gelärmt, und nur ab und zu vergaß einer, seinen Hut oder Handschuh mitzunehmen.

Onkel Iwan Tarletzki und die verrückte, aber nette Marussja waren ständige Gäste, die anderen wechselten.

Bobik und Wera teilten die Gäste in verschiedene Kategorien ein. Da waren welche, die an den Kindern grußlos vorbeigingen, auch an Njanja; die ihnen nie etwas mitbrachten. Das waren ausgesprochene Nieten. Njanja und die Kinder rächten sich an ihnen dadurch, daß sie sie einfach nicht beachteten, sie liefen um sie herum, sie rempelten sie an und warfen sie fast um, ohne sich zu entschuldigen; sie taten so, als ob es diese Gäste gar nicht gäbe.

Andere wiederum waren nichtssagend freundlich, grüßten, sprachen mit Njanja und den Kindern einige völlig unnütze Worte; man merkte, sie waren ohne jede innere Beziehung, ohne Herz. Manche von ihnen bedienten sich einer Sprache, die Bobik haßte. Sie glaubten nämlich, daß man sich in der Sprechweise den Kindern anpassen müsse, und was dann herauskam, war eine Art Papageienrussisch, sie lispelten und raspelten, und das sollte was sein. Auch diese

Gäste wurden nicht beachtet. Das waren solche, die vergessen hatten, daß sie selbst einmal klein waren.

Und da waren Bobiks liebste Gäste, wie Onkel Iwan oder Tante Marussja und andere, die nichts anderes waren als Kinder, die zufällig groß geworden waren. Sie brachten eine Atmosphäre von warmer Freundlichkeit mit. Man hörte schon an dem freundlichen und aufgeregten Gebell der Hunde, daß sie kamen. Sie gingen auch zuerst zu dem Hundezwinger und sprachen mit den Tieren, die aufgeregt mit den Schwänzen wedelten. Dann begrüßten sie Njanja und die Kinder. Sie hatten für Njanja ein Rubelstück oder Konfekt, und sie vergaßen nie, Bobik und Wera Schokolade oder Spielsachen mitzubringen. Sie wurden auch gleich innig umarmt und geküßt, die Kinder zupften sie am Ärmel und sie durften in ihr Allerheiligstes eindringen und die Spielsachen, die neuen und die alten, bewundern. Sie spielten damit, gaben neue Anregungen, und es war einfach herrlich, mit diesen großen Kindern zu spielen. Das waren die einzigen Gäste, die „natürlich" waren, die nicht redeten wie die Papageien, die zuhörten, die freundlich blieben, auch wenn sie mit den anderen nicht einer Meinung waren, die nicht zankten und nicht versuchten, die anderen zu überschreien.

Und nun die vielen verschiedenen Anreden, mit denen die Gäste nach einem undurchschaubaren Zeremoniell tituliert wurden! Aleksandr kannte alle Finessen der Anrede. Da waren Leute, die wurden „Hoheit" genannt, sie waren oft gar nicht hoch – klein und mickerig sogar. Onkel Iwan war „Wasche Wyssoko prewoskhoditelstwo" – Eure Hochausgezeichnetheit. Gewiß, er war ausgezeichnet, und Bobik gönnte ihm diese Anrede von ganzem Herzen; aber sein Sohn Sascha, der doch sein eigenes Fleisch und Blut war, wurde nicht so angeredet. Viele waren „leuchtend" (Durchlaucht). Bobik ging behutsam um sie herum, sie leuchteten nicht, am Tage nicht, und auch nicht im Dunkeln. Bobik dachte an die wunderbaren Leuchtkäfer, die nachts einen zarten grünlichen

Schimmer ausstrahlten. Nichts davon war an den Durchlauchten zu merken. Einer war sogar der „leuchtendste Fürst“ – der völlig farblose, blasse, schüchterne Kutusow. Und andere, viele, waren „Wyssoko blagorodije“ (Hochwohlgeboren), und Bobik zerbrach sich den Kopf, warum sie bei der Geburt hoch und nicht niedrig lagen, das mußte doch schrecklich unbequem sein.

Njanja konnte ihm keine Antwort auf seine diesbezüglichen Fragen geben, und Mami meinte, in ganz alten Zeiten, als die Menschen großartiger und mächtiger waren, da seien die Vorväter von den Jetzigen durch ihren Mut, durch ihre Heldentaten, durch ihr Beispiel leuchtend gewesen. Als Bobik einwandte, daß sie jetzt wohl weder durch ihre Taten noch durch ihr Beispiel – mit Ausnahme von Onkel Iwan natürlich – leuchteten, nickte sie traurig und zustimmend mit dem Kopf.

Bobik und Wera, und auch Njanja, ärgerten sich so sehr über die Gäste, die nicht „von Mensch zu Mensch“ waren, daß es sie drängte, ihnen einen Schabernack zu spielen. Sie hielten Kriegsrat, aber sie kamen zu keinem Ergebnis. Da kam ihnen Marussja, die immer besonders reizvolle Einfälle hatte, zu Hilfe. Sie kam gerade in einem roten Jackett, wie man es zu Fuchsjagden benutzt. Sie sah zum Verlieben aus.

„Bei uns in Petersburg“, sagte sie, „hat man solchen Leuten die Ärmel zugenäht“ – und sie schaute Bobik und Wera und Njanja bedeutungsvoll an.

„Oh! das ist eine ausgezeichnete Idee!“ rief Bobik. Njanja war nicht ganz davon überzeugt, sie wollte auch nicht gerne damit etwas zu tun haben, sie dachte noch an die schwerwiegenden Folgen der eingeseiften Treppe – aber sie holte Nadeln und Zwirn. Und Bobik, Wera und Marussja ergaben sich mit Eifer dem Schneiderhandwerk.

„Paßt auf, ihr müßt es nicht zu fest machen – sonst gibt es ein Unglück! Und dann gibt es was auf den Hintern! So! Immer ein, zwei Nähte, dann den Faden abschneiden, und dann wieder! Versteht ihr, sie sollen sich quälen, aber die Naht soll schließlich aufgehen, sonst riechen sie den Braten!"

Einige Ärmel von den unlieben Gästen wurden fachmännisch präpariert. Als die Zeit zum Aufbruch kam, sperrten sich Bobik und Wera in das Klo ein, das neben dem Verstibül war. Von dort konnten sie die Prozedur des Ärmelquälens beobachten. Es war ein großartiges Schauspiel. Arischa reichte dem unlieben Gast den Mantel, er glitt in die Ärmel, der eine Arm kam durch, der andere stieß auf ein Hindernis. Der Gast meinte, sein Ärmelfutter sei kaputt und er sei zwischen Ärmel und Futter geraten, er genierte sich sehr; immer wieder versuchte er durchzuschlüpfen, schließlich lösten sich die Nähte mit einem deutlichen „Krrrrrr" und die Hand war durch. Das war eine Erleichterung!

Aber plötzlich wollte einer der Gäste aufs Klo. Er rappelte an der Tür. Immer wieder versuchte er es. Bobik und Wera erstarrten vor Schreck. Wenn man sie dort ertappte, wo sonst immer nur einer allein hinging – das gäbe eine Katastrophe! Sie tuschelten miteinander, und Bobik beschloß, durch das Fenster zu entwischen. Als er draußen war, kam er in das Vestibül und sah Wera indigniert und hochmütig aus dem Klo herauskommen. Es war eine herrliche Rache an den unkindlichen Erwachsenen. Njanja und Marussja waren begeistert, daß alles so diplomatisch und ohne Komplikationen ablief. Das Spiel wurde fortgesetzt!

DIESE GESCHICHTE IST NICHT FÜR KINDER

Aleksandr und ein Teil des Gesindes wohnten in dem ausgedehnten Gebäudekomplex neben den Stallungen und Remisen. Frossja dagegen und die Zimmermädchen hatten ihre Zimmer zu ebener Erde, wo die weite Küche, die Bügel-,

Näh-, Wasch- und Vorratsräume sich befanden. Das war ein ganz besonderes Reich. Im Gegensatz zu den hohen Räumen in den anderen Stockwerken waren diese niedrig und hatten gewölbte Decken. Überall standen große, ausladende alte Schränke und bauchige Truhen sowie bunte Töpfereien und kupferne Kasserollen. In den Schränken roch es nach Gewürzen und es gab etwas zu schlecken. Die Warenjetöpfe standen in einem besonderen Schrank, und Bobik ging im geheimen, wenn nachmittags niemand in der Küche war, daran und steckte den Finger in die Töpfe und probierte die verschiedenen Sorten.

Einmal wurde er von Frossja überrascht, als er gerade die Finger in die dicke, gelbliche saure Sahne steckte. Sie schimpfte laut und drohte, ihn bei der Mutter zu verpetzen. Es war nämlich den Kindern unter Strafe verboten, die unteren Räume, die für sie eine ganz besondere Anziehungskraft hatten, zu betreten.

In einem anderen Schrank hingen alte zinnerne und kupferne Formen für Pasteten und Puddings und herrliche Formen aus Holz zum Bereiten von Lebkuchen oder besonders schönen Butterklumpen. Das Holz war ganz alt und braun und roch nach Gewürzen. Bobik hielt die Nase an die Formen. Man konnte noch ganz genau riechen, welche Printen und Lebkuchen darin geformt wurden.

Der dicke, graue, sibirische Kater Murlyka hüpfte vom Tisch, auf dem er sein Nachmittagsschläfchen gehalten hatte und strich um Bobiks Beine.

„Warte, Mur, du sollst gleich was haben, wir suchen zusammen!“ – Warenje war nicht sein Fall. Aber das Stückchen Jagdwurst, das Bobik ihm abschnitt, versetzte ihn in Ekstase. Er brummte laut beim Fressen. Dann faßte Bobik ihn etwas unsanft am Schwanz; der Kater revanchierte sich durch einige heftige Kratzer und bestieg mit einem sanften Sprung den Tisch. Bobik schimpfte leise vor sich hin und wischte das Blut mit einem Geschirrtuch ab. Dann, als er die großen Blutflecken im Geschirrtuch sah, versuchte er sie mit Wasser abzuwaschen. Er rechnete sich aus, daß das Tuch bis zum Abend wieder trocken sein würde.

Dann stand er längere Zeit vor der alten Bauernuhr, die mit lustigen Blümchen bemalt war. Lange Gewichte hingen von ihr herab, und sie tickte ganz laut. Wenn das Gewicht ein Stückchen tiefer glitt, gab es ein knackendes Geräusch, das die sanfte Stille des Raumes kitzelig unterbrach. Bobik wartete, bis das Geräusch kam, dann machte die Uhr weiter „ticktack, ticktack, ticktack, ticktack".

Er langweilte sich und wußte nicht recht, was nun tun. Da beschloß er, sich die wunderbaren Muster des Porzellangeschirrs anzuschauen. Er setzte sich vor den großen Schrank und nahm alte Teller, Saucièren, Tassen heraus und bewunderte die fein gemalten Blumen und das reiche Gold am Rande, das oft von vielem Gebrauch fadenscheinig geworden war. Da gab es alte englische Teller mit Jagdszenen und andere mit alten Schlössern und solche mit exotischen Blumen und bunten Vögeln.

Manche Erwachsenen hatten die seltsame Gewohnheit, die Teller oder Tassen anzuheben und darunter zu schauen. Dann sagten sie „Oh", oder „Ah" und flüsterten verzückt: „Meißen", oder „Sèvres", oder „Dresden", oder „Berlin"! Tatsächlich befanden sich auf den Rückseiten geheimnisvolle Zeichen, gekreuzte Schwerter, Szepter, Adler, Kleeblätter, Kronen oder Monogramme.

Der Schrank war sehr vollgepackt und nicht ganz ordentlich. Bobik hob sich auf die Zehen, um eine besonders interessante Tasse, rosa mit Gold und ganz in Muschelmustern, herauszuholen. Er konnte sie mit zwei Fingern greifen. Aber sie glitt ihm aus und fiel auf den steinernen Fußboden. Sie zerbrach. Er saß wie erstarrt vor den bunten Scherben. Dann horchte er, ob jemand käme. Es blieb gottlob alles ruhig. Nur die Uhr tickte laut und unbeteiligt. Er ergriff die Scherben und transportierte sie in den Mülleimer. Er hob den

Müll, Kartoffelschalen und Reste vom Essen voll Ekel hoch und versteckte darunter die alte, ehemals schöne Tasse. Nun war es höchste Zeit, aus der Küche zu verschwinden.

Im breiten Gang war alles ruhig. Er ging an Arischas Zimmer vorbei, dann an Frossjas. In Frossjas Zimmer hingen herrliche alte Drucke von Moritaten, die sie sich auf dem Jahrmarkt gekauft hatte. Auf einem großen Bogen war die ganze Geschichte von einem schrecklichen Mord in vielen Bildern abgedruckt. Bobik wollte sich die Moritat noch ganz genau ansehen. Er öffnete die Tür. O Graus! Auf dem Bett lag Frossja, über ihr lag der riesige Aleksandr, er deckte sie fast ganz zu und machte fürchterliche Bewegungen. Frossja stöhnte gedehnt. „Um Gottes willen! Er mordet sie, er mordet sie!", durchschoß es Bobik, und mit aller Kraft seiner jungen Lunge brüllte er: „Hilfe! Hilfe! Mord! Mord! Schnell, schnell zu Hilfe!"

Wenn man sonst die Zimmermädchen oder Arischa rief, so dauerte es immer eine ganze Weile, bis sie kamen. Aber nun, wie durch ein Zauberwort, waren sie alle da. Njanja, Mami, Arischa, die Mädchen, und im Hintergrund erschien die etwas langsame Wera.

Ehe Bobik sich's versah, fühlte er einen Schmerz in seiner Wange, dann merkte er, daß es geknallt hatte; es war Mamis Hand. Sie faßte ihn mit festem Griff und transportierte ihn auf den Gang. Wera fragte gedehnt: „Wen haben sie ermordet?"

Mami schob beide Kinder hinaus. Hinter sich hörte Bobik ein vielstimmiges schadenfrohes Gelächter. Bobik dachte: „Wie roh sie doch alle sind, der Aleksandr ermordet die Frossja und sie lachen noch darüber."

Mami war sehr böse. „Ich habe euch verboten, in die unteren Räume zu gehen! Ihr habt dort nichts zu suchen! Könnt ihr denn nicht gehorchen?!"

Wera war beleidigt. „Ich bin es gar nicht gewesen! Ich bin ganz unschuldig!"

„Du läufst auch alle Augenblicke dorthin", sagte Bobik bissig. Wera stürzte sich voll Wut auf ihn. Er zerrte sie an den Haaren. Jadwiga mußte die Kampfhähne auseinanderreißen. Wera heulte laut. Bobik, das Verbotene seines Tuns einsehend, war dennoch wütend. Was wäre aus Frossja geworden, wenn er nicht um Hilfe geschrien hätte. Und nun wurde er noch geschimpft!

Nach und nach beruhigten sich alle. Später traf Bobik Aleksandr im Hof. Der schaute ihn von der Seite scheel an.

„Mußt du denn überall herumschnörcheln, gönnst einem nicht einmal ein kleines Vergnügen!"

„Vergnügen?! Wo du doch die Frossja beinahe ermordet hast! Das nennst du Vergnügen?! Na, ich danke!" – Bobik war ernstlich böse.

Aleksandrs Gesicht hellte sich auf, er lachte laut und fröhlich. „Das, Bruder, verstehst du wohl noch nicht. Wart nur, bald wirst du es wissen!"

Bobik wollte nichts mehr davon wissen.

AUCH DIESE IST NICHT FÜR KINDER

Es war ein warmer Juninachmittag. Bobik ging mit Wasska und mit anderen Jungen im Teich in der Nähe von Onkel Iwans Schloß baden. Man sah den Teich noch nicht, aber man hörte schon die ängstlich schrillen Stimmen der Badenden, wenn sie aus der Wärme der Luft ins kalte Wasser stiegen oder hineingestoßen wurden. Die Knaben gingen schneller in der Vorfreude des Badens. Der Teich war sehr groß. Leibeigene der Tarletzkis hatten ihn vor Jahrhunderten eigenhändig ausgegraben. Dicke Weiden, deren Zweige im Wasser badeten, umgürteten ihn. Einige Schwäne schwammen stolz und ruhig, ohne sich durch den Lärm stören zu lassen, in der Mitte. In der Nähe des Schloßparks war ein alter verfallener

Steg, neben ihm ragte aus dem Wasser ein abgesoffener Kahn, auf dem Onkel Iwan als Kind noch auf dem Teich umhergerudert war. Wie lange war das her? Einige Jungen saßen nackt auf Pferden und ritten ins Wasser hinein, die Pferde wieherten, die Jungen auch. Über dem ganzen schwebte eine gelöste Heiterkeit.

Bobik setzte sich bis fast an den Hals in das laue Wasser und genoß die Leichtigkeit seines Körpers. Im Wasser waren Frösche, und rötliche junge Karpfen schwammen ungeniert um ihn herum. Er versuchte sie zu greifen, aber sie waren schneller. Der Himmel war blau, und die Birken, die Eichen und Weiden, die den Teich säumten, waren fröhlich. Die nackten Menschen, losgelöst von den beengenden Kleidern, lachten und tollten, und Bobik dachte: „So könnte es vielleicht im Paradies gewesen sein!“ Er war so beglückt, daß er das Bedürfnis hatte, allein zu sein. Er zog sich an und schlenderte am Ufer entlang, dorthin, wo ein schmaler, ausgetrockneter Kanal in den Teich mündete. Sein Boden war mit Zinnkraut und Huflattich dicht bewachsen, dicke, satte Frösche sprangen umher und machten einen unmelodischen Lärm. Man konnte aber genau hören, wie sie sich miteinander unterhielten, sich verabredeten oder miteinander schimpften. Manche Frösche saßen stundenlang aufeinander. Sie spielten wohl Pferdchen und Reiter.

Bobik setzte sich an den Rand des Kanals. „Hier“, dachte er, „hat vor zweihundert Jahren Peter der Große als Junge gespielt, als er, vom Hof verbannt, in Ssemjonowo wohnen mußte. Hier hat er mit den Dorfjungen Boote gebaut, aus denen die erste russische Flotte entstand.“ – Und er berührte die Erde, auf der Peter der Große, dieser furchterregende, gewaltige Mensch, vor zweihundert Jahren, wie jetzt Bobik, gespielt hatte.

Er ging langsam weiter, er pflückte besonders schöne Blumen. Seine Augen folgten dem Flug einer schillernden Libelle. Dann hörte er irgendwoher eine menschliche

Stimme. Eine seltsame. Es klang wie Weinen oder Stöhnen, oder sogar wie verhaltenes Schreien. Er blieb stehen. Da, wieder! Er ging schnell in die Richtung, aus der die Stimme kam. Vielleicht war jemand in Not. Plötzlich stand er vor einer jungen unbekannten Frau, die in seltsamer Verrenkung im dichten Gras lag. Sie lag ganz flach da, ihre Beine waren angezogen, der Rock war hochgerutscht, und Bobik sah etwas Schreckliches. Bobik wollte vor Entsetzen weglaufen. Aber die Frau hob den Kopf und stöhnte. „Hilf mir doch!" – Bobik wollte ihr helfen, sie aufrichten, aber sie schrie schrill auf. – „Nicht doch, nicht doch, du tust mir weh! Hol lieber jemanden! Ich kann nicht mehr! Ich kriege ein Kind!"

„Ein Kind?!" schrie Bobik. Er blieb wie angewurzelt stehen. Dann begriff er und rannte los. Nach rückwärts rief er noch: „Ich hole!" Und er lief, so schnell er konnte. Überall, wo ihm Menschen begegneten, rief er: „Schnell, sie bekommt ein Kind!" – dann lief er weiter. Er kam vor den verschlossenen Toren am Ende des Parks an, er zwängte sich durch die Eisenstäbe. An den Stallungen traf er Aleksandr. – „Schnell, schnell, Aleksandruschka, sie kriegt ein Kind! Schnell!" – dann rannte er zu dem Schuppen und holte einen Handkarren. Aleksandr packte die Deichsel und sie schoben los. Der Karren ratterte hinter ihnen her.

Als sie zur Waldlichtung kamen, waren einige Menschen da, die die Frau umstanden. Das Kind war schon da, es lag neben der Frau, noch war es mit ihr durch die Nabelschnur verbunden. Inzwischen kam die alte verhutzelte Wickelfrau angelaufen. Sie war ganz außer Atem. Sie jagte die Menschen davon. Dann machte sie etwas. Jedenfalls hielt sie nach einiger Zeit das kleine, leise wimmernde Wesen in den Armen. Nach einer langen Weile gab sie Aleksandr den Befehl, die Frau behutsam auf den Handkarren zu betten und wegzufahren. Sie ging mit dem Kind voran. Bobik versuchte den Kopf der Frau zu stützen. Man brachte sie ins weiße Haus.

Njanja sah Bobik vorwurfsvoll an und wackelte mit dem Kopf. „Bobik ist mit seiner Nase immer vorne dran!"

Bobik sagte bissig: „Warst du denn dort?! Wäre ich nicht, die Frau und das Kind wären vielleicht gestorben!"

Mami kam und streichelte seinen Kopf.

„Mami, ist das immer so?"

„Ja, Bobik."

„Aber das ist doch furchtbar!"

„Ja, Bobik, das ist auch furchtbar. Aber wenn das Kind dann da ist, dann ist das Glück unermeßlich!"

BEGEGNUNG MIT DEM GENIUS

Bobik sollte nun nach Moskau ins Gymnasium. Aleksandr brachte ihn zum Bahnhof. Dann fuhr er nach Moskau mit dem Zug. Er hatte, wie alle russischen Schüler und Studenten, seit es diese Institutionen gab, eine graue Uniform an. Auf dem Koppel und der Mütze waren Kokarden, die die Schule kennzeichneten. Bobik haßte Uniformen. Er fühlte sich in dieser Maskerade als Individuum ausgelöscht. Er war darin nur Repräsentant irgendeiner Institution. Auf dem Weg zu seinem Gymnasium mußte er eine andere Schule passieren, die mit seiner verfeindet war. Keiner wußte den Grund der Feindschaft. Die Schüler kannten sich gegenseitig gar nicht. Aber irgendwann, vor mehr als hundert Jahren, hatte es irgendwelche persönlichen Animositäten gegeben, und sie wurden von Schülergeneration zu Schülergeneration vererbt. Jede Spezies fand die andere doof, unterentwickelt und frech. Auch die Lehrer fanden das.

Es gab immer Kämpfe zwischen den Schülern, die rücksichtslos ausgefochten wurden. Man konnte nicht behaupten, daß irgendwelche Regeln aus der Zeit der ritterlichen Turniere noch Gültigkeit gehabt hätten.

Man rempelte sich einfach an, man überfiel den anderen von hinten, man stellte ihm heimtückisch ein Bein, und man hatte auch keine Hemmungen, mit harten oder faulen und übelriechenden Gegenständen zu werfen.

Wenn Bobik allein den Schulweg ging, wurde er regelrecht verprügelt. Er wehrte sich, so gut er vermochte; aber als einer gegen mehrere war er der Unterlegene. Wenn sie in Haufen auftraten, entschied die Mehrheit oder die gröbere Kraft. Jadwiga empfahl ihm, einen Umweg zu machen, um den Schlägereien aus dem Weg zu gehen, aber er fand das feige. Die Folge davon war, daß er nie ohne blaue Flecken, Kratzer und Schürfwunden am Körper und ohne beschädigte Kleider nach Hause kam, was die Njanja besonders erbitterte.

Bobik fand die Schule ebenso langweilig wie die Dorfschule, mit dem Unterschied, daß mehr Lehrpersonal vorhanden war und man sich insofern mit mehr Persönlichkeiten und Charakteren auseinanderzusetzen hatte. Die meisten Lehrer waren, wie Lehrer halt sind, fand Bobik. Nur einige verehrte er, weil sie lebendige Menschen ohne Schablone waren.

Iwanow gab Mathematikunterricht. Er konnte es nicht leiden, wenn die Schüler voneinander im geheimen abschrieben. Er versuchte ihnen klarzumachen, daß sie nicht für ihn, sondern für sich selbst lernten. Das war wirklich schwer zu begreifen. Wenn sie beim Abschreiben erwischt wurden, zwickte er sie am Ohrläppchen, was jämmerlich weh tat. Dann sagte er:

„Benehmt euch nicht wie die Schimpansen. Ihr seid denkende Menschen. Ich weiß, ihr könnt nicht alles im Kopf behalten. Das sollt ihr auch nicht. Im Leben weiß man auch nicht alles auswendig. Ich weiß es auch nicht. Aber man muß wissen, wo es steht, damit man es nachlesen kann. Hier habt ihr euer Mathematikbuch. Ihr dürft jederzeit hineinsehen, aber macht es mit Verstand, und nicht wie Automaten." – Das imponierte Bobik gewaltig.

Da war der Geschichtslehrer Jerschow, mit durchdringenden Augen und einem Stiftkopf. Er kam mit energischen Schritten in die Klasse. Er sah sie alle streng an, es schien, als ob er alle auf einmal mit seinen lebhaften Augen erfassen könnte. Er galt als sehr klug, er war Dozent an der Universität, und er verfaßte einige bedeutsame geschichtliche Arbeiten. Noch im Stehen sagte er ein schreckliches Wort: „Growaja tischina!" (Grabesstille)! Und dieses Wort hatte eine suggestive Kraft. Tatsächlich blieben die Schüler die ganze Stunde ruhig. Allerdings verstand er auch den Stoff so lebendig darzustellen, daß die Kinder diese Stunde liebten; sie ermüdeten nicht, blieben konzentriert und schweiften nicht ab vom Thema. Man hatte das Gefühl, daß ihm alle Schüler gleich lieb waren; er bevorzugte niemanden, er wurde nicht ungeduldig, und wenn einer irgend etwas nicht wußte, empfahl er ihm, es für das nächste Mal zu lernen. Er gab keine schlechten Noten. Und man hatte den Eindruck, daß seine Schüler alle gut waren.

Als ein anderer Lehrer einmal dieselbe Methode mit der „Grabesstille" versuchte, entstand ein so lautes Gelächter, ein Lärm und eine Unordnung, daß der Direktor persönlich einschreiten mußte. Das Privileg für die „Grabesstille" hatte einzig und allein Jerschow.

Bogoljubow unterrichtete russische Literatur. Er war ein wohlbeleibter Mann mit freundlichem Gesicht. Sein Unterricht war nicht sonderlich interessant, aber er hatte eine ganz besondere Beziehung zu seinen Schülern, er kannte sie alle von innen her, jeder fühlte sich von ihm liebevoll durchschaut. Er fragte die Schüler in sehr taktvoller und jovialer Weise nach ihren persönlichen Verhältnissen, nach ihren Interessen und Problemen. Und er wagte es, von sich selbst, von seinen Interessen und Kümmernissen und Problemen zu sprechen. Und wenn er so sprach, fand jeder der Schüler, daß er eigentlich zu ihm ganz persönlich und von seinen eigenen Problemen spräche. Sie fühlten sich alle verstanden und angesprochen. Sie liebten diesen Lehrer und wären für ihn durchs Feuer gegangen, weil sie fühlten, daß er sie liebte und daß sie für ihn nicht nur farblose Nummern waren.

Einmal, anläßlich eines solchen Gesprächs, sagte Bobik zu seinem Nachbarn, dem langen Mischa Bubnow, von dem Bobik wußte, daß er in ungünstigen Verhältnissen lebte (seine Mutter war geschieden, und Mischa hatte einen Stiefvater, den er nicht mochte), Bogoljubow habe das einzig und allein zu ihm, zu Bobik, gesagt. Mischa schaute ihn ganz groß an, dann stieß er ihn grob in die Seite.

„Du Narr! Bilde dir doch so etwas nicht ein. Für mich hat er es gesagt, denn er kennt meine Verhältnisse!"

„Und meine kennt er auch, und deshalb hat er mich gemeint!" schmollte Bobik.

An jenem Tage hatte er es eilig, den Mittagszug nach Girejewo zu erreichen, denn sie erwarteten zum Mittagessen einen berühmten Schriftsteller. Mami hatte ihn irgendwo in Moskau in einem literarischen Zirkel kennengelernt. Er war ein ganz berühmter Mann. Er hatte ein sehr umstrittenes Buch geschrieben, von dem alle Welt sprach. Die jüngeren Bekannten Mamis, und von den älteren nur Onkel Iwan, waren von dem Buch begeistert. Sie fanden, daß endlich ein Mann Dinge ausspreche, die längst hätten ausgesprochen werden müssen. An Mamis Nachmittagen wurde heftig darüber diskutiert. Soweit Bobik das verstand, ging es darum, ob man das Recht habe, sich auszuleben oder nicht. Es war Bobik nicht ganz klar, was „Sich-Ausleben" bedeutete. Was Leben war, wußte er mittlerweile. Aber das andere mußte etwas anderes sein. Auffallend war, daß in Gegenwart alter, vornehmer Damen von diesem Buch nicht gesprochen wurde. – Wie dem auch sei. Der große Mann wurde mit Ehrfurcht erwartet. Alle waren schon Tage vorher wie elektrisiert. Jadwiga beschwor Bobik, keine Taktlosigkeiten zu sagen und artig zu sein. Bobik versprach nichts, da er die Erfahrung gemacht hatte, daß gute Vorsätze sich sehr leicht ins Gegenteil verwandelten. Er dachte noch an seine Begegnung mit Onkel Tolstoi, und es war ihm elegisch zumute, vielleicht wieder einem großen Genius auf dem Schoß sitzen zu dürfen. Er stellte sich diesen berühmten Schriftsteller jung und groß und schön, mit wallendem langem Haar und mit strahlend blauen Augen vor, etwa als eine gelungene Kreuzung zwischen einem mittelalterlichen Minnesänger und einem Operntenor. Er war voller Spannung. Er bat Aleksandr, ihn mit seinem Reitpferd Igrunka am Bahnhof abzuholen, damit er nur ja pünktlich zum Empfang da sei.

Bobik suchte sich möglichst leere Abteile in der Eisenbahn aus, da ihm das Geschwätz der Leute zuwider war. Sie saßen da wie Spinnen, die auf eine Fliege warteten. Kaum war einer da, so stürzten sie sich auf ihre Opfer. Nach wenigen allgemeinen Fragen über das Wetter, über die letzten Katastrophen, oder über die Politik, die eine permanente Katastrophe war, gierten sie danach, von sich selbst und ihren Problemen zu sprechen. Wenn keine erwachsenen Zuhörer da waren, nahmen sie mit Kindern vorlieb. Und so erfuhr man tausend persönlichste Dinge, die einen gar nicht interessierten, die aber dem Erzählenden außerordentlich wichtig waren. Sie fragten einen zwar auch gelegentlich nach der eigenen Meinung, aber sie ließen einem gar keine Zeit zur Antwort, sondern fuhren gleich in der Erzählung fort. Bobik tat der Kopf weh von dem Geschnatter; wenn man aber einmal in das Netz solcher Spinnen geraten war, gab es kein Entrinnen. Man konnte auf einer Station aussteigen, aber wer garantierte einem, daß in dem anderen Abteil nicht schon eine andere Spinne wartete? Also blieb nichts anderes übrig, als zu warten, bis endlich Girejewo kam und er erlöst wurde.

Der Zug nach Nischni Nowgorod stand schon unter Dampf. Als Bobik ankam, bimmelte die Bahnhofsglocke zum zweiten Mal. Er schlenderte am Zug entlang, denn bis zur Abfahrt waren es erfahrungsgemäß noch fünf Minuten. Dann ertönte das dritte Bimmeln. Bobik stieg in den Waggon. Der rotbemützte Stationsvorsteher winkte ab, die Lokomotive strengte sich mächtig an, ließ Dampf ab, dann ruckten die Räder, die Puffer zwischen den Wagen kreischten, und der Zug setzte sich langsam in Bewegung.

Bobik ging den Korridor entlang. In einem Abteil saß ein Mann. Bobik setzte sich auf das Polster ihm gegenüber. Der Mann las eine Zeitung. Dann sah er auf und erblickte Bobik. Beide sahen sich gegenseitig prüfend an. Der Mann war alt, er hatte angegrautes, schütteres Haar und einen dunklen Bart rund um das Gesicht. Er hatte eine winzige, zu kurz geratene Nase und trug einen randlosen Kneifer.

Nach eingehender Betrachtung Bobiks fragte er gönnerhaft: „Hmmm, wo fahren wir denn hin, junger Mann?"

Bobik konnte diese Anrede nicht leiden; nicht weil er kein junger Mann war, es lag darin eine gewisse Abschätzigkeit.

„Oooch, sooo, in die Nähe von Kuskowo" – er wollte keine genauen Angaben machen, wußte er doch nicht, ob er es nicht vorziehen würde, vorher das Abteil zu verlassen.

„Schöne Gegend ist das hier. Kennst du dich denn hier aus? Bist du denn mal in Girejewo gewesen?"

„Sicher kenne ich mich aus, auch in Girejewo, wenn man in der Gegend wohnt." – „Zu wem mag er da fahren?" fragte Bobik und überlegte die Möglichkeiten.

„Da ist doch das große Gut, in Girejewo?"

„Ja, das Gut ist aber in Staroje Girejewo, das von den Tarletzkis."

„Ach wo, das meine ich nicht, ich meine ein anderes großes Gut."

Bobik überlegte, was er wohl meinte. – „Ich weiß nicht, was Sie für ein Gut dort meinen? Da ist kein anderes."

„Na, du bist wohl noch sehr dumm und verstehst das nicht. Da ist noch ein Gut, und dorthin fahre ich nämlich."

„Kennen Sie es denn?" fragte Bobik.

„Wie soll ich es denn nicht kennen, wenn ich dort aus und ein gehe!"

„Ach, vielleicht wollen Sie auf die andere Seite der Bahn, nach Kuskowo, zu den Scheremetews?“

Der Mann wurde ernstlich böse und schüttelte den Kopf.

„Ich werde doch wissen, wo ich meine besten Freunde habe! In Girejewo sind sie, und nirgendwo anders!“

„Ja, dann müssen Sie es wohl besser wissen“, meinte Bobik.

„Wenn du schon sagst, daß du die Gegend so gut kennst, dann weißt du auch, wo da die schönste Frau wohnt.“

Die schönste Frau der ganzen Gegend, ja die schönste Frau Rußlands war ohne jeden Zweifel seine Mutter, Jadwiga. Aber die konnte er unmöglich meinen, denn er ging bei ihnen nicht ein und aus.

„Die schönste Frau ist meine Mutter! Ja, das ist sie!“ sagte er trotzig. Der Mann sah Bobik über den Kneifer kritisch an.

„Natürlich! Natürlich! Wie könnte das auch anders sein. Auch meine Mutter war die Schönste. Hahaha hahaha!“ – und er lachte immer lauter, daß sein Kneifer wackelte. Er hielt sich den dicken Bauch vor Lachen. Bobik war beleidigt. „Solch ein Idiot! So groß – so dumm ist er auch!“ dachte er. Verärgert meinte er: „Sie meinen sicherlich die Marussja Tarletzkaja. Die ist aber die Zweitschönste. Auf Ehrenwort!“

„Nein, die meine ich nicht, dann wird es noch eine Drittschönste geben, aber die ist wirklich schön. Tsock!“ schnalzte er mit der Zunge.

Bobik begann dieses Gespräch zu langweilen. „Mag er doch fahren, wohin er will, zu seinen Schönheiten“, brummte er leise. – „Wenn Sie doch so oft dahinfahren, liegt es dann rechts oder links von der großen Straße?“

„Es liegt rechts – ein ganz großes Gut, mit riesigem Haus und vielen Stallungen und großem See“, sagte der Dicke, seine Augen flatterten unsicher. Bobik schüttelte indigniert den Kopf. Solch ein Gut gab es gar nicht in Girejewo.

„Du solltest dich mal genauer umschauen in den Ortschaften, mein Kleiner, ehe du Dummheiten erzählst. Mir kannst du nichts vormachen. Ich bin schon weiter gereist als du!" – Seine Äuglein wurden ganz klein und böse. Bobik wurde es unheimlich. Er saß eine Weile stumm da, dann ging er zur Tür und verschwand im Korridor. Den Rest der Fahrt brachte er auf der hinteren, offenen Plattform zu. Endlich kam Girejewo. Er sprang auf den Bahnsteig, rannte die Treppe hinab. Draußen stand Aleksandr mit dem Wagen. Igrunka stand daneben und schlug mit den Hufen. Bobik saß auf und ritt in kurzem Trab nach Hause. Die Schule, die staubige, lärmende Stadt, die Eisenbahn, der lästige dicke Mann verschwanden wie Rauch hinter ihm. Hier war links von der Straße der ausgedehnte Park, dort schimmerte das lange weiße Haus durch die Bäume, da war das schmucke schmiedeeiserne Tor. Er war zu Hause.

Er umarmte seine Mutter, atemlos fragte er, ob der „Geniale" schon eingetroffen sei. Gott sei Dank! Er war noch nicht da. Dann hörte man das Rattern des Wagens. Nach einer Weile wurde der Klopfer, der im Maul eines bronzenen Löwen stak, bewegt. Es gab einen dumpfen, dröhnenden Laut. Njanja lief mit fliegender Schürze zur Tür. Der Geniale war da. Im Vestibül wurde ihm der Mantel abgenommen. Man hörte, wie er sich räusperte und mit Njanja einige Worte sprach. Dann wurde er in den Salon geführt. Mami ging durch eine andere Tür hinein. Man hörte, wie er Mamis Hand schmatzend küßte. Bobik konnte es nicht mehr aushalten, er betrat den Salon. Er blieb wie angewurzelt stehen. Sein Herz klopfte. Sein Genius! Der Genius war niemand anders als der dicke, aufdringliche Mann im Abteil, der alles besser wußte und in Girejewo „ein und aus ging".

Als er des Bobik ansichtig wurde, erblaßte er und begann zu husten. Jadja stellte Bobik vor. Voll Widerwillen streckte Bobik dem Dicken die Hand entgegen. Jener ergriff sie, tätschelte mit der anderen Hand darauf und ließ sie gar nicht los.

„Aha, das ist wohl der Herr Neffe?" sagte er gezwungen jovial.

„Nein, das ist mein Sohn!" sagte Jadja.

„Einen so großen Sohn haben Gnädigste, das ist doch gar nicht zu glauben!" – Und er schaute Bobik wohlgefällig an. Bobik dachte: „Wie ein Krokodil, das sein Opfer fressen will."

„Wir haben uns schon kennengelernt, nicht wahr? Und wir haben uns in der Bahn großartig unterhalten!" wandte er sich halb an Jadwiga, halb an Bobik. Bobik sagte nichts, sein Nacken war ganz steif, er konnte und wollte den Kopf nicht bewegen. Jadwiga merkte, daß etwas nicht stimmte.

Arischa erschien und verkündete, daß das Essen aufgetragen sei. Mami ging voran. Ihr folgte das „Genie". Er griff Bobik in die Schulter und ging so, väterliche Zuneigung markierend, ins Eßzimmer. Er band sich die Serviette um den Hals. Wera, die das nie durfte, folgte sofort seinem Beispiel und schaute Jadwiga dabei herausfordernd an. Mami wollte etwas sagen, aber sie besann sich. Wera fühlte sich als Siegerin. Bobik machte seiner Mutter Zeichen wegen Wera.

„Mami, schau doch, was sie mit der Ser . . ." – Aber im gleichen Augenblick wurde er von Jadwigas warnend strengem Wesen zurückgepfiffen.

Das „Genie" schlürfte genüßlich seine Suppe und sprach. Er sprach sehr viel. Manchmal legte er den Löffel auf den Teller, lehnte sich zurück, bewegte dramatisch die Arme und deklamierte. Es war wie im Theater. Bobik ekelte es vor dieser Zurschaustellung. Arischa kam und nahm die Suppenteller weg. Das „Genie" schaute verdutzt und traurig auf den Platz, auf dem der Teller gestanden hatte. „Das ist die Strafe!" dachte Bobik.

Nachmittags kamen viele zum Tee, das „Genie" zu bestaunen, sie erstarben vor ihm, und man fühlte, wie er sich in der Anbetung sonnte. Er sprach geschwollen und wichtig. Die anderen tranken seine Worte. Bobik verachtete sie alle. Wenn sie nur das erlebt hätten, was er mit ihm erlebt hatte. Kleiner, eitler Wichtigtuer und Angeber. Wie konnte solch ein Mann ein berühmtes Buch schreiben?! Wie konnte ein „Großer" so klein sein!

DER STURZ

Jadwiga erkrankte plötzlich an Gesichtsrose. Das Gesicht wurde rot und entzündet; man konnte sie kaum noch erkennen. Das ganze Haus war in Aufregung. Man bangte um ihr Leben. Alle gingen bedrückt umher. Njanja bekreuzigte sich immerzu, und Frossja murmelte Gebete, sogar wenn sie beim Kochen war. Vor lauter Beten war sie unaufmerksam, sie ließ die Speisen anbrennen, versalzte sie oder tat Zucker an den Heringssalat. Dann weinte sie über ihr Ungeschick und machte die arme kranke Mami dafür verantwortlich. Mademoiselle blieb unverändert, und als Bobik ihr Vorwürfe machte, daß sie gar nicht betete, meinte sie, in ihrem Lande trüge man religiöse Gefühle nicht zur Schau.

Bobik saß stundenlang vor der Ikone in seinem Zimmer und betete.

„Lieber Gott, laß Mami bald wieder gesund werden, laß sie so schön bleiben wie immer!" – er betete immerzu die gleichen Worte, bis er sich dabei ertappte, daß ihm die Worte versiegt waren und er nur auf die Ikone starrte, ohne sie zu sehen. Dann erschrak er, verbeugte sich tief, bekreuzigte sich und begann von neuem zu beten.

Nach einiger Zeit durften sie Mami besuchen. Sie lag da, auf ihrem Gesicht war eine weiße Maske, die innen mit Salbe beschmiert wurde. Es sah fürchterlich und unheimlich aus. Und Bobik fragte ganz leise die Njanja, ob man die Mami nicht zu guter Letzt vertauscht hätte und eine ganz andere Frau sich hinter der Maske verberge.

„Aber du kannst sie doch an ihrer Stimme erkennen, Bobik“, sagte Njanja streng. Das überzeugte Bobik.

Doktor Ssorokin kam jeden Tag, er war sehr besorgt, er brachte Medizinflaschen mit herrlichen plissierten Papierhütchen über dem Korken und mit einer Papierschleife, auf der das Rezept aufgeschrieben war, es sah aus wie eine königliche Mantie. Wenn die Flaschen leer waren, spielten Wera und Bobik damit. Sie waren Prinzen und Prinzessinnen und Könige, und sie waren in ihrer aufrechten Haltung und, wie sie die Mantie trugen, viel wahrscheinlicher als die leiblichen Prinzen, die ihnen begegneten.

Nachmittags kam dann – durch einen hinteren Parkeingang, damit sie weder Karluscha noch Doktor Ssorokin begegnete – die Hexe Avdotja. Sie wurde von Njanja feierlich empfangen und in Jadwigas Krankenzimmer geführt. Dort wurden schrecklich übelriechende Kräuter verbrannt. Was sonst geschah, erfuhren die Kinder nicht. Wenn Avdotja auf dem geheimnisvollen Wege wieder verschwand, riß Njanja eiligst alle Türen und Fenster auf, damit sich der Räuchergeruch verzog. Immerhin besserte sich der Zustand Jadwigas, und die Leute vom unteren Geschoß schrieben das der Wirkung von Avdotja zu. Bobik meinte allerdings bei sich, die Besserung sei allein auf seine inbrünstigen und manchmal unvollständigen Gebete zurückzuführen.

Im Hause herrschte verhältnismäßig viel Ruhe, da Karluscha sich in letzter Zeit trotz Mamis Krankheit selten im Hause aufhielt. Zwar hörte man abends die Glöckchen seiner Pferde, sie näherten sich dem weißen Hause, und die Bewohner bekamen Herzklopfen; aber dann entfernte sich das Gebimmel und verschwand allmählich in der Ferne. Die Kinder und das Gesinde waren zufrieden. Aber Bobik und Wera schnappten manchmal von den Erwachsenen einige schwere Worte auf, aus denen sie darauf schlossen, daß Karluscha die Nächte bei der schönen Frau des Verwalters von Onkel Iwans Gütern verbrachte.

Einmal erlebte es Bobik, wie die giftige und immer unzufriedene Kutusowa Jadwiga begegnete und sie anzüglich fragte: „Na, Jadwiga Maximowna, wie geht es denn? Man sieht ja Karl Iwanowitsch gar nicht mehr so oft. Hat er seine Adresse gewechselt?"

Jadwiga wurde ganz blaß und bekam weite Pupillen, sie antwortete ihr nicht. Bobik begriff die Anspielung nicht recht, es wurde ihm aber klar, daß in der Anrede eine Beleidigung verpackt war. Er hatte nicht übel Lust, dem häßlichen Krokodil in den Bauch zu treten, oder vor ihr auszuspucken, aber er beherrschte sich, weil er wußte, daß das immer zu Komplikationen führte.

Karluscha hatte eine Passion. Er war in feurige und wilde Pferde vernarrt. Er fuhr zu allen Rennen und Pferdeauktionen. Er kaufte die ungezogensten Pferde. Wenn er auf Pferderennen besonders wilde Pferde sah, die ihren Reiter abwarfen, sagte er zu Aleksandr, der ihn bei diesen Gelegenheiten begleitete: „Diesen kaufen wir." Und beide ruhten nicht eher, bis es ihnen gelang, das Pferd zu erhandeln. Karluscha war ein passionierter Reiter, und Aleksandr mit seiner Hünengestalt konnte die ungezogensten Pferde bändigen.

Wie immer, wenn ein solches Pferd ins weiße Haus einzog, gab es auch jetzt eine fürchterliche Aufregung. Die Hunde waren außer Rand und Band und bellten, daß die Luft erzitterte, die Pferde wieherten und streckten die Hälse, um den unerwünschten Neuankömmling mit deutlichem Protest zu begrüßen. Mami war ungehalten, sagte aber nichts. Njanja schimpfte und meinte: ganz bestimmt sei der Teufel in dem neuen Biest, genau wie in dem Rappen und verschiedenen anderen, und man sollte, wenn Karluscha und Aleksandr nicht sa seien, den Priester holen, damit er den Satan austreibe. Die Kinder standen aufgeregt und belustigt dabei, Marussja Tarletzkaja kam hinzu, sie hatte vor Karluscha gar keine Angst, sie versuchte an das neue Pferd heranzutreten, um ihm den Hals zu klopfen. Im selben Augenblick griff der Hengst zu und schnappte den Ärmel von Marussja, sie sprang geschwind zurück und lachte nervös.

Der Hengst, den Aleksandr fest an der Kandare hatte, tanzte umher, schäumte, wieherte, versuchte sich loszureißen, sprang hoch, riß Aleksandr ein Stück mit sich, stampfte mit den Hufen. Karluscha schrie ihn an. Schließlich wurde er in seine Box gebracht. Der Neuankömmling wurde von seinen Artgenossen ungnädig empfangen. Die Unruhe im Stall dauerte noch lange an.

Jadwiga war gerade einige Tage auf, sie sah blaß und mitgenommen aus. Der Arzt empfahl ihr größte Ruhe und Schonung. Abends verkündete Karluscha, daß er am nächsten Tag, am Sonntag, mit dem Rappen, und Bobik mit dem neuen Hengst ausreiten würden. Mami war entsetzt, sie sah ihn streng an. „Das wirst du nicht tun. Bobik wird nicht auf dem Hengst reiten!"

„Darüber habe ich zu bestimmen, wer darauf reiten wird! Der Befehl ist bereits erteilt! Bob reitet! Basta!" Er warf die Serviette auf den Boden und verließ das Eßzimmer. Bald hörte man ihn aus dem Hof reiten.

„Mami, jetzt reitet er wieder zu dieser . . ."

„Was weißt du schon, Bobik, sei still."

„Und ich weiß es doch, Mami. Die Leute reden schon darüber!"

„Bitte verletz mich nicht, Bobik. Ich muß damit allein fertig werden!"

„Aber es geht doch nicht, daß er dich so behandelt!"

Jadwiga brachte das Gespräch auf ein anderes Thema.

„Was machen wir bloß mit deinem Reiten?!"

„Gar nichts, Mami. Ich reite."

„Aber das Pferd ist doch gefährlich. Das weißt du doch."

„Ich kann es ja nicht ändern. Wenn ich es ablehne, beschimpft er mich als feige. Das kann ich nicht auf mir sitzen lassen."

Jadwiga seufzte tief. Njanja kam und brachte sie behutsam ins Bett.

Am nächsten Tag wurde ausgeritten. Karluscha saß auf seinem wilden Rappen. Bobik bestieg das neue Pferd, das aufgeregt hin und her tänzelte, Aleksandr hielt es hart am Zaum. Njanja stand in der Nähe des Tores und bekreuzigte sich, Frossja kaum angelaufen und wischte sich die Hände an der Schürze ab. Wera hielt Njanjas Hand und heulte laut, ihr Mund stand weit offen und die Klagelaute strömten nur so heraus. Bobik mußte lachen, obwohl es ihm auf dem ungewohnten und bewegten Untergestell nicht wohl zumute war.

Sie ritten im Schritt nebeneinander her. Karluscha rief Bobik zu, er möge sich straffer halten, die Zügel anziehen. Bobik versuchte es, aber das Pferd bewegte sein Haupt immerzu auf und ab. Als sie auf der breiten Schneise der Wladimirka waren, befahl Karluscha Trab. Die Pferde setzten sich in Trab. Eine Weile ging das gut. Dann senkte Bobiks Hengst plötzlich den Kopf und fiel in einen rasenden Linksgalopp. Bobik verlor die Gewalt über die Zügel, die durch die Kopfbewegung seine Hand abwärtszogen. Einige Sekunden klammerte er sich mit den Beinen an das wild ausschlagende Pferd, dann flog er in hohem Bogen nach hinten. Noch im Flug dachte er: „Welch eine Schande!" – Er fühlte etwas Heftiges, Hartes an seinem Kopf und landete im Sand der Straße. Dann hörte er Pferdegetrampel und fürchterliche Flüche Karluschas. Er wollte sich erheben, aber alles drehte sich vor ihm. Er spuckte den Sand aus, der in den Mund kam, der schmeckte seltsam süßlich.

Er setzte sich auf. Nach einer Weile galoppierte Karluscha mit dem Hengst am Zügel an ihm vorbei. Er rief ihm etwas zu, was Bobik nicht verstand. Es war auch ganz egal jetzt.

Bobik erhob sich mühsam. Er tastete sich ab, ob etwas gebrochen sei. Er konnte sich aufrichten. Aber der Kopf schmerzte fürchterlich. Alles drehte sich vor ihm, es war ihm übel. Er wollte sein Gesicht bewegen, das ging nicht, es war wie von Spinngeweben bedeckt. Er wischte darüber mit der Hand. Die Hand war blutig. Das ganze Gesicht mußte blutüberströmt sein. Bobik setzte sich in Bewegung. Er wankte, die Füße klebten auf dem sandigen Weg. Ab und zu mußte er sich hinsetzen, weil er fühlte, daß seine Knie weich wurden. Dann ging er eine Weile weiter. Endlich mündete die Straße, die nach Girejewo führte, in die Wladimirka. Bald kamen die ersten Häuser. Er lehnte sich an den Zaun der Datscha des Generals Iljin.

Die dicke, alte, gemütliche Generalin erblickte ihn von der Terrasse, mit stockendem Atem lief sie die Stufen hinab, riß die Pforte auf und ergriff Bobik. Mit wehleidigem Geschrei führte sie ihn ins Haus, wusch sein Gesicht, verband mit einem Taschentuch die blutenden Wunden. Dann wurde er in den Sessel gesetzt. Zum General sagte sie:

„Als ich diesen Teufel mit zwei Pferden galoppieren sah, dachte ich mir's doch, daß da ein Unglück passiert war! Siehst du, nun habe ich recht behalten. Iwan Petrowitsch!" – und sie stöhnte, als ob das Unglück ihr passiert wäre.

„Rede doch nicht soviel, Fedora Arkadiewna, du siehst doch, der Junge braucht Ruhe!" beschwichtigte sie der General.

Inzwischen hörten sie das Rattern eines Wagens. Die Generalin lief auf die Straße. Es war der reiche Bauer Kostjucha mit seinem Gefährt. Kostjucha erbot sich, Bobik ins weiße Haus zu bringen. Bobik wurde behutsam in den Wagen gesetzt. Er war fast benommen vor Kopfschmerz, die Knie zitterten, die Zähne schlugen aufeinander.

Jadwiga saß bangen Herzens im Garten vor der Tür. Njanja war bei ihr. Wera spielte in der Nähe. Da sahen sie Karluscha mit wutverzerrtem Gesicht durchs Tor reiten. Jadwiga schrie:

„Wo ist er?"

Karluscha rief zurück: „Idiot! Idiot!" – das sollte auf russisch heißen: er kommt, aber es konnte genausogut Idiot bedeuten. Jadwiga verstand aber „Idiot“ und es durchzuckte sie die Idee, daß Bobik tödlich verunglückt sei. Sie schrie auf und wurde ohnmächtig. Njanja und Frossja bemühten sich um sie. Aleksandr mußte anspannen, um Bobik abzuholen. Karluscha brachte derweilen die beiden Pferde in den Stall. Er fühlte sich schuldig und wagte es nicht, zu Jadwiga zu gehen.

Inzwischen kam Kostjuchas Wagen mit Bobik. Jadwiga war aus der Ohnmacht erwacht, sie sah ganz blaß aus. Karluschas Augen waren ganz hell vor Wut und Verlegenheit.

„Durak! Du Narr“, schrie er ihn an, „nicht einmal ein Pferd verstehst du zu halten!“

Nun war es mit Njanjas Geduld zu Ende. Sie war auf dem Wege zu Bobik, um ihn aus dem Wagen zu heben. Sie explodierte wie ein Vulkan. Sie wandte sich jäh Karluscha zu; ehe er ihr ausweichen konnte, faßte sie ihn mit beiden Händen fest an den Armen und schüttelte ihn mit aller Gewalt.

„Du abscheulicher, garstiger Teufel du! Mordest den Jungen, mordest deine eigene Frau! Du Unhold, du verfluchter! Nur Unruhe, nur Unglück verbreitest du um dich. Wage du es noch einmal dich zu mucksen, und ich zermalme dich!“ – sie schüttelte ihn immer noch, und er sah aus wie ein Sack Kartoffeln, der geschüttelt wird, sein Kopf ging hin und her, und er hatte einen verängstigten Ausdruck. Njanja atmete angestrengt. Sie stieß ihn von sich, daß er torkelte. Dann ging sie zu Bobik und holte ihn behutsam aus dem Wagen. Kostjucha unterstützte ihn. Er wurde ins Bett gebracht.

Sein erster Gedanke war: „Wie geht es Mami?“

„Sei nur ruhig, mein Täubchen, ich werde sie gleich hereinholen, sie ist fürchterlich erschrocken, dachte sie doch, daß du nicht mehr am Leben seist, als der, wie ein Blöder, ‚Idiot‘ schrie. Soll das einer verstehen, wenn er die Sprache radebrecht! Och, ich Sündige, ich Feige! Hätte ich doch gestern den Mut gehabt, den ich heute hatte, ihm die Wahrheit zu sagen. Dann wäre das alles nicht passiert. Und der Gaul, der Besessene, der kommt mir morgen aus dem Haus!"

Mami kam und streichelte seine Hand. Doktor Ssorokin kam und behandelte die Wunden, er gab Bobik gräßlich schmeckende Medizin und verschrieb unbedingte Ruhe.

Und dann kamen Besuche, man brachte ihm Blumen und Schokolade und Bücher, und alle waren sehr lieb zu ihm und behandelten ihn wie einen Gleichaltrigen. Aljona durfte länger an seinem Bett sitzen. Sie schaute ihn lange und liebevoll an, hielt seine Hand, die sie mit den Fingern streichelte, und erzählte ihm Geschichten mit leiser Stimme.

Fast hätte Bobik sich als ein Held gefühlt, wenn er nicht genau gewußt hätte, daß er kein Held war.

DIE WALLFAHRT

Viele seltsame, aber besonders liebe und willkommene Leute kamen ungeladen ins weiße Haus. Jadwiga erfreute sich des Rufes einer echten Frömmigkeit, Bescheidenheit und Demut. Von den einfachen Leuten wurde sie wegen ihrer Weisheit und Güte wie eine Heilige verehrt. Kein Bittender wurde ohne Gaben weggeschickt. Und Jadwiga und Bobik und Wera rechneten sich's zur Ehre, die Bettler und Bittsteller selber zu bedienen. Es waren wunderbare und seltsame Menschen darunter.

Die einen waren Gottsucher, sie durchschritten die heilige russische Erde von einem Ende zum anderen, sie suchten die heiligen Stätten, die Klöster mit ihren verehrten Starzen, und die wundertätigen Ikonen, heilige Seen und heilige Berge auf. In ihrem Antlitz war etwas „nicht von dieser Welt", sie waren nach innen gekehrt und strahlten Güte, Verstehen und Freundlichkeit aus. Man mußte freundlich zu ihnen sein – und wenn sie kamen, war sogar das Gebell der Hunde ein anderes, sie winselten freundlich und wedelten mit den Schwänzen. Sie forderten nichts, sie waren dankbar für jede Gabe und waren mäßig im Essen und Trinken. Trotz ihrer Armut waren sie gepflegt und trugen sich sauber. Jadwiga und Bobik liebten es, mit ihnen Gespräche über Gott und die Welt zu führen. Sie schimpften nicht über die jetzige Zeit, noch über die Menschen oder die Politik; sie fanden, daß der Mensch in seine Zeit hineingestellt sei, um sich zu behaupten und sie zu bewältigen. Sie jammerten nicht über das Sündenbabel. Und es ging eine solche Lebensbejahung und Freude von ihnen aus, daß man selber freudig wurde.

Dann gab es Eiferer, kleine Savonarolas – wie Mami sie nannte. Sie waren geschwollen, pathetisch, drohend. Immer fanden sie die Welt schlecht und böse und verderbt; sie redeten unentwegt, kamen sich schrecklich wichtig vor, gestikulierten, schimpften, und während sie noch redeten, beobachteten sie, ob ihre Worte auch die nötige Wirkung ausübten. Sie hatten gar keine Wirkung, weil man ihnen nie ganz glaubte. Es waren Verbitterte, oder Komödianten. Wenn die lustige, verrückte Marussja Tarletzkaja hinzukam, gab es immer eine Gaudi. Sie kam wie gewöhnlich in irgendeinem phantastischen Kostüm aus den dicken Truhen des alten Schlosses. Sie war hübsch und herausfordernd. Sie lachte frech zu ihren Predigten.

„Schaut mich mal an“, sagte sie und stellte sich in Positur. „Ich weiß, daß ich schön bin. In mir seht ihr die Frau Babel! Und ich liebe die Sünde. Ich sündige in einem fort, weil es so schön ist! Und weil Gott mich zu seinem Vergnügen so schön gemacht hat, wird er es mir verzeihen!“

„Schweig still, Marusska, und ärgere die heiligen Männer nicht!“ meinte Mami. Die Savonarolas waren über Marussja empört, man fühlte aber, daß sie ihnen über alle Maßen gefiel, denn sie schauten sie sehr interessiert an. Mamis Wort „heilige Männer“ tat ihnen in der Seele wohl, sie streichelten wohlgefällig ihren Bart und sonnten sich in der Heiligkeit.

Wenn man ihnen Essen vorsetzte, dankten sie verschämt, sie fasteten ja das runde Jahr hindurch. Nein, sie kämen auch nicht wegen des Essens, sie wollten nur die sündigen weltlichen Seelen auf den rechten Weg führen. Aber wenn man, nach einigem Zureden, sie so weit hatte, daß sie aßen, dann taten sie es mit einem sehr weltlichen Appetit, in dem ein Schuß Gier eingeschlossen war.

Frossja wurde gerade von diesen Leuten sehr beeindruckt. Sie gab ihnen von ihrem ersparten Geld und bat sie, für ihre sündige Seele zu beten. Und Bobik verband mit der Sünde ein gewisses erregendes Erlebnis; dasjenige, als er sie mit Aleksandr ertappte und damals glaubte, es handle sich um einen schweren Kriminalfall.

Aleksandr dagegen – als die Eiferer die Absicht zeigten, ihn seelisch zu bedrängen, richtete er sich in seiner ganzen Größe und Breite auf, zeigte ihnen seine ungeheuren Fäuste und sagte nur:

„Mit mir nicht, ihr lieben Taugenichtse und Umsonstesser! Mit mir nicht! Sputet euch, daß ihr hier verschwindet." – Und seine Worte hatten offenbar eine größere Macht als ihre Predigten, denn sie wurden ganz klein und dünn, und verschwanden behende.

Und dann kamen die Gottesnarren, die Jurodivyje. Sie kamen mitten aus der Bergpredigt, es waren die Armen im Geiste, die in Rußland überall verehrt wurden. Niemand tat ihnen etwas Böses. Man atzte sie und schenkte ihnen Kleider und Geldmünzen, sie freuten sich wie die Kinder. Manche waren lahm, andere hatten die tanzende Krankheit, alle Gliedmaßen tanzten an ihnen, andere schrien, andere konnten nicht reden, hatten aber die Händesprache erlernt, mit der sie sich ausgezeichnet verständigen konnten.

Oft kamen auch einfach Unglückliche, gar keine heiligen Menschen – solche, die vom Schicksal geschlagen waren und von Jadwiga Hilfe und Rat erbaten. Dann wurden die Kinder hinausgeschickt. Und Mami blieb stundenlang mit ihnen allein. Wenn sie hinausgingen, weinten sie meist und strahlten doch, verneigten sich ganz tief vor Jadwiga und küßten ihr die Hand. Und sie selbst, sie strahlte auch, obwohl ihr Gesicht traurig ernst blieb.

Doch das Aufregendste, weit aufregender als Auslands- und Bäderreisen, waren die Wallfahrten. Es gab so viele berühmte Klöster mit verehrungswürdigen, heiligen Starzen oder Nonnen, und es war zur Reinigung der Seele unerläßlich, dorthin zu fahren, sich mit dem Heiligen auszusprechen und seinen Segen zu empfangen. So reisten Jadwiga und Njanja und die Kinder in ferne Gegenden zu den berühmten Klöstern.

Zuerst reinigte man seine Seele zu Hause durch strenges Fasten. Man aß, wie zu den großen sechswöchigen Osterfasten, keine Butter und kein Fleisch, keine Schokolade, und war sehr mäßig. Man ging in sich und mühte sich hart ab, nicht zu sündigen. In diesen Zeiten machte Bobik, dem Rate seiner Mutter folgend, sogar den Umweg um die feindliche Schule, um keine Schlägereien zu provozieren. Am schwersten war es aber, sich mit Wera nicht zu zanken. Das Zanken war so sehr Gewohnheit der beiden, daß sie sich buchstäblich genierten, freundlich und gesittet miteinander zu sprechen – das kam ihnen affig vor. Aber Mami und Njanja achteten sehr darauf, daß sie aus der lieben Gewohnheit fielen. Sobald die Wallfahrt wieder vorbei war, nahmen sie erleichtert den alten Brauch des Zankens wieder auf, und sie fühlten sich wohler dabei.

Kurz vor der Abreise wurde in der Kirche ein Bittgottesdienst abgehalten. Man beichtete und nahm das Heilige Abendmahl. Und es war ihnen allen feierlich zumute, daß speziell ihretwegen ein Gottesdienst veranstaltet wurde. Vor der Abfahrt waren alle geschäftig, jeder suchte soviel Sachen wie möglich in die großen Koffer zu verstauen, obwohl die Reise nur eine Woche dauerte. Wera wollte unbedingt die rothaarige große Puppe Akulina, die „Mama“ sagte, mitnehmen, um sie von dem Starez segnen zu lassen. Bobik lachte sie aus, Njanja brummte. In letzter Verzweiflung stürzte sich Wera auf Bobik und schlug ihn, er riß sie an den Haaren. Die Puppe fiel hin und der porzellanene Kopf brach entzwei. Wera kauerte sich über den Leichnam der Puppe und heulte herzzerreißend. Mami kam angelaufen. Sie sah das Unglück und versetzte Bobik eine Ohrfeige. Nun heulte auch er beleidigt, weil er sich unschuldig fühlte. Njanja kam – resolut schnappte sie sich Wera und hob sie mit einem gewaltigen Ruck auf die Füße. Das Weinen hörte schlagartig auf.

„Wenn du nochmal heulst, bleibst du hier, samt deiner Puppe. Was soll der heilige Starez denken, wenn du mit solch einem aufgetakelten Wesen ankommst?!"

„Die Puppe war sehr schön sogar! Viel schöner als du und Frossja!" schmollte Wera.

Mami kam zu Bobik und nahm seine Hand. „Verzeih mir, Bobinka. Ich habe mich hinreißen lassen. Ich schäme mich! Und das gleich nach der Beichte und der Kommunion!" Bobiks Herz schmolz, er verzieh sofort und schluchzte gerührt einige Male auf.

Trotz der heiligen Gefühle gab es mehrmals am Tag kleine Zusammenstöße. Njanja kontrollierte die Koffer und warf aus Bobiks Gepäck die Lokomotive und den großen mechanischen Bären Wassenka heraus, aus Weras Koffer wurden alle bunten und weltlichen Kleider entfernt.

Dann, als der Wagen bereits vor der Tür stand, gingen sie alle in den Salon, die Reisenden und die Zurückbleibenden, Frossja, Arischa, die Zimmermädchen, der Gärtner und Aleksandr. Alle setzten sich züchtig hin und verharrten in minutenlangem Schweigen, das etwas unheimlich war. Alle schauten nirgendwohin, was sehr schwer war. Dann bekreuzigte man sich, und nun ging das allgemeine sich gegenseitig Bekreuzigen und Umarmen los.

Schließlich fuhr man ab. Im Zug gab es wieder einige Unstimmigkeiten. Aus völlig unerklärlichen Gründen wollte

Wera sich auf den Fensterplatz setzen. Bobik fand, daß der Platz ihm zustand. Die Fahrgäste, die bereits dort saßen, fuhren entsetzt zusammen, denn alle Anzeichen sprachen dafür, daß es eine regelrechte Schlägerei geben würde. Njanja mußte beschwichtigen. Mami war sichtlich wegen der ungezogenen Kinder geniert. Schließlich bekam Wera doch den Platz. Bobik wurde neben sie gesetzt. Er konnte sich nicht verkneifen, ihr einen ordentlichen Puff in die Seite zu geben. Sie formte den Mund zu einem Grammophontrichter. Glücklicherweise erblickte Njanja das. Mit einer Bewegung der Hand brachte sie, wie ein Dirigent, das beginnende Heulen sofort zum Stillstand.

Zwei Fuhren brachten die Wallfahrer und ihr umfangreiches Gepäck zum großen Kloster. Es war wie eine mittelalterliche Stadt, ganz mit weißen Mauern umgeben. Viele Kirchen und Kapellen ragten mit ihren goldenen und bunten Zwiebeltürmen zum Himmel. Hotels und Wohnräume der Mönche und Wirtschaftsgebäude. Eine von der profanen Welt abgeschlossene Insel des Gebets, der Kontemplation und der harten Arbeit. Überall sah man Mönche in ihren schwarzen, eng anliegenden langen Gewändern, mit zylindrischen Hüten ohne Rand. Die Hieromonachen hatten einen langen schwarzen Schleier, der von dem Hut herabwallte. Sie sahen ernst und würdig aus.

Die Gäste wurden im Gästehaus untergebracht. Am Morgen gingen sie zur Messe. Die Kirche war dunkel, von der Ikonostase schimmerte das Gold der Ikonen. Hunderte von Kerzen brannten vor den Bildern Christi und der Gottesgebärerin mit dem Christusknaben und vor den Heiligen, vornehmlich dem heiligen Nikolaus, dem heiligen Sergius und dem heiligen Serafim von Sarow. Es roch nach Weihrauch, und der Chor sang liturgische Lieder. Bobik meinte, die Engel selber zu hören.

Er stand in der Nähe einer Apsis, die von einem modernen Maler etwas drastisch und ungeschickt ausgemalt worden war. Das Fresko stellte die Hölle dar. In der Mitte, im Vordergrunde des Bildes, war ein schreckerregender Teufel, der mit seiner Rechten eine Peitsche schwang. Sein Schwanz teilte sich in sieben Schwänzchen, die an den Enden einen Pinsel trugen. Sein Hinterteil hatte zwei weit aufgerissene Augen. Aus seinem Mund ragten zwei Hauer. Im Halbkreis um ihn standen kleinere Teufel, die Männer huckepack trugen. In einem der Männer erkannte Bobik den Onkel Tolstoi. Ein anderer hatte rotes Haar und einen schütteren Bart und trug in der Hand eine kugelige Bombe mit einem kleinen Flämmchen darauf. Wieder ein anderer hatte einen großen runden Bart und buschiges Haar. Darüber stand „Kommunism“, über dem ersten Mann stand „Anarchism“. Andere Männer auf Teufeln repräsentierten wohl die sieben Todsünden. Da waren verführerische Frauen mit entblößtem Busen, und dicke Kerle, und ganz dünne, mit kralligen Händen. Das Bild war sehr aufregend. Bobik war ganz absorbiert durch die Betrachtung. Um ihn herum standen Menschen. Sie beteten, bekreuzigten sich und knieten.

Da kam eine ganz alte, tief gebückte Großmutter mit ihrem Enkel, der wohl so alt war wie Bobik. Die Großmutter bekreuzigte sich vor dem Erzteufel, verbeugte sich tief vor ihm und küßte ihn mitten auf den Hintern. Dann sagte sie zu ihrem Enkel: „Wassenka, küß das liebe Gottchen ins Schwänzchen.“

Bobik erstarrte. Wassenka sah seine Großmutter verdutzt an.

„Aber Babuschka, das ist doch nicht das Gottchen, das ist doch der Unsaubere höchstpersönlich!“ – Babuschka erschrak und bekreuzigte sich.

„Ajajaj! Welcher Hundesohn hat denn bloß, an Gottes Stelle, den Dreimalverfluchten hingemalt!“ – sie wischte sich mit Entsetzen die Lippen ab. „Solch eine gottlose Welt. Wer denkt denn an so was. Herr, verzeihe mir, daß du mich mit Blindheit geschlagen hast!“ –

Und dann kam der große Augenblick, als sie in die kleine Hütte zum berühmten Starez Anatolii hereinkommen durften. Ihre Seelen waren voll heiligen Bebens. Mami ging zuerst, dann Njanja. Nach dem Protokoll sollten dann Bobik und dann Wera hereinkommen. Aber Wera war natürlich ungeduldig, den Heiligen baldigst zu erblicken, sie zwängte sich vor Bobik durch die Tür. Bobik machte sich ganz breit und quetschte sie gegen den Türrahmen. Sie begann zu quietschen. Bobik hielt ihr recht derb den Mund zu. Njanja sah sich wütend um und brachte beide zur Raison.

Mami verbeugte sich tief vor dem heiligen Starez und küßte seine Hand. Er hob sie auf und schaute sie gütig an. Sie sprachen sehr leise miteinander. Man konnte es nicht verstehen, aber es waren sicher ganz heilige Dinge. Er machte das Kreuz über Jadwiga und sie trat zur Seite. Dann war die Reihe an Njanja. Sie fiel mit der ganzen Schwere ihres Körpers vor ihm nieder und berührte den Fußboden mit dem Kopf. Der Heilige wartete geduldig, aber das Aufstehen bereitete einige Mühe; so half er ihr. Der alte schwächliche Mann krächzte bei dieser Anstrengung. Dann lachte er. Alle lachten. Bobik und Wera kamen zugleich und verbeugten sich vor dem Starez. Er segnete sie.

„Na, seid ihr auch immer brav? Gehorcht ihr euren Eltern? Betet ihr zum lieben Gott? Vertragt ihr euch auch?" – er lächelte mild.

„Wir vertragen uns nicht immer, sie", und er zeigte auf Wera, „drängelt sich immer so vor!"

„Nun, wenn sie das auch tut, du bist doch Kavalier, du bist der Ältere, du solltest ihr, nach Christi Beispiel, verzeihen!"

Bobik verbeugte sich demütig. Bei sich dachte er, daß der alte Mann sicherlich keine Schwester hatte und gar nicht wußte, wie leicht man da von der Sünde übermannt wird.

Mittags nahmen sie, nachdem sie einen Besuch beim ehrwürdigen Igumenos, dem Abt des Klosters, abgestattet hatten, an der gemeinsamen Tafel im Gästehaus teil. Viele

Menschen waren da, Vornehme und Kaufleute, Bauern, Bettler und Mönche und Nonnen aus anderen Klöstern. Neben ihnen saßen eine sehr vornehme, dünne Dame und ein ungewöhnlich artiger Junge. Man sah ihm sogleich an, daß er keine Schwester hatte. Er war wie aus dem Ei gepellt. Sie sprachen französisch miteinander.

Das Essen wurde aufgetragen. Es gab nur einen Gang. Es war eine dünne Sauerkohlsuppe, die nicht sehr gut schmeckte. Bobik sagte zu Jadwiga:

„Hier ist wohl permanentes Fasten?!" – Jadwiga lächelte.

Plötzlich meldete sich Wera zu Wort. Sie wollte unbedingt eine Wurst haben, sie wollte diese scheußliche Suppe nicht essen. Njanja erklärte ihr leise, daß es hier keine Wurst gäbe, man wäre hier im Kloster und es würde klein Fleisch gegessen.

„Ich will aber meine Wurst haben!" schrie Wera laut und begann zu brüllen. Bobik, Njanja, Mami waren entsetzt.

Der artige junge Mann fragte seine Mutter:

„Pourquoi est-elle si imbécile? Qu'est-ce qu'elle veut?"

(Warum ist sie so ungezogen. Was will sie denn?)

„Oui, mon cher, c'est triste, mais c'est comme ça (Es ist traurig, aber es ist einmal so)", antwortete die vornehme Dame. Mami wurde ganz rot. Sie packte Wera unter den Armen und zerrte das brüllende Bündel aus dem Eßsaal. Bobik schämte sich sehr für seine Schwester.

Dann waren sie wieder zu Hause. Die ungebrauchten Kleider und Pelze und die doch eingeschmuggelten Spielsachen wurden wieder ausgepackt und der Alltag nahm von ihnen Besitz. Sie fanden nachträglich alle, daß sie sich nicht ganz heiligmäßig benommen hätten. Was aber blieb, war der Ausdruck von Güte, Verzeihen und Verstehen in den Augen des heiligen Starez.

WEIHNACHTEN

Weihnachten war eine aufregende Zeit – aufregend im wahrsten Sinne des Wortes. Sie fing lange vor dem Fest an. Njanja ging mit den Kindern oft zum Nachmittagsgottesdienst in die alte Kirche in Staroje Girejewo. Es war schon dunkel und sehr kalt. Sie gingen diesen langen Weg schweigend zu Fuß. Die Sterne am Himmel waren groß und schimmerten. Der Schnee glänzte, er knirschte unter den weichen, warmen Filzstiefeln. Die Nasenspitzen waren eiskalt, und Reif setzte sich auf die Wimpern. Auch die Haare in den Nasenlöchern waren bereift, das Einatmen der kalten Luft schmerzte.

Dafür war es in der Kirche gemütlich warm, die vielen Kerzen erleuchteten die Seele, aller Ärger, alle Kümmernisse fielen von einem ab. Man betete und gelobte sich, lieb und nett zu sein.

Zu Hause war großer Trubel, der durch alle Stockwerke ging. Aleksandr mußte alle Tage anspannen und bald Karluscha, bald Jadwiga in die Stadt fahren. Sie kamen immer vollgepackt mit großen und kleinen Paketen heim. Sie waren dauernd besorgt, ob sie auch alles gekauft und niemanden vergessen hätten. Die Sachen wurden überall verstaut, in den Schränken, auf dem Söller, in den unbewohnten Gästezimmern und in den im Treppenhaus eingebauten Schränken.

Njanja und Frossja und die Mädchen waren vollauf in der Küche beschäftigt. Es roch köstlich nach Pfefferkuchen und Spekulatius. Die alten hölzernen und metallenen Formen wurden herausgeholt; zu jedem Honig-, Anis-, Ingwer- oder Pfefferkuchen gehörten spezielle Formen. Sterne und Weihnachtsmänner, Blumen und Männecken und Frauken kamen aus dem Backofen. Die wurden mit buntem Zuckerguß oder mit kleinen bunten Kügelchen oder mit Schokolade überzogen. Der Billardtisch im Billardzimmer war groß genug, die ganze Pracht aufzunehmen. Nachmittags zum Tee gab es als Vorgeschmack einige zum Probieren. Bobik und Wera waren merkwürdigerweise immer schon ziemlich satt und aßen nur wenig. Das kam davon, daß sie wußten, wo der Schlüssel zur Tür des Billardzimmers versteckt war, und sie konnte es nicht lassen, alle paar Stunden dorthin zu schleichen und vom Rande des Billardtisches einige köstliche Leckereien zu stibitzen.

Sie selbst mußten für die Eltern und für die Verwandtschaft Geschenke basteln, ausgesägte rote Pilze und Weihnachtsmänner und Engelchen, geflochtene Körbchen und gestickte Deckchen. Die Erwachsenen waren sehr entzückt von den Arbeiten, und für einige Minuten war man stolz darauf; aber bald fand man die mühsam gefertigten Sachen im Papierkorb oder auf dem Müllhaufen, oder in den großen kupfernen Behältern, in denen Holz und Papier zum Feuermachen gestapelt war. Dann wurde einem schmerzlich klar, wie wenig Wert diese Dinge für die Erwachsenen hatten.

Da Mami viel auswärts war und Njanja sich in der Küche beschäftigte, hatten Bobik und Wera Zeit, auf Entdeckungsreisen zu gehen. Da sie gemeinsame Sache machten, zankten sie sich seltener. Es galt alle die interessanten Verstecke auszumachen, in denen die Pakete verschwanden. Man bohrte in die Ecken der Pakete diskret mit der Schere zuerst, dann mit dem Finger ein Loch und tastete die Gegenstände ab. Man erarbeitete sich mit der Zeit eine gewisse Routine im Ertasten und Erkennen von Geschenken.

Ein großer Tannenbaum wurde gebracht und am Morgen des Heiligen Abends im Salon aufgestellt. Und dann begann der aufregendste Tag. Nach dem Zank, Lärm, der Ungeduld und den Aufregungen hätte man meinen müssen, daß das ganze weiße Haus samt seinen Einwohnern explodieren würde. Jeder war gegen jeden. Man bekam nie eine vernünftige Antwort, und jeder arbeitete dem anderen entgegen.

Karluschas Stimme war die lauteste. Er schrie eigentlich fast ohne Pause. Er war nämlich mit dem Schmücken der Tanne beschäftigt. Es fehlte mal die Zange, dann der Hammer oder der Bohrer. Dann stand die Tanne nicht gerade, oder die Äste waren nicht symmetrisch gewachsen; es wurde auf den Händler geschimpft. Dann gingen die schönen Glaskugeln mit leisem Klirren entzwei. Er rief Mami, Aleksandr, Arischa, Njanja nacheinander, oder gleich alle zusammen. Sie ließen ihre Arbeit liegen oder ließen gerade einen Gegenstand in Angst und Eile fallen und rannten zu ihm hin. Dann war es plötzlich nicht der, den Karluscha haben wollte. Aus dem Parterre roch es brenzlig. Die Milch war natürlich übergelaufen. Frossja fluchte, warf einen Gegenstand, den sie Karluscha hinhielt, einfach hin und rannte in die Küche zurück.

Mami suchte immerfort. Sie suchte die Geschenke; sie hatte längst vergessen, wo sie sie versteckt hatte, und sie rannte wie ein aufgeregtes Huhn hin und her, öffnete große und kleine Schubläden, so kleine, daß darin gar nichts sein konnte. Mitunter vergaß sie, was sie eigentlich suchte, und sie suchte nur noch ohne Ziel. Das Haus hatte notorisch einen Troll, der täglich Gegenstände verschwinden ließ. Aber am Heiligen Abend hatte man den Eindruck, daß eine Armee von Trollen am Werk war und daß sie einem die Gegenstände einfach aus der Hand nahmen. So suchte Karluscha die Zange, die er soeben noch in der Hand hielt. Njanja und Arischa mußten unter fürchterlichen Flüchen mitsuchen. Schließlich wurde eine andere Zange geholt; als sie da war, griff Karluscha in die Tasche, um sich eine Zigarette anzuzünden. Das Zigarettenetui war fort. Statt dessen war die verlorene Zange drin.

Die Kinder saßen derweilen in ihrem Spielzimmer und hörten alles, was vorging. Einerseits waren sie froh, daß sie eingesperrt wurden, weil sie so vor der Wut Karluschas verschont blieben. Andererseits regte es sie furchtbar auf, daß ausgerechnet an diesem Friedens- und Freudenfest die Menschen so übler Laune sein mußten. Bei aller Freude über die zu erwartenden Geschenke waren sie voller Angst. Sie konnten es sich nicht vorstellen, daß in wenigen Stunden der vielbesungene Friede wirklich ins Haus einziehen sollte; und sie wollten sich freuen an dem Tag, an dem das Christkind geboren wurde.

Schließlich wurde es ruhiger. Das war das Zeichen, daß der Baum endlich fertig geschmückt war. Im Eßzimmer wurde gedeckt, man hörte es am munteren Klirren des Porzellans und der Gläser.

Dann kam aus dem Schlafzimmer der Eltern nochmal eine heftige Eruption. Karluscha verlor seinen Kragenknopf, er sprang lustig unter den großen Spiegelschrank. Natürlich war es der letzte Kragenknopf, und Jadwiga hatte es verabsäumt, neue zu kaufen. Das gab ein gewaltiges Geschimpfe, Geflu-che, die Vorwürfte hagelten nur so. Dann fand man offenbar einen Ausweg, – Aleksandr wurde mit einem Besenstiel herbeigeholt. Er fischte eine Weile unter dem Schrank, und siehe da, es fanden sich drei Kragenknöpfe ein, und das Problem war für eine Zeitlang gelöst.

Es wurde für eine Weile wirklich still, unheimlich still sogar, wie vor einem Sturm. Jetzt beruhigten sich die erhitz-ten Gemüter. Nur Mami war verwirrt und seufzte tief, weil sie der Meinung war, daß sie viel mehr Geschenke gekauft habe, als da waren.

Und dann ertönte ein Glöckchen. Alle Türen gingen auf, alle zugleich kamen heraus und gingen feierlich zum Salon. Der große schöne Tannenbaum strahlte im Glanze seiner Wachslichter, er war mit bunten Kugeln, roten Äpfeln, goldenen Nüssen, Quittenwürstchen und Marzipanfrüchten behängt. Alle standen davor voll Freude im Herzen. Sie sangen die alten Weihnachtslieder, dann umarmten sie sich gegenseitig und wünschten sich ein frohes Fest. Bobik staunte immer wieder, daß die Erwachsenen, die vorher sich noch gegenseitig beschimpft hatten, so nett und freundlich zuein-ander sein konnten. Jadwiga und Karluscha führten dann jeden einzelnen an seinen Gabentisch. Zuerst die Njanja, dann Aleksandr, dann Frossja, Arischa, den Gärtner, die

Zimmermädchen. Zuletzt kamen die Mademoiselle und dann die Kinder dran.

Es war ein großes Entzücken, die schon längst ertasteten Geschenke nun im vollen Licht zu bewundern. Alle freuten sich, die einen still, die anderen laut, je nach Temperament, und sie bedankten sich gegenseitig. Aber viele Geschenke für die Kinder und für das Gesinde fehlten. Nur Bobik und Wera wußten, wo sie zu finden waren. Sie sahen sich gegenseitig an, und der Entschluß stand fest. Sie gingen zu Jadwiga und flüsterten ihr leise ins Ohr:

„Mami, du hast aber noch nicht alles ausgepackt. In dem Einbauschrank auf der Treppe und auf dem Söller stehen noch eingepackte Sachen."

Mami wurde unruhig und verlegen. Es lag ihr nichts daran, daß Karluscha von der Fehlleistung erfuhr. Die Kinder erboten sich, die Sachen zu holen. Entgegen ihrer sonstigen Gewohnheit waren sie eifrig bemüht, die Pakete selbst herunterzubringen und zu öffnen, damit man nicht die angebohrten Ecken entdeckte. Alle waren froh, daß sie das ihnen Zustehende bekamen. Bobik und Wera fühlten sich sehr wichtig, da sie, ganz harmlos sozusagen, die fehlenden Dinge entdeckt hatten. Mami sagte kein Wort, obwohl sie das Spiel durchschaute, aber auch sie wurde dadurch gerettet.

Die eigentliche Christfeier begann, wenn sie bereits zu Ende war. Die Bescherung und das Festessen waren lärmend, die Erregung klang noch in allen nach.

Aber dann, nachdem die Hausgenossen mit den Geschenken bepackt sich in ihre Zimmer verzogen hatten, wurde es still. Njanja zog Bobik und Wera die Pelze über, nahm sie bei der Hand und ging mit ihnen hinaus in den dunklen Park. Im Hof blieb sie stehen, verneigte sich tief nach allen vier Himmelsrichtungen und bekreuzigte zuerst sich, dann den Himmel, die vier Winde und die Erde. Dann gingen sie schweigend durch den Park und durch den Obstgarten. Sie blieb bei den Bäumen stehen, segnete sie und dankte ihnen für die Blüte und Frucht und für den kühlespendenden Schatten. Man ging zu den Stallungen und zu den Hundezwingern. Die Hunde schliefen, nur einige wachten auf; als sie Njanja und die Kinder erkannten, bellten sie nicht, einige wedelten mit dem Schwanz. Die Kühe kauten, die Pferde lagen im Stroh und schliefen. Jedem Tier wünschte Njanja die Teilnahme an der Geburt des Heilands. Dann gingen sie, immer in tiefem Schweigen, heim. Die Kinder, das Wunderbare dieser Nacht begreifend, stellten keine Fragen. Es war wie im Märchen.

Bobik saß lange mit untergezogenen Beinen im Bett und betete vor der Ikone des Christusknaben. Njanja hatte beide Ikonen mit Tannenzweigen geschmückt. Jetzt erst erlebte Bobik die ganze heilige Weihe des Festes.

„Sie lesen uns vor, daß du in einer kalten Nacht, ohne Obdach, in einer Krippe statt Wiege, geboren und gebettet worden bist. Und du warst ganz arm. Aber du warst Gott. Und zu dir kamen die einfachen Hirten und die weisen Könige und knieten vor dir nieder, weil du reicher warst als alle auf dieser Welt, und weil du ihnen erst den richtigen, den geistigen Reichtum schenktest. Ich danke dir, daß du auch für uns, auch für mich da bist!" – und er verbeugte sich tief. Dann holte er seine Tiere, den Bären Mischenka, das hölzerne Pferd, den alten einarmigen, blinden Teddybären und den Pappmaché-Esel. Er stellte sie in Reih und Glied vor die Ikone und ließ sie mit den Schnauzen die Erde berühren. Dann schlief er ein. –

Die heiligen Nächte, die danach kamen, waren wirklich gemütlich. Die Eltern waren viel auf Festen, die Kinder hatten Besuch, es wurde mit den neuen Geschenken gespielt, man aß unentwegt Süßigkeiten, und abends konnte man wegen zu vollem Magen nicht einschlafen. Aber sie genossen den feierlichen Frieden.

Aufregend wurde es dann wieder zu Silvester, weil alle ihre Zukunft befragen wollten. Die einen stachen mit einer Stricknadel zwischen die Blätter der alten Bibel. Wenn der

Spruch ihnen nicht paßte, wurde nochmals hineingestochen. Sie gossen Blei und ließen in einem Kump mit Wasser Walnußschalen, in denen ein winziges Kerzchen brannte, schwimmen.

Am schrecklichsten war es aber, wenn man sich ganz allein in seinem Zimmer mit zwei brennenden Kerzen vor den Spiegel setzte und wartete, ob neben dem eigenen Gesicht ein anderes Gesicht auftauche. Man murmelte dazu: „Mein Zukünftiger, komm zu mir im Festgewande!“ – Es konnte sein, daß der Zukünftige erschien, es bestand aber auch die Möglichkeit, daß der Teufel persönlich auftauchte. Die Nerven waren bis zum Zerspringen gespannt. Das Fürchterlichste war: sobald die Gestalt erschien, sollte man sofort die Kerzen löschen.

Bei solcher Gelegenheit versteckte sich Bobik in Frossjas Zimmer, er zog die Schuhe aus, machte sein Gesicht mit Kohle schwarz und setzte sich Mamis schwarze Pelzmütze auf. Frossja machte die Vorbereitungen und saß, vor sich hinflüsternd, vor dem Spiegel. Bobik konnte aus seinem Versteck im Spiegel ihre groß aufgerissenen Pupillen erkennen. Nach einer Weile schlich er sich heran und erhob sich hinter Frossjas Gesicht. Sein schwarzes Gesicht erschien plötzlich neben dem Frossjas im Spiegel. Er selbst erschrak fürchterlich, als er die schwarze Fratze erblickte, aber Frossja schrie, was ihre Lungen hielten, sie rannte los, die Kerzen fielen um und verlöschten. Beide rannten gleichzeitig in panischer Angst zur Tür. Sie verloren die Orientierung, rannten gegeneinander, schrien wieder. Schließlich wurde die Tür aufgerissen! Mademoiselle stand im Negligé, mit Papillotten im dürren Haar und einer Petroleumlampe in der Hand, vor ihnen.

„Que faites-vous là, vous imbécile!“ schrie sie (Was tust du da, du ungezogener Bengel!). Und sie hatte merkwürdige und schlimme Gedanken. Dann holte sie aus, und Bobik fühlte brennenden Schmerz auf seiner Wange. Frossja brach zusammen und wimmerte. Auf dem Steinboden war eine große Pfütze. Bobik wurde kategorisch ins Bett geschickt.

Um Mitternacht ging man nach Staroje Girejewo, diesmal nicht zum Gottesdienst – zu einem frevelhaften Tun. Jeder mußte einzeln, von den anderen ungestört, die Stufen zur Kirche hinaufsteigen und an der Tür horchen. Hörte er Hochzeitsgesang, so hatte er ein gutes Jahr und würde dieses Jahr heiraten. Hörte er Totenklage, so würde er dieses Jahr sterben.

Bobik ging zitternden Herzens. Er legte das Ohr an das Schlüsselloch, er hörte nur den Wind in der Kirche pfeifen. Er stieg enttäuscht die Stufen herab. Dann war Wera an der Reihe. Mit herzzerreißendem Geheul stürzte sie die Stufen hinab, fiel die letzten hinunter und wälzte sich im Schnee. Njanja hob sie auf und schlug ihr den Schnee vom Mantel. „Was heulst du denn, du dumme?!"

„Huhuhuuuuu . . . ich habe die Totenklage gehört."

„Red doch keinen Blödsinn, Kind. Warte, wir gehen zusammen hin." Und sie hörten noch einmal. Es war nur der Wind.

„Siehst du", sagte Njanja beschwichtigend, „es war doch nur der Wind."

DER KNABE IM BÄRENFELL

Die ausgelassenste Zeit des Jahres war der Karneval. Ehe die großen und strengen sechswöchigen Fasten anbrachen, durfte man sich nach Herzenslust amüsieren. Die Erwachsenen wurden zu Kindern, und die Kinder, die ihnen dadurch näherkamen, durften mitmachen.

Die Landschaft war völlig verschneit. An den Rändern der Wege waren die Schneeberge bis zu zwei Meter hoch aufgetürmt. Die Schlitten mit den kleinen Pferdchen, an deren

Geschirr zahlreiche lustige Glöckchen bimmelten, glitten schnell über die verharschte Straße. Die Tannen sahen unter der Schneelast wie weiße, glitzernde Pyramiden aus. Die Dächer waren mit einer fast meterdicken Schneeschicht bedeckt. Von den Simsen und an den Fensterkanten hingen lange durchsichtige, gedrehte Eiszapfen. Auf den Fensterscheiben hatte der Frost die phantastischsten Winterblumen und Moose gemalt. Der Himmel war grau, die Sonne schien kalt. Die Menschen bewegten sich schnell auf den Wegen. Sie waren in Pelze gehüllt und bis auf die Nasenspitze vermummt, sie bewegten die Arme, als ob sie ruderten. Manche hatten schneeweiße Nasen. Ihnen rief man munter zu: „He! Sie! Reiben Sie sich mal die Nase, ehe sie abfällt!" Erschrokken bückte sich der Angerufene, holte sich eine Handvoll Schnee und rieb sich die Nase. Bobik und Wera lachten schallend; nicht vor Schadenfreude, nur weil es so komisch aussah.

Im Haus war es warm. Aleksandr und sein Gehilfe Wanka waren Tag und Nacht damit beschäftigt, die großen Birkenscheite in die weißen Kachelöfen zu schieben, die bis an die Decke reichten und immer zwei oder drei Zimmer zugleich heizten. Im offenen Kamin im Eßzimmer und im Salon brannte ein lustiges Anthrazitfeuer. Der Ofen im Spielzimmer hatte ein Backloch, in dem Njanja immer duftende Äpfel und Tannenzapfen verwahrte.

Fastnachtszeit war die Zeit der Maskenfeste und des hemmungslosen Essens. Immerzu kamen Gäste, von Mittag bis Abend. Ein Gelächter war im Haus, ein Kommen und Gehen, eine ausgelassene Fröhlichkeit! Alle Gäste waren um diese Zeit lieb und aufgeräumt. Und Frossja briet unentwegt Bliny: kleine, sehr dünne, runde Fladen aus Weizen- oder Buchweizenmehl. Sie kamen, wie ein großer Zylinder, aufeinandergeschichtet und dampfend ins Zimmer. Sie wurden mit zerlassener Butter, mit Schmand und mit Kaviar gegessen.

Mami erzählte, daß sie Symbole der aufgehenden Sonne, des unbesiegten Lichts seien und daß die alten Russen, die noch Heiden waren, sie bereits um diese Zeit aßen.

Man aß ungeheure Mengen davon. Sie schmeckten auch herrlich. Aber das Schmecken war eigentlich nicht mehr die Hauptsache. Das Wichtigste dabei war der Ehrgeiz. Jeder behauptete, daß er bei einem Mahl so und so viele Bliny gegessen habe. Jeder flunkerte natürlich dabei. Man glaubte es ihm auch nicht. Nun wurde aber sein Ehrgeiz angestachelt, und er wettete, daß er selbstverständlich und mit Leichtigkeit dreißig Bliny essen könne.

Die anderen saßen dabei und zählten. Das heißt, sie zählten nicht nur, sie aßen auch selbst und zählten auch ihren eigenen Konsum. Bei dem fünfzehnten Blin rann dem Prahlhans der Schweiß von der Stirn, die Augen quollen hervor, der Bauch war aufgetrieben und es war ihm ungut zumute. Aber die anderen animierten ihn, und der Unglückliche wurde das Opfer seiner Prahlsucht, aber auch die anderen, die ihn übertrumpfen wollten. Niemals waren die Zeitungen so voll von Todesanzeigen wie zu dieser Zeit, die Unglücklichen erstickten im wahrsten Sinne des Wortes an den Bliny. Auch Bobik behauptete steif und fest vor seinen Kameraden, daß er sechzehn Bliny in einer Sitzung aufgegessen habe. Njanja behauptete, es seien nur acht gewesen und sie hätte genug die Nacht mit ihm zu tun gehabt. Aber die allgemeine Prahlsucht ergriff auch ihn. Nur Mami war von dieser offenbar epidemischen Krankheit verschont. Sie aß soviel, wie ihr schmeckte, und beteiligte sich nicht an den Wetten.

Sonntag nachmittag standen zwei breit ausladende Bauernschlitten, die mit Stroh ausgelegt waren, im Hof. Eine lärmende Gesellschaft trat aus dem weißen Haus. Karluscha hatte sich als Kasperle verkleidet, er hatte eine große rote Nase und trug einen Schnurrbart, der noch größer war als sein eigener. Auf dem Kopf war eine Zipfelmütze. Jadwiga kam als Zigeunerin, in buntesten Farben und mit Tamburin.

An der Kette führte sie einen leibhaftigen Bären, der ungeschickt von einer Seite zur anderen torkelte.

Der Bär war niemand anderer als Bobik, den sie in zwei Bärenfelle eingenäht hatten. Das eine war ein riesiges Fell mit ausgestopftem Kopf und gefletschten Zähnen, das vor dem Kamin lag, das andere ein Bärenpelz, den man an der Bauchseite gegen das andere Fell genäht hatte. Der schwere Bärenkopf, der immerzu gefährlich die Zähne fletschte, lag auf Bobiks Kopf. Es war entsetzlich heiß in dieser Uniform, und Bobik bekam nur schwer Luft, aber dennoch hatte er riesigen Spaß an dieser eigenen Erfindung. Man hatte ihm kleine Löcher für die Augen ausgeschnitten, aber diese verrutschten dauernd, so daß er meist im Dunkeln war.

Wera war als Porzellanpuppe ausgestattet. Man hatte ihr aus Werg eine dicke Perrücke mit Zopf geflochten und eine alberne Puppenmaske vorgesetzt. Mademoiselle zog sich einen Eselskopf über, der sehr zu ihr paßte, meinte Bobik. Aleksandr war Polizist und hatte eine Blechmütze und eine große Nase mit martialischem Schnurrbart auf. Marussja Tarletzkaja war zur Abwechslung eine einfache Bauersfrau mit braunem Schafspelz und buntem Tuch, das ganz eng ihr Gesicht umrahmte. Und Sascha, ihr Mann, kam als Chinese in wattiertem blauem Anzug und mit langem schwarzem Zopf.

Die animierte und lärmende Gesellschaft bestieg wahllos die beiden Schlitten, die Pferde zogen an, und los ging die Fahrt. Im lustigen Trab glitten sie über die verschneite Landschaft. Bobik konnte nichts sehen, er lag unbequem eingezwängt zwischen fremden Beinen und konnte sich kaum rühren. Es war kein Vergnügen. Hätte er das geahnt, er hätte sich ein bequemeres Kostüm ausgedacht.

Bobik konnte die Zeit nicht bemessen. Soviel er wußte, beabsichtigte die lustige Gesellschaft auf ein Gut in der Nähe von Kossino zu fahren. Es konnte eine Stunde, nach der Steifigkeit der Glieder zu urteilen konnten es auch viele

Stunden gewesen sein. In einer Biegung schleuderte der Schlitten. Alle fielen durcheinander und schrien und lachten. Bobik flog auf etwas Hartes, das konnte nur Mademoiselle sein. Nach einer Weile kam ihm zum Bewußtsein, daß sich nichts rührte und daß er kein Gelächter mehr hörte. Er tastete um sich. Es waren keine Menschen und kein Wagen mehr da.

Sie hatten ihn herausgekippt! Und natürlich hatte es niemand in dem allgemeinen Gedränge bemerkt. Was war zu tun? Er versuchte an dem Bärenfell zu zerren, aber Njanja hatte es fest aneinandergenäht. Er versuchte zu schreien, aber der Schrei erstickte im Fell. Er richtete sich mühsam auf, er machte einige Schritte – da war ein Hindernis. Es war wohl eine hohe Schneemauer am Wegrand. Dann hörte er endlich Schlittenglöckchen. Es klang ganz weit weg, aber plötzlich war ein gefährliches Pferdegewieher und erschrecktes Schreien da, dann war alles wieder vorbei. Er dachte, es wären die Seinen, die ihn holten. Aber es müssen Fremde gewesen sein. Er fing an, an den Füßen zu frieren. Das Gebimmel wiederholte sich, und immer gab es erschreckte Schreie. „Warum schreien sie?“ dachte Bobik.

Da fiel ihm erst ein, daß er nach außen hin ja gar nicht der arme kleine Bobik, sondern ein schreckerregender Bär war, vor dem sich die Pferde und Menschen fürchteten. Was sollte er nun tun? Er wollte vor Aussichtslosigkeit weinen, aber es war keine Zeit zu verlieren. Irgendwohin gehen? Aber wohin in dieser Weite?! Mit den Armen Zeichen geben – aber um so mehr würden sie denken, es sei ein leibhaftiger Bär. Im Wald an der Wladimirka gab es manchmal Bären. Er lehnte sich völlig erschöpft gegen den Schneewall.

„Hier werde ich erfrieren“, dachte er. „Die anderen amüsieren sich, und in dem Trubel wird niemand merken, daß sie mich verloren haben. Im Grunde denkt jeder doch nur an sich selbst. Und wie konnten sie, als Erwachsene, mich in das Fell einnähen! Auch nur, weil es interessant war und zu dem Zigeunerkostüm von Mami paßte.“ Immer mußte er staunen, wie unüberlegt, wie kurzsichtig diese Erwachsenen waren. Dann durchzog die Kälte seine Glieder. Zuerst zitterte er, dann aber, nach einer Weile wurde es angenehm. Die Gedanken waren ganz weit weg, und es kamen keine neuen, eine süße Gleichgültigkeit nahm von ihm Besitz. Es war wie der Zustand kurz vor dem Einschlafen; man ist noch nicht ganz weg, aber man ist auch nicht mehr gegenwärtig.

Plötzlich war etwas passiert. Ganz wie von weitem hörte er lautes Rufen. Dann wurde er von kräftigen Fäusten gepackt und irgendwohin gesetzt. „Wenn sie mich bloß nicht erstechen, weil sie mich für einen Bären halten!" durchzuckte es ihn. Immer noch wurde er unsanft betastet und umhergewendet. Dann fühlte er, daß er in einem Schlitten war. Jetzt war es wieder laut und lustig. Menschen lachten, gröhlten, jauchzten. „Ob es die Seinen waren?!"

Der Schlitten hielt, jemand hob ihn hoch und trug ihn eine kleine Strecke. Und jemand begann die Nähte aufzuschneiden, von unten nach oben. Zuerst sah er einen warmen Lichtschein. Dann kamen Fingerspitzen zum Vorschein. Es waren gute, warme Fingerspitzen, die einer älteren Frau gehören mußten. Im Raum selbst war es still, aber von draußen drang lustiger Karnevalslärm zu Bobik. Erst als die Naht am Kopf geöffnet und das Fell von ihm abgestreift war, konnte er sehen. Anfangs war er nach stundenlanger Dunkelheit vom Licht geblendet, dann konnte er allmählich zwei Gestalten unterscheiden. Er sah, daß die eine eine Njanja war. Neben ihr stand ein Knabe in Bobiks Alter, sauber gekleidet, mit schönem, aber traurigem Gesicht. Beide musterten Bobik erstaunt.

„Wo bin ich denn hier?" fragte er.

„Willkommen hier, Medwed Iwanowitsch! (Bär Iwanssohn). Wir dachten schon, wir hätten einen angeschossenen Bären gefunden, und freuten uns alle auf geräucherten Bärenschinken. Nun kommst du heraus, wie ein verzauberter Prinz aus dem Märchen", sagte der Junge.

„Sie haben mich aus dem Schlitten verloren. Ich dachte, ich würde erfrieren. Ihr habt mich gerettet. Ich danke euch!“, und er streckte dem unbekannten Jungen die Hand entgegen.

„Du bist hier in Golitzino, und ich heiße Aljoscha.“

„Und ich heiße Bobik und komme aus Girejewo, aus dem weißen Haus.“

„Aha, das sind ja gute dreißig Werst. Da seid ihr weit gefahren. Komm, setz dich an den Ofen und wärm dich etwas auf. Njanja holt uns etwas Warmes zu essen. Willst du Bliny?“

Bobik machte eine abwehrende Bewegung. „Nein, bitte bloß keine Bliny!“

Aljoscha lachte, er hatte eine sanfte Stimme. „Zu viele gegessen. Wieviel? Vierzehn?“

„Sechzehn“, sagte Bobik, er glaubte jetzt selbst, daß es sechzehn waren.

Eine schöne dunkle Dame kam ins Zimmer. Sie gab Bobik die Hand. Sie sprach einen fremdländischen Akzent. „Ah! du bist ja noch ganz jung, und zuerst dachten wir, du seist ein Bär. Dann wetteten wir, du seist ein Bauer, der sich vermummt hatte und betrunken war und nun schon am Erfrieren.“

Njanja kam und brachte für die beiden Jungen einen heißen Buchweizenbrei mit Butter. Aljoschas Mutter stand dabei. Bobik hatte Angst, daß man ihn wegschicken würde in der Nacht, er fürchtete sich davor.

„Muß ich jetzt gleich wieder nach Hause? Werdet ihr mich in der Nacht wegschicken?“ – Sein Blick flehte, sie möchten es nicht tun.

„Aber, wo denkst du hin. Du bleibst die Nacht über bei uns, und morgen bringen wir dich nach Hause, oder die Deinigen holen dich ab“, sagte Aljoschas Mutter. „Willst du noch etwas von dem Fest mitmachen? Sie sind alle sehr lustig. Aber es sind keine Kinder da!“

„Wenn ich darf, möchte ich hierbleiben, hier ist es warm

und gemütlich. Aber vielleicht will Aljoscha wieder zu den Gästen gehen?"

„Nein" – Aljoscha protestierte, er wolle bei seinem Gast bleiben. Sie saßen nebeneinander am heißen Ofen.

Bobik schaute sich in dem großen, gemütlichen Raum um. Es war offenbar Aljoschas Spiel- und Studierzimmer.

„Ein schönes Zimmer hast du, Aljoscha. Gehört es dir ganz allein?"

„Ja. Mir ganz allein."

„Hast du denn keine Geschwister?"

„Nein, ich bin ganz allein. Aber ich würde so gerne einen Bruder haben."

„Und du bekommst keinen? Geht das nicht?", fragte Bobik teilnehmend.

„Ich weiß es nicht. Sie sprechen mit mir nicht darüber", meinte er bedrückt.

„Ist die schöne dunkle Frau deine Mama?"

„Ja, das ist sie."

„Ich finde sie sehr schön. Und denk mal, du wirst es selbst sehen, sie sieht meiner Mami sehr ähnlich."

„Liebst du deine Mami sehr?"

„O schrecklich!" rief Bobik aufgeregt. „Ich könnte alles für sie tun. Ich könnte für sie sterben. Aber ich weiß nicht einmal, ob sie mich wirklich liebt; sie ist so – wie soll ich sagen –, so fern", fügte er nachdenklich hinzu.

„Weiß sie denn, daß du sie so liebst?"

„Ich glaube nein. Ich wollte es ihr schon manchmal sagen, aber wie? Es gibt ja so wenig Gelegenheit. Sie hören einem doch nie richtig zu. Und ich geniere mich ja auch."

„Ist denn deine Mami sehr streng? Straft sie dich?"

„Nein, wo denkst du hin, sie ist ganz sanft. Sie schimpft und schreit nie. Aber sie ist auch oft sehr traurig. Und dann zerreißt es mir das Herz, und ich kann nichts dazu tun."

„Meine Mami ist auch nicht streng. Aber sie ist komisch. Manchmal, da kommt es über sie, und dann wirft sie Sachen hin, und weint und schreit und läuft weg, und wir haben Angst, sie tut sich etwas an, und dann laufen wir und suchen sie. Aber nach einer Weile, dann kann sie wieder ganz ausgelassen und lustig sein."

Unvermittelt fragte Bobik eine Frage, die ihn sehr beschäftigte, die er hier nur Aljoscha fragen konnte.

„Bist du eigentlich glücklich, Aljoscha? Aber sag es auf Ehrenwort!"

„Ich weiß es nicht. Eigentlich glaube ich, nein." – Sein Blick verschleierte sich und er sprach sehr leise. „Ich bin sehr allein. Und ich habe oft eine Sehnsucht, daß ich weinen möchte, aber ich weiß nicht recht, warum. Wenn ich durchs Dorf reite und sehe die Jungen ausgelassen spielen, dann denke ich, daß sie vielleicht diese Einsamkeit und diese Sehnsucht gar nicht kennen; sie sind munter, vielleicht sind sie wirklich glücklich? Aber dann stehen sie vor dem Tor und pressen die Gesichter gegen die Gitter und schauen mit so sehnsüchtigen Augen herüber in den Park, auf das Schloß und zu mir, daß ich irre werde, ob sie wirklich auch glücklich sind. Denn sie scheinen mich zu beneiden. Um was beneiden sie mich bloß?!"

„Aljoscha, wollen wir Freunde werden?" fragte Bobik unsicher.

„O, das wollen wir. Du bist als ein Bär zu uns ins Haus geschneit, und du gehst weg als Freund. Nein, du gehst nicht weg. Du bleibst. Und wir werden uns oft sehen. Das versprichst du mir doch!"

Plötzlich fiel Bobik ein, daß die Seinigen inzwischen seine Abwesenheit bemerkt haben müßten. Er wurde unruhig. Es tat ihm wohl, sie jetzt in Aufregung und in Gewissensbissen zu wissen. Aber wenn er daran dachte, daß Mami jetzt in Sorge war, das tat ihm dann doch fürchterlich leid.

„Aljoschenka. Ich habe über unserem Gespräch vergessen, daß sie in Girejewo gar nicht wissen, wo ich jetzt bin. Könnte man da nicht anrufen?"

Aljoscha holte seine Mutter. Sie hatte schon mit dem weißen Haus telefoniert und mit Jadwiga verabredet, daß sie am nächsten Mittag Bobik abholen würde. Bobik war erleichtert. Jetzt konnte er den Abend, die Nacht und den nächsten Morgen im Hause seines Freundes voll genießen.

In Aljoschas Schlafzimmer hing die gleiche Ikone der Muttergottes von Wladimir. Die gleiche rote Lampade brannte vor ihr. Bobik wurde auf einer Chaiselongue bequem gebettet und warm zugedeckt. Es war wie zu Hause, und doch noch etwas schöner, denn hier war ein Freund. Einer, mit dem er ganz und gar von Mensch zu Mensch sprechen konnte. Alle Dinge sahen plötzlich durch dieses Sich-Aussprechen viel einfacher aus.

ZIGEUNERBLUT

Am Morgen schien die Sonne heiter ins Schlafzimmer. Bobik erwachte, er sah sich im fremden Raum um; da stand das gestrige Drama leibhaftig vor den Augen seiner Seele. Aljoscha und Bobik gingen Hand in Hand in das Frühstückszimmer. Aljoschas Eltern saßen bei Tisch. Das Gesicht der Mutter war müde und verfinstert. Aljoschas Vater war ein stiller, wortkarger Mensch. Er begrüßte Bobik freundlich. Es war etwas Beklemmendes zwischen den Eltern Aljoschas.

„Ähnlich wie bei uns zu Hause. Aber anders“, dachte Bobik. „Hier ist kein Lärm, kein Schimpfen, aber die Luft ist irgendwie dick zwischen den beiden.“ Sie taten ihm schrecklich leid. Er hätte gerne etwas gefragt, sie getröstet. Aber er wußte aus Erfahrung, daß in solchen Zuständen die Türen zu den Seelen verschlossen sind und kein Einlaß gewährt wird. Er war froh, als das Frühstück beendet war und Aljoscha seinem Freund vorschlug, auszureiten und die Gegend kennenzulernen.

Das ockerfarbene Schloß war ganz groß, viel größer als das alte Schloß von Onkel Iwan und als das weiße Haus. Hinter dem Schloß war ein großer Park, vorne dehnten sich Blumengärten und beschnittene Hecken, die man unter der dicken Schneedecke nur erraten konnte.

Sie ritten auf der gewundenen Landstraße. In der Nähe duckten sich die niederen Hütten des Dorfes. Nur die fünf schneebedeckten Kuppeln der Kirche ragten zum niederen grauen Himmel empor. – Sie waren still. Bobik war von der Begegnung mit den Eltern Aljoschas beeindruckt. Er wollte Aljoscha fragen, warum sie so unglücklich aussahen, aber eine Stimme in ihm hielt ihn davon ab.

„Bist du froh, daß deine Mama dich heute holen kommt?" fragte Aljoscha. Bobik wußte nicht recht, was er antworten sollte.

„Ja, natürlich bin ich froh, sie wieder zu sehen. Aber ich bin auch sehr traurig, von dir wegzugehen. Es war so schön bei dir. Könnte das nicht immer so sein?! Glaubst du, daß unsere Eltern erlauben werden, daß wir uns besuchen? Das ist doch so schrecklich weit. Werden sie uns allein die Strecke reiten lassen? Ich kenne das doch; wenn wir Kleinen etwas wollen, dann geht es meist nicht, dann hat das Pferd ein loses Hufeisen, oder Aleksandr kann nicht, oder das Wetter ist schlecht, oder es kommt Besuch; es findet sich jedenfalls immer ein Hindernis!" Aljoscha nickte zustimmend.

Sie hörten Schellengeläut. Sie hielten und horchten. Dann sahen sie ein Gefährt. „Das ist Mami mit Aleksandr!" frohlockte Bobik. Sie gaben den Pferden die Sporen und erreichten bald den Schlitten. Aleksandr saß aufrecht und wie immer gutgelaunt auf dem Kutschbock. Jadwiga war kaum zu erkennen, so war sie in Pelze und Wolfsdecken gehüllt. – „Mami! Mami!" schrie Bobik. „Das ist meine Mami, Aljoscha!", wandte er sich an seinen Freund.

„Bobik, alter Junge, verunglückter Bär! Da bist du ja wieder!" rief Jadwiga lachend.

„Ja, Mami!“ rief Bobik. „Ich bin noch am Leben und habe sogar einen neuen Freund gefunden. Einen guten Freund“, fügte er leise und bedeutungsvoll hinzu. „Das ist Aljoscha Golitzin.“ Aljoscha beugte sich tief vom Pferd und reichte Jadwiga die Hand. Sie schaute ihn lange und freundlich an.

„Das ist aber sehr schön, daß der Bärenunfall doch noch ein gutes Ende genommen hat. So gibt es nie etwas Böses ohne Gutes. Und ihr seid Freunde geworden. Ich danke euch, daß ihr meinen Bobik errettet habt. Wohnt ihr dort?“ fragte Jadwiga und zeigte auf das ockerfarbene Schloß, das sich massiv von der Landschaft abhob. Die Buben sprengten mit den Pferden voraus. Aleksandr knallte lustig mit der Peitsche, rief: „Nuuuu, paschlii“, und der Schlitten setzte sich unter lustigem Gebimmel in Bewegung. Vor der Tür sprangen die Jungen ab und salutierten feierlich, wie Schloßwachen, als Jadwiga einfuhr. Jadwiga trat, begleitet von den beiden Freunden, ins Haus.

„Wie schön ist deine Mami!“ flüsterte Aljoscha Bobik ins Ohr. Bobik reckte sich vor Stolz.

Jadwiga wurde von Arkadii und Ilona herzlich begrüßt. Bobik merkte, daß sofort ein warmherziger Kontakt da war. Mami umarmte Ilona sehr herzlich, ohne erst abzuwarten, bis sie als Gastgeberin das zuerst tat. Sie wurde in den Salon geführt. Ilona hielt Jadwigas Hand.

„Wie jung und wie schön sind Sie, Kind. Und Sie sollen Mutter des großen Jungen sein? Das glaube ich nicht!“

„Ich habe eben die Dummheit gemacht, daß ich zu früh geheiratet habe“, sagte Jadja errötend. „Aber lassen Sie mich danken, daß Sie die rettenden Engel für meinen armen verlorengegangenen Bären waren und daß Sie ihn so gastfrei aufgenommen haben!“ Alle lachten vergnügt.

„Sie müssen sich doch schrecklich geängstigt haben!“ meinte Ilona.

„Ich muß zu meiner Schande gestehen, daß wir es erst gemerkt haben, als wir schon zu Hause waren. Es war ein solcher Trubel, daß man sich aus den Augen verlor. Njanja war natürlich furchtbar aufgeregt. Aber ich sagte mir, Bobik hat einen kräftigen Schutzengel, ihm wird nichts geschehen, und es gibt überall gute und hilfreiche Menschen.“ Bobik hörte der Rede mit geteilten Gefühlen zu. Einerseits freute er sich über Mamis Zuversicht und Optimismus und darüber, daß er einen so guten Schutzengel habe. Aber etwas mehr Sorge und Aufregung hätte auch nicht geschadet.

„Jaaa, aber es hätte doch etwas Böses geschehen können. Er war doch im Bärenfell, und die begreifliche Reaktion von uns allen war natürlich Angst, und so hätte einer ihn aus Furcht erstechen können!“ meinte Ilona.

„O Gott, daran habe ich natürlich nicht gedacht!“

„Und ich hätte auch erfrieren können, Mami, ja, ich war schon beinahe erfroren“, sagte Bobik vorwurfsvoll. „So leicht sollten sie es sich doch nicht machen“, dachte er.

„O Gott, o Gott, o Gott! Jetzt macht ihr mir die Hölle heiß. Ich bin ganz zerknirscht. Ihr werdet mich für eine Rabenmutter halten! Vielleicht bin ich auch eine Rabenmutter?“ fügte sie leise hinzu.

Bobik sprang zu ihr und umarmte sie. „Nein, Mami, du bist keine Rabenmutter. Du bist die beste Mutter der Welt!“ – Alle lachten.

„Ich hörte, Sie waren als Zigeunerin verkleidet. Das muß Ihnen sehr gut stehen!“ sagte Ilona.

„O ja!“ rief Jadwiga begeistert. „Ich liebe dieses geheimnisvolle Volk und ich fühle mich ihm eng verbunden. Was sind das für wunderbare Menschen, die seit Tausenden von Jahren über diese Erde wandern und ihre uralten Bräuche unverfälscht bewahrt haben. Man sagt, sie seien die alten Magier aus Ägypten oder aus Indien. Für sie ist diese Erde noch Gastland, sie nehmen nicht Besitz von ihr und schlagen keine Wurzeln, wie wir.“

Ilona schaute sie mit weit aufgerissenen Augen an, in denen Bewunderung und Furcht waren.

Die Knaben gingen spielen. Fürst Arkadii hatte in den Wirtschaftsgebäuden zu tun. Jadwiga blieb mit Ilona allein.

Zum Mittagsmahl trafen sie sich im kleinen gemütlichen Eßzimmer. Ein Diener mit mächtigem Backenbart bediente schweigend. Ilonas Wesen hatte sich verändert. Ein weicher, zarter Zug war in ihrem Gesicht, sie war fröhlich, gelegentlich berührte sie mit einer fast mütterlichen Wärme Arkadiis Arm. Im Gegensatz zum Frühstück war die Atmosphäre gelöst, heiter, es war, als ob ein guter Schutzengel über dem Raum schwebte. Auch Arkadii wurde gesprächig, das Gesicht öffnete sich, er war ein ganz anderer Mensch. Aljoscha schaute Bobik mit einem vielsagenden Blick an. Bobik verstand die Sprache seiner Augen noch nicht ganz, aber er merkte, daß etwas Seltsames mit seinen Eltern vorgegangen war.

Nach Tisch tranken sie Kaffee in Arkadiis Studierzimmer. Der Raum war bis zur halben Höhe mit Bücherregalen umstellt. Darüber hingen nebeneinander, über die ganze Wand hin, Ahnenbilder. Männer und Frauen in Bojarenkostümen und in bunten barocken und Rokoko-Fracks und Reifröcken, und schmale Gestalten aus der Biedermeierzeit. Jadwiga und Bobik betrachteten die Portraits. Arkadii und Aljoscha erzählten einiges aus dem Leben der Ahnen. Vor einem Portrait blieb Jadwiga lange und versonnen stehen.

„Das ist doch Anna Krasnosselskaja? Oder ist es ihre Schwester?“ fragte sie leise.

„Ja das ist sie. Sie war die Schwester meines Vaters. Kannten sie sie?“

„Nein. Aber . . . sie muß eine wunderbare Frau gewesen sein.“

„Ja. Leider ist sie sehr früh verstorben. Sie hinterließ vier unmündige Kinder. Und Sergei Krasnosselskii war ein Sonderling, er verschloß sich ganz in Krassnoie Sselo, so haben wir die Verbindung mit der Familie verloren.“

„Kannten Sie auch Sascha Krasnosselskii?“ fragte Jadwiga sehr leise.

Bobik hörte diesen Namen zum ersten Mal, er horchte auf. Es war etwas im Ton der Mutter, das ihn aufhorchen ließ.

„Wir spielten zusammen als Jungen, auf dem Gut Dobroie in Tula“, sagte Arkadii. Ilona blieb an diesem Gespräch unbeteiligt. Offenbar interessierten sie die Ahnen nicht. Aljoscha erklärte Bobik einen zwei Meter langen alten Holzschnitt, auf dem der Sieg des Großfürsten Dimitri von Rußland gegen den Tataren Khan Mamai dargestellt war. Ein Golitzin kämpfte als Wojwode in jener Schlacht. – Jadwiga besprach etwas Aufregendes und Geheimnisvolles mit Arkadii, ihre Wangen waren rot. Er antwortete ihr ebenso leise und sie schauten Bobik dabei einige Male bedeutungsvoll an. Bobik konnte nur so viel verstehen, daß es sich immer noch um die Krasnosselskiis handelte und daß irgendwelche nahen verwandtschaftlichen Beziehungen ausgegraben wurden.

Aljoscha führte Bobik durch das große Schloß. Es gab viel Schönes und Altes zu sehen. Etwas von dem Wesen der vielen Generationen, die hier lebten, geboren wurden und starben, war in den Räumen noch gegenwärtig. Man spürte es deutlich. Man war nicht man selbst, ein Teil des Raumes gehörte noch den anderen, die hier gelebt hatten. Man ging, man bewegte sich, man sprach behutsamer, so, als ob man nicht allein wäre.

Inzwischen hatte Aleksandr angespannt und wartete in der Auffahrt. Aljoscha und Bobik betraten den Salon, in dem Jadwiga und Ilona nahe beieinander saßen. Die Teppiche waren weich, man hatte ihre Schritte überhört. Und so hörten die beiden Jungen unwillkürlich die Worte Ilonas.

„. . . aus Angst vor dem Ansehen des Fürsten. Und hier zu Hause darf ich nicht singen und nicht tanzen, weil die Dienerschaft darüber spotten würde. Und ihm zuliebe verzichte ich darauf. Aber was ist das für ein Leben?! Mit Neid schaue ich jedem Spatzen im kalten Winter nach, der wohl hungert und friert, aber seine Freiheit hat", und sie weinte heftig. Jadwiga nahm ihren Kopf und drückte ihn sanft an sich, sie streichelte ihr schwarzes Haar. Bobik drehte sich beklommen nach Aljoscha um. Sein Gesicht war versteinert.

Endlich merkten die Frauen, daß die Jungen im Zimmer waren. Sie erschraken und setzten Gesichter auf, als ob die Unterhaltung ganz harmlos gewesen wäre. Der Abschied war herzlich. Arkadii, Ilona und Aljoscha brachten die neuen Freunde zum Schlitten. Nach herzlichen Umarmungen und Versprechungen, sich bald wiederzusehen, fuhren sie ab.

Der Weg war weit. Bobik saß neben seiner Mutter. Sie waren allein. Wie selten kam das vor! Er freute sich auf ein Gespräch.

„Mami, warum war die Fürstin so traurig und warum weinte sie und sagte das von dem Spatz?" fragte Bobik.

„Ihr habt ja gehorcht!" sagte Mami erschrocken.

„Nein, gehorcht haben wir nicht, aber ihr habt uns nicht gehört als wir hereinkamen, und da hörten wir das von dem Spatz und von der Freiheit. Warum ist sie denn so unfrei? Hält sie einer gefangen?"

„Nein, Bobik. Niemand hält sie fest als das Leben. Sie ist nicht ganz glücklich, weil sie hier fremd ist und die Menschen sie hier nicht verstehen. Sie ist nämlich Zigeunerin, aus einem alten fremden Stamm, die immer umherziehen und keine Heimat haben. Und es ist sehr schwer für einen Menschen, an einen Fleck Erde und einen großen Besitz gebunden zu sein, wenn man kein Gefühl für Besitz hat. Und für die Sippe der Golitzins ist sie auch eine Fremde, und sie erkennen sie nicht an und meiden sie. Sie gehen nicht ins Schloß. Und das ist sehr schwer für sie und für Arkadii. Verstehst du das?"

„Ja. Aber sie hat doch ihren Mann und Aljoscha. Ist denn das nicht genug?"

„Das ist nicht genug, weil sie sich fremd fühlt und sie weiß, daß sie Arkadii nicht immer glücklich machen kann und daß sie Aljoscha gar nicht so erziehen kann, wie es sein müßte, weil sie es selbst nicht gelernt hat. Das ist furchtbar schwer, Bobik."

„Hmmmm. Das verstehe ich nicht. Wenn sie sich doch lieben, dann müßte das doch alles gehen! Warum geht das nicht?" meinte Bobik bekümmert.

„Weißt du, Bobik, – solange man sich wirklich liebt, geht auch alles, und man glaubt sogar, daß es immer und immer so gehen wird. Aber dann kommt der Alltag, die Sorgen, die Verpflichtungen, und das ist wie ein Meer. Die Wellen spülen immer wieder über die Liebe. Und nicht jede Liebe hat die Kraft, dem zu widerstehen, sie wird überspült. Sicherlich ist sie noch da, aber sie hat nicht mehr die Kraft wie anfangs. Und dann werden plötzlich manche Dinge, die man auf der Höhe der Liebe gut ertragen konnte, nicht mehr so leicht zu ertragen, und man wird mürbe, müde und traurig. Die kleinen Dinge werden größer und die große Liebe wird kleiner."

„Meine aber nicht, Mami!" sagte Bobik resolut.

„Welche deine?" fragte Jadwiga erstaunt.

„Na, meine zu dir und zu Aljona! Die wird nie vom Meer überspült. Nie. Hörst du!" – Jadja schwieg nachdenklich.

„Was war das für eine Geschichte mit den Krasnosselskiis, warum habt ihr mit Arkadii so geheimnisvoll gesprochen? Wer sind diese Leute? Du hast sie noch nie erwähnt. Warum verheimlicht ihr so vieles vor uns?! Wir leben doch miteinander. Sind wir denn keine Menschen?!" – Bobik war ganz empört. Er mußte sich endlich Luft machen. Mami griff unter der Wolfsdecke, über der die Reste des Bärenfells lagen – der Bär fletschte immer noch die Zähne –, Bobiks Hand und drückte sie beschwichtigend. Das war wohltuend, die Wut verflog schnell.

„Verzeih mir, Bobik. Weißt du, wenn man so jahrelang nebeneinander lebt, merkt man gar nicht, daß aus Babys ausgewachsene Menschen werden, und dann ist man erstaunt, daß es allmählich so ist. Und sieh mal, mit den

Geheimnissen, das ist doch so: man soll nicht die Menschen, die man liebt, mit allem belasten, was einen bedrückt. Manches muß man auch ganz allein tragen."

„Meinst du also, wir hätten noch nicht den Verstand oder die Kraft zum Tragen?"

„Doch, Bobik. Die Kraft wohl schon. Aber, wirklich, man verwässert manches, wenn man darüber spricht. Und vor allem, man legt dem anderen Menschen eine Last auf, was man ohne Not nicht tun soll. Und sag mal, du hast doch auch deine Geheimnisse, die du mir nicht offenbarst. Oder ist es nicht so?"

„Jaaa, die hab ich wohl auch. Aber ihr fragt auch nicht danach."

„Meinst du nicht, daß es vielleicht aus Taktgefühl geschieht? Ich merke es auch, aber ich schweige. Sieh mal, ich habe es an meiner Mama, an eurer Babuschka, erfahren. Sie wollte immer alle meine Gedanken wissen. Sie fragte einfach ganz eindringlich. ‚Was denkst du jetzt?!' – und das hat mich immer schrecklich empört. Ich wollte meine Gedanken für mich haben. Und dann las sie insgeheim meine Tagebücher und öffnete Briefe, die mir Freunde schrieben. Sie ist mir dadurch nicht nähergekommen, nur fremder wurde sie mir. Und da habe ich mir geschworen, wenn ich Kinder haben würde, ich würde nie in sie dringen, sondern würde ihre Geheimnisse respektieren. Ist es dir recht so?"

Bobik drückte Mamis Hand unter der Decke. „Ja. Ich danke dir, Mami. Jetzt verstehe ich dich. Und ich danke dir dafür! Aber willst du mir nicht sagen, was mit dem Geheimnis um diese Krasnosselskii ist? Nur, wenn du es sagen willst, natürlich."

„Das ist eine lange und sehr schmerzliche, sehr traurige Geschichte, Bobik. Man erzählt nicht gerne Dinge, die ein ungutes Ende genommen haben. Das schmerzt. Irgendwann, später, das verspreche ich dir, werde ich dir diese Geschichte erzählen." Jadja seufzte tief.

„Ist das auch eine Liebesgeschichte?"

Jadwiga nickte stumm.

„Und habe ich mit dieser Geschichte etwas zu tun?"

Jadja antwortete nicht. Den Rest der Fahrt verbrachten sie in tiefem Schweigen. Jeder hing seinen eigenen schweren Gedanken nach.

Wärme und Behaglichkeit strömte ihnen entgegen, als sie das weiße Haus betraten. Aleksandr schleppte das schwere Bärenfell hinter ihnen her.

MAMI BEWIRKT WUNDER

Eine Woche später kamen Aljoscha und Ilona ins weiße Haus. Sie kamen in einer Troika, drei muntere Pferde zogen den breiten Schlitten, den noch die Großeltern von Arkadii benutzt hatten. Der erhöhte Kutschersitz wurde von zwei drohenden Drachenköpfen gehalten. Ein alter Kutscher hockte höchst vornehm auf dem Bock. Er war unnahbar, man konnte ihn nicht zupfen und mit ihm ausgelassen spielen wie mit Aleksandr.

Njanja kam ihnen freundlich entgegen. Dann erschienen Jadwiga, Bobik und Wera. Jadwiga trug nach russischer Art einen großen hölzernen Teller, auf dem Brot und ein kleines silbernes Salzfaß in Form eines altrussischen Zarenthrons lagen. Ilona und Aljoscha nahmen von dem Brot und Salz, verneigten sich nach der Sitte tief vor den Gastgebern und traten ins Haus.

Jadwiga führte Ilona in ihr Zimmer, Bobik zeigte Aljoscha das Haus und die Stallungen. Beide waren glücklich, sich wieder zu begegnen. Es war Aljoschas erster Ausflug in die Welt. Begeistert und gierig nahm er alles in sich auf.

Während des Essens sprach Jadwiga intensiv auf Ilona ein, die sich wehrte und den Kopf schüttelte. Dann wurde Njanja zu Marussja Tarletzkaja geschickt und kam mit einem Geigenkasten zurück. Sie versuchte ihn unter ihrem Pelz zu verstecken, aber das gelang ihr nicht, der dicke Kasten schaute indiskret unter dem Pelz hervor.

Und dann geschah etwas, was das weiße Haus bisher noch nie gehört hatte. Aus dem Musiksalon ertönten fremde, schöne und unheimliche Laute. Mami spielte offenbar auf dem Flügel und Ilona begleitete sie. Es war keine Musik, wie Mami sie spielte. Es war etwas völlig Neues, Erregendes, Erschreckendes. Ilona entlockte der Geige Töne, die wie Schreie von Tieren, wie Jauchzen und Schluchzen von Menschen waren. Das war keine Musik. Das war Magie.

Das Haus geriet in Aufruhr. Aus allen Türen lugten die Menschen. Bobik und Aljoscha kauerten vor der Tür zwischen Eßzimmer und Salon und schauten fasziniert zu. Die beiden Frauen waren in Ekstase. Njanja und Frossja und die Mädchen standen da. Aleksandr war ganz hingerissen, und der herrschaftliche Kutscher hatte ein ganz menschliches Gesicht, durch das nur fadenscheinig der Unnahbare durchschien. Marussja kam atemlos angelaufen und saß auf den Stufen und horchte. Onkel Iwan kam und fragte Njanja, ob sie hier in der Puszta wären. Njanja verstand die Frage nicht und hielt den Zeigefinger an den Mund, er möge den Mund halten. Sein Gesicht drückte konzentrierte und begeisterte Aufmerksamkeit aus.

Es gab kurze Pausen, dann ging die Musik wieder los. Bobik meinte manchmal, daß er das Rauschen des Imatrawasserfalls hörte, und dann war eine Lindigkeit in der Luft, und dann wieder Schmerzensschreie. Es war ein unerhörtes Drama eines wildbewegten Lebens, in das Natur und Tiere und Menschen eingeschlossen waren. Onkel Iwan und Marussja waren ganz ernst. Wera heulte so leise als möglich. Njanja und Frossja wischten sich immerzu die Augen mit den Schürzen. Auf dem Gesicht des herrschaftlichen Kutschers lag eine fast himmlische Milde, die gar nicht zu seiner Steifheit paßte. Aljoscha war völlig verwirrt, beängstigt und selig zugleich. Ilona lehnte an Jadwigas Schulter und weinte glücklich. Die Leute schrien alle, sie schrien nicht „Bravo“ wie im Theater, sie machten sich einfach Luft durch Schreien. Nur Mademoiselle war unbeteiligt. Bobik hörte, wie sie brummte: „C'est du barbarisme“. Er verstand es wohl, was sie meinte, aber sie begriff sowieso immer alles falsch und war kaltherzig. Onkel Iwan und Marussja traten in den Salon. Aljoscha umarmte seine Mutter, die er noch nie so gekannt hatte. Onkel Iwan küßte Ilona die Hand.

„Sie sind also die Frau meines Neffen Arkadii! Gratuliere! Das war ein Spiel! Ich werde mich freuen, wenn Sie und Arkadii bald zu mir in das alte Haus kommen. Und der Kleine da, das ist doch Ihr Sohn, natürlich mit!“

Ilona strahlte. Sie umarmte Jadwiga. „Du hast aus mir einen anderen Menschen gemacht, ich danke dir. Nun bin ich wieder frei. Ich habe mir alles von der Seele gespielt. Aber ich schäme mich. Das war so ganz anders als eure Musik!“ – und sie strahlte. Alle strahlten.

Jadwiga hielt noch ihre Hand. „Komm oft und wir werden gemeinsam spielen. Man wird ein anderer Mensch durch solche Musik. Das sind die Stimmen der Erde und des Himmels, der Gestirne. Das Leid und die Freude aller Kreatur ist darin, die Liebe, die Geburt und der Tod. Du bist eine Zauberin, Ilona!“

„Oder du, Jadja“ – sie sagten sich spontan du. Nach solchem Erlebnis war man sich ganz nahe. „Du hast mich ganz glücklich, unendlich glücklich gemacht!“

Jadwiga, Bobik und Aljoscha mußten immer wieder in das verwandelte Antlitz der Frau schauen.

Es wurde dunkel, und sie rüsteten zur Abfahrt. Man begleitete sie zum Schlitten. Der Kutscher stand neben den Pferden. Als Jadwiga in seine Nähe kam und ihn verabschiedete, verbeugte er sich ganz tief vor ihr und küßte den Saum ihres Kleides. „Ich danke dir, Herrin!“ flüsterte er. Bobik bemerkte, daß er jetzt nur noch Mensch war, wie schön war das!

Sie lauschten noch lange auf das Klappern der Hufe und das Gebimmel der Glöckchen.

„Mami, weißt du, was du bist? Du bist eine Zauberin", sagte Bobik beglückt. –

Einige Tage später fuhren sie nach Golitzino. Ilona lief mit heiterem Gesicht ihnen entgegen. Das große Haus war wie verwandelt. Von Arkadiis Gesicht waren die Schatten verschwunden. Alles glänzte, sogar die Portraits im Studierzimmer blickten weniger streng. Man konnte wieder atmen im Schloß, fand Bobik.

Nach dem Essen wandte sich der alte ehrwürdige Diener mit dem großen Backenbart mit einer tiefen Verbeugung zu Jadwiga.

„Herrin, darf ich, mit Erlaubnis Seiner Durchlaucht, Sie bitten, einen Augenblick zu dem Gesinde zu kommen, sie haben eine Botschaft für Sie."

Jadwiga wurde verwirrt und errötete. „Ist es etwas sehr Ernstes? Darf Bobik auch mit?"

„Das Herrchen Bobik und das Herrchen Aljoscha dürfen auch mit", sagte der Diener gewichtig.

Sie gingen die Treppe hinunter in die große Küche, die mit ihren Gewölben wie ein mittelalterlicher Rittersaal aussah. Und da standen sie alle, die Diener, der Kutscher, die Köchin und die Stubenmädchen. Wie auf ein unhörbares Kommando verbeugten sie sich bis zur Erde vor Jadwiga. Dann trat der Kutscher vor.

„Wir danken dir, Herrin, für die Wohltat. Du hast unsere Herrin, die wir alle lieben, dem Leben und der Freude wieder geschenkt. Nun lacht sie wieder und freut sich. Und Durchlaucht lacht, und Aljoscha, und wir haben alle wieder Freude an der Arbeit. Es schmeckt ihnen, was wir kochen, und das Dasein ist eine Lust!" Und sie verbeugten sich alle bis zur Erde vor Jadja. Dann waren aber Ordnung und Disziplin dahin. Sie umringten sie, die einen küßten ihre Hände, die anderen den Kleidersaum, sie wurde fast erdrückt. Aber sie lachte laut und befreiend, und alle lachten mit. Mit dankbaren Zurufen begleiteten sie sie aus der Küche. Aljoscha und Bobik sahen sich glücklich an.

„Wieviel kann doch der Mensch, wenn er ein Mensch ist", meinte Bobik.

DAS ALTE HAUS

Es war Onkel Iwans Geburtstag. Sie fuhren in zwei Schlitten zum alten Schloß. Bobik durfte kutschieren. Den ersten Schlitten führte Aleksandr an. Bobik war sehr stolz. Er saß auf dem hohen Bock, knallte viel mehr als nötig mit der Peitsche und rief mit tiefer, vom Schreien heiserer Stimme: „Nuuuu, dawaaaaaiiii . . ." – Die Pferde liefen von selbst. Aber es war ein köstliches Gefühl und eine Selbstbestätigung, Führer einer Partie zu sein. In Bobiks Schlitten saßen Mami und die drei Golitzins. Im Schlitten von Aleksandr Wera, Aljona und Mademoiselle. Weras Unterlippe stand weit mehr als üblich vor, und die Augen waren rot. Sie hatte ausdauernd, aber ohne gewohnten Erfolg geheult, weil sie unbedingt in Bobiks Schlitten mitfahren wollte. Mademoiselle war wie immer leicht verdrossen und unnahbar. Was auch geschah, im Grunde fand sie alles barbarisch. Njanja fand sich bei der Abfahrt nicht ein, sie schmollte, weil Marmasel zu Onkel Iwans Geburtstag durfte und sie nicht eingeladen war. Sie brummte immerzu etwas Unverständliches vor sich hin. Es waren Verwünschungen gegen die dürre Unchristin.

In Bobiks Schlitten war man vergnügt und lachte. Man lachte sogar sehr laut, um die Gäste des ersten Schlittens zu animieren, aber Weras Schippchen wurde immer bedrohlicher, und Mademoiselle ließ sich weder vom Lachen noch von der Verstimmung beeinflussen. Sie nannte das „Contenance“ und war stolz darauf. Bobik fand es einfach blöd. Wofür hatte man Gefühle, Leid und Freude, wenn man sie nicht äußerte. Immer wenn sie von ihm Contenance verlangte, was oft sehr not tat, war er empört und lehnte es entrüstet ab. Er zeigte ihr dann eine breite, kräftige Eiche im Park und weigerte sich, so artig zu werden, wie es die armen zugeschnittenen Thujabäume im Garten waren.

Sie kamen an den beiden großen Seen vorbei, die in Urzeiten von Leibeigenen ausgegraben worden waren. Dann kamen zwei langgezogene, ockerfarbene Kavaliershäuser und zwischen ihnen die Auffahrt zum alten Schloß. Auf der großen Wiese vor dem Schloß stand eine riesige Eiche, die schon zu Khan Gireis Zeit im dreizehnten Jahrhundert dort gestanden hatte. Ihre mächtigen Äste berührten wieder die Erde. Dahinter lag verträumt das alte Schloß, breit und behäbig. Vor zweihundert Jahren wurde es aus riesigen Eichenstämmen, die Jahrzehnte im Sumpf versenkt waren, erbaut. Das Holz war hart wie Stein. Der Aufgang war von vier Säulen umrahmt, die einen Balkon trugen.

Lachend und lärmend drängten sie sich durch die breite Tür, die seit Jahren nicht geschmiert worden war. Immer sagte sie zur Begrüßung laut „piii“, und Mami behauptete sogar, daß sie sehr individuell die Gäste begrüßte, manchmal freudig und manchmal verdrossen. In der ovalen Halle waren zwei breite, festliche Treppen, die im Halbkreis zum ersten Stock hinaufführten und sich dort vereinigten. In den Schrägen jeder Treppe waren unsichtbare Türen angebracht, in denen sich dunkle und altmodische Klos befanden: Holzsitze mit einem runden Loch. Sie waren äußerst unbequem. Aber Onkel Iwan war darin sehr konservativ, er fand, was seine Ahnen gut und bequem fanden, das wäre auch für die vorlaute junge Generation gut genug.

Das alte Haus war voller erregender Geheimnisse. Die Tarletzkiis mit ihrem tatarischen Blutserbe waren wilde und lebenshungrige Menschen. Sie waren unumschränkte und nicht immer sanfte Herren über ihre Leibeigenen und verbrannten, wie Jadwiga es ausdrückte, ihr Lebenslicht an beiden Enden. Das war ein treffender Vergleich.

Das Erregende begann sogleich, wenn man in den großen festlichen Saal eintrat. Sechs lange, von der Decke bis zum Fußboden reichende Fenster ließen das Weiß und Rosa der Rokokopaneele in ihrer ganzen Festlichkeit erstrahlen. Einen scharfen Kontrast zu dieser Helligkeit bildete ein großes dunkles Bild. Es stellte eine Frau in roter Krinoline mit einem etwa achtjährigen Knaben, der an ihrer Seite lehnte, dar. Ihr Gesicht war böse, es war schrecklich. Das Schreckliche wurde noch dadurch erhöht, daß es keine Augen hatte. Anstatt der Augen waren in der bemalten Leinwand kleine runde Löcher, von denen sternförmig Risse liefen. Wenn man durch eine der Türen in der seitlichen Schmalwand hineinkam, fiel der Blick auf das gräßliche, hellerleuchtete Bild, und man blieb erschreckt stehen. In der Dämmerung wagte sich fast kein Mensch in den Saal hinein, denn dann war das Bild vollends dunkel und nur die Löcher der Augen schauten einen durchdringend an.

Das war die Ahnfrau Onkel Iwans, Tamara Tarletzkaja, die im achtzehnten Jahrhundert gelebt hatte. Sie war eine heftige und grausame Frau. Sie prügelte ihre Leibeigenen blutig und manchmal zu Tode. Und in den Untergeschossen waren an den Wänden verräterische Flecken, die auch durch das häufige Kalken nicht verschwanden. Die Hausgenossen behaupteten mit gedämpfter Stimme, daß es Blutflecken seien. Eines Tages, als ihr Mann, der Adelsmarschall Pjotr Tarletzkii, verschwand (man behauptete, daß er geflohen sei), schoß sie mit der Pistole die Löcher in die Augen ihres Portraits.

Als Onkel Iwan noch ein kleiner Junge war, wurde in einem Zimmer im Parterre das Parkett, das angefault war, repariert. Man fand darunter zuerst einen eisernen Ring, dann eine Falltür, und als man sie hob, einen Schacht. Im Schacht lag ein Skelett. Außerdem fanden sich einige Silberknöpfe und eine Uhr mit dem Wappen der Tarletzkiis. So bewahrheitete sich ein Gerücht, das immer kursierte, nämlich, daß die Flucht des Adelsmarschalls eine Flucht in den Tod war und daß seine Frau Tamara ihn beseitigt hatte.

Ihr Grab war einhundert Meter weiter, auf dem fast verfallenen alten Friedhof neben der Kirche. Der Sohn hatte aus Aberglauben nicht gewagt, sie in der Familiengruft beizusetzen, um die Ruhe der seit dem dreizehnten Jahrhundert dort schlafenden Tarletzkiis nicht zu gefährden. Sie lag an einem verwahrlosten Ende des Friedhofs, ihr Grab war mit schmiedeeisernen Gittern umsäumt und ein großer Findling stand außerhalb des Gitters. Auf ihm war eingraviert: „Herr, erbarme dich der sündigen Seele der Tamara Tarletzkaja. 1743–1814."

Das hinderte Tamara nicht, über das niedrige Gitter zu klettern und sich die meiste Zeit im Schloß aufzuhalten. Ihre Seele hatte keine Ruhe und sie spukte. Sie spukte authentisch, und sie fand natürlich auch Nachahmer. Nachts, wenn die alten Treppen knarrten oder die Dielen sich verzogen, dann wußte man, das war Tamara. Oder eine Tür ging ganz von allein auf: es war Tamara. Oder der Wind pfiff durch die Ritzen der Fenster: das war Tamara. Manche sahen ihre weißen Konturen bei Mondschein im Park, oder man hörte ein feines Pfeifen und Nagen, wie es Mäuse gelegentlich auch tun: das war Tamara. Das Haus war notorisch voll von Gästen, die auch über Nacht blieben oder sich einfach für Wochen dort einquartierten und auf irgendeinem Sofa kampierten. Wenn sie nachts ein menschliches Bedürfnis spürten, mußten sie im Dunkeln das kleine schräge Klo im Treppenwinkel aufsuchen. Grauslich sahen sie aus im weißen wehenden Nachthemd, wenn man ihnen begegnete. Man erschrak fürchterlich: Es war Tamara, und zwar behauptete das der, der den Gast im Nachthemd erblickte. Und der im Nachthemd behauptete das von dem anderen, dem er begegnete. Für alle anderen stand fest: es war Tamara.

Eines Nachts machte Tamara einen solch ungebührlichen Lärm, daß Onkel Iwan sich veranlaßt fühlte, ihr mit einer geladenen Pistole zu Leibe zu gehen. Wie erschrocken und erstaunt war er, einem Vervielfältigungsphänomen zu begegnen. Es waren drei Tamaren in langen weißen Gewändern im Saal. Onkel Iwan schoß, und die Tamaren ergriffen die Flucht. Er sah sie noch in verschiedenen Richtungen im Park auseinanderlaufen. Zum Spaß schoß er in jede Richtung eine Kugel ab. Am nächsten Tage fand man an verschiedenen Stellen weiße Leinenfetzen. Auch das war Tamara. Was auch im alten Schloß geschah: wenn einer starb, oder man sich zankte, oder eine Ehe auseinanderging, oder einer die Masern oder Angina bekam, wenn Krieg war, oder Revolution, es war immer Tamara.

Man muß sagen: Tamara Tarletzkaja war, trotz eines bereits hundertjährigen Todesschlafs, bei weitem die lebendigste und zentralste Figur des alten Hauses. –

Mademoiselle betrat das Schloß zum ersten Mal. Die Kinder, die die Wirkung des Portraits auf die Besucher kannten, ließen ihr den Vortritt in den Saal. Sie blieb in der Tür wie angewurzelt stehen. – „Ooooo“, rief sie. Bobik hatte seine Genugtuung, sie verlor ihre vielgerühmte Contenance. Dann war sie wieder die alte. Sie murmelte nur noch ganz verdutzt: „Mais c’est . . . mais c’est – – mais c’est horrible!“

Trotz der spürbaren Allgegenwart der Tamara war jedoch das alte Haus voll von Leben. Onkel Iwans Familie war wegen ihrer Gastfreundschaft berühmt. Sie waren so gastfreundlich, daß ihr unermeßliches Vermögen, das ursprünglich aus einem Khanat bestand, das einem Teilfürstentum entsprach, von Generation zu Generation dahinschmolz. Onkel Iwans Vater fuhr noch sechsspännig. In Onkel Iwans Stall standen nur noch fünf Pferde. Aber die Feste wurden gefeiert, nicht wie sie fielen, sondern jeden Tag. Immer feierte einer der Verwandten oder Gäste Geburtstag, und es war immer ein Anlaß, Champagner fließen zu lassen und im Park ein herrliches Feuerwerk anzuzünden. Und wenn gar kein Geld mehr in der Kasse war, dann ging Onkel Iwan demütig zu dem behäbigen und selbstsicheren Kutscher Timofei und sagte: „Timofejuschka, du wirst mir doch sicherlich aushelfen können. Weißt du, Bruder, ich bin augenblicklich total blank", und er zog seine Hosentaschen nach außen, um das zu demonstrieren. „Ich gebe es dir natürlich wieder, wenn ich es habe." – Timofei kratzte sich hinter dem Ohr, ging in die Ikonenecke, kramte dort und holte einige Geldscheine heraus und reichte sie Iwan.

„Nimm es um Gottes willen, du brauchst es nicht zurückzugeben, Herr."

Timofei kam schon auf seine Kosten, denn alle Welt wußte, daß er entferntere Bezirke von Onkel Iwans Besitztum an Makler verkaufte. Jadwiga nahm an, daß auch Onkel Iwan selbst davon wußte. Wenn er und Timofei nach Moskau fuhren und Onkel Iwan den Wunsch äußerte, einen bestimmten Weg zu fahren, dann riet Timofei mit aller Entschiedenheit ab, der Weg sei viel zu schlecht, und wie leicht könnte eine Achse brechen. Auf diesem Weg standen nämlich schmucke neue Datschen, da Timofei dort ein lebhaftes Parzellierungsgeschäft betrieb. Das Girejewo von Bobiks Familie verdankte seine Existenz Onkel Iwans und seiner Vorfahren Leichtsinn und Verschwendungssucht. Er verkaufte jene unermeßlichen Wälder als Parks an reiche Industrielle, pensionierte hohe Beamte und Ausländer.

Das Haus war wie immer voller Gäste. Sie unterhielten sich laut, lachten hemmungslos, einige stritten sich, weil jeder dem anderen seine Meinung aufzwingen wollte. Bobik suchte eine stille Ecke, in der er mit Aljona saß. Er hielt ihre Hand und schaute sie zärtlich an. Irgend jemand machte eine anzügliche Bemerkung. Onkel Iwan wurde unruhig. Er kam auf Bobik und Aljona zu und sprach freundlich zu ihnen.

„Welche Wärme ging von diesem alten schönen Mann aus!" dachte Bobik. Dann ging Onkel Iwan zu den Gästen, er sprach leise und eindringlich zu ihnen, er bat sie: „Stört sie nicht, seid vorsichtig, es ist ihre erste Liebe. Denkt an euch selbst, als ihr verliebt wart. Das sind doch die zartesten Augenblicke des Lebens." – Die Kleinen und die Erwachsenen wurden verlegen.

Onkel Iwans Sohn, Saschenka, war der einzige, der zynisch lachte. Man nannte ihn einen Degenerat, und Bobik fand, daß es etwas ganz besonders Feines war. Er hielt sich für einen großen Schriftsteller. Er schrieb an einem Buch, das „Der Priester des gelben Lebens" hieß. Manchmal las er in Gegenwart Bobiks Jadwiga und seiner Frau Marussja daraus vor. Er war sehr stolz darauf. Bobik verstand kein einziges Wort. Das war kein Wunder, vieles, was die Erwachsenen schrieben, konnte man nicht verstehen. Aber als er Mami fragte, ob sie etwas verstanden habe, da schüttelte sie verschämt lächelnd den Kopf. Tante Marussja war darin viel direkter, sie sagte, es sei alles barer Unsinn, Saschenka sei von seltener Dummheit, er verstünde selber nicht, was er schriebe, aber man müsse dem großen Kind sein Pläsier lassen. Bobik fand denn auch, daß Saschenka ein großes Kind sei. Er dachte daran, wie er vor Jahren seine Lokomotive kaputt gemacht hatte.

Aber andererseits war er auch stolz auf Saschenka, denn er war ein Feinschmecker und erfand herrliche Speisen. Ein „Salade extase à la Tarletzki" wurde in Moskau und Petersburg in den Schlemmerrestaurants serviert. Und außer Bœuf à la Stroganoff, der schon uralt war, war Sascha der einzige lebende Verwandte, der zu großer Berühmtheit gekommen war. Die anderen Verwandten waren Generale oder Senatoren, aber wer wußte schon von ihnen! Salade à la Tarletzki konnte man auf jeder Speisekarte in teuren Restaurants lesen.

Da saß Tante Warwara, die wehleidige, die immer an all den Krankheiten litt, die andere hatten. Sie suchte sich die

Gäste aus, die krank aussahen, sie fragte sie teilnehmend und mitleidig nach ihren Gebrechen aus, und dann stellte sich immer zufällig heraus, daß sie genau, aber genau dieselbe Krankheit hatte. Und dann schwelgte sie in allen Einzelheiten der Schilderung der Symptome, empfahl die oder jene Ärzte und Medizinen. Nach einer Weile ergriffen die Zuhörer die Flucht. Mit der Geduld und Geschmeidigkeit einer Boa constrictor pirschte sie sich dann an ein neues Opfer heran, und man konnte gut an dem Ausdruck ihres wehleidigen Gesichts beobachten, wenn sie es endlich in den Fängen hatte.

Die häßliche Kutusowa hatte offenbar jemanden zwischen ihren Zähnen, man fühlte es förmlich, wie sie seine Person, seine Ehre, seine intimen Verhältnisse zerbiß und zerkaute. Alle hatten Angst vor ihr, und man hörte ihr aufmerksam und devot zu, um sich in gutes Licht bei ihr zu stellen. Das nutzte absolut nichts, denn sobald sie sich umdrehte und sich einem anderen zuwandte, klatschte sie bereits über den Vorgänger. Onkel Iwan sagte zu Bobik: „Solche Leute hat man früher verbrannt." Das fand Bobik großartig. Wie schade, daß man es jetzt nicht mehr tat.

Plötzlich herrschte eine gespannte Stille im Raum. Alle wandten sich der Stelle zu, von der diese unnatürliche Stille ausging. Tante Ljola, die dritte, junge Frau Onkel Iwans, stand in Pelz und Pelzmütze in der Nähe der Tür. In ihrem Wesen war etwas, das die Aufmerksamkeit aller auf sie richtete. Sie sah Onkel Iwan, der unter ihrem Blick blaß wurde, an und schrie: „Iwan! Ich verlasse dich, ich gehe weg. Ich halte es in diesem modrigen Kasten, und neben dir, und bei deinen albernen Gästen, nicht mehr aus. Ich gehe weg, ich gehe mit dem Prokurator Georgiew in die Krim. Ich komme nie, nie wieder! Verstehst du!"

Dann blieb sie stehen und schaute in die Runde. Sie wartete, ob Onkel Iwan ihr etwas erwidern, sie beschimpfen oder betteln würde, sie möge bleiben. Aber nichts geschah.

Onkel Iwan sagte nur leise: „Dann fahr doch, wenn du glaubst, daß du mußt."

„Na, dann leb wohl", sagte Ljola kleinlaut und verschwand.

Ein unbeschreiblicher Lärm entstand. Alle diskutierten empört über das Verhalten Ljolas. Onkel Iwan stand eine Weile in seiner ganzen Größe und Mächtigkeit allein. Da kam Jadwiga auf ihn zu. Sie nahm seine große Hand. Er schaute auf sie herab, wie ein großes hilfloses Kind. – Mademoiselle war plötzlich neben Bobik. „Allez!" sagte sie, „ce n'est rien pour vous!" (Das ist nichts für dich). – „Quatsch!" erwiderte Bobik. Er hatte nicht übel Lust, ihr die Zunge herauszustrekken, aber er beherrschte sich. „Was versteht sie davon, sie ist ja nicht verheiratet", dachte er. Er flüchtete zu Jadwiga.

„Und wenn er noch klüger oder interessanter wäre als ich. Aber er ist ein ganz banaler Phrasendrescher. Sie wird sich schon umsehen."

„Sie kommt wieder, Onkel Iwan, sei nicht traurig", versuchte Jadja ihn zu trösten.

„Jetzt bekomme ich das in barer Münze zurückbezahlt, was ich meiner armen Marja Iwanowna angetan habe. Alles rächt sich auf Erden." (Marja Iwanowna war seine zweite Frau, die er wegen Ljola verlassen hatte.)

Die Gäste verschwanden langsam und unauffällig, ohne sich zu verabschieden. Was hätten sie auch Onkel Iwan sagen sollen? Allen war beklommen zumute. Man hörte, wie jemand sagte: „Zu großzügig! Zu großzügig! In allem! Das ist nie gut!"

Bobik überlegte, ob er wohl recht hatte?

Dann führte Jadwiga Onkel Iwan an den Flügel. „Spiel mal etwas. Spiel ‚die Davidsbündler'." Onkel Iwan setzte sich wie ein gehorsames Kind an den Flügel und spielte. Im Raum war es ganz still; nur die Kerzen brannten auf dem Flügel und erleuchteten das schöne, traurige Gesicht Onkel Iwans, dessen Spannung sich löste. Ljola war weit weg, und die lärmenden Gäste hatten das Haus verlassen.

DIE SCHEIDUNG

Karluschas Entfremdung vom weißen Haus war offensichtlich. Die Familie wußte es, denn sie hörte und sah ihn fast allabendlich am Hause vorbeifahren; sie wußten auch, wohin er fuhr. Außer den Bewohnern des weißen Hauses wußte es auch ganz Girejewo. Die großen und die kleinen Klatschbasen sorgten für gründliche Verbreitung der neuesten Nachrichten. Jadwiga und Bobik wußten natürlich, wie immer, am wenigsten. Das Hausgesinde war bestens unterrichtet. Am meisten wußte Aleksandr Bescheid, denn er war es, der Karluscha, wenn dieser nicht selbst kutschierte, an den Bestimmungsort brachte.

Auch die Pferde wußten es mittlerweile. Wenn Bobik den Wagen kutschierte, passierte es, daß die Pferde, statt nach links zum weißen Haus einzubiegen, munter und sicher geradeaus weiterliefen. Bobik, der damals noch nichts von Psychologie wußte, machte ein psychologisches Experiment. Er ließ sie weiterlaufen. Sie hielten schließlich vor dem Verwalterhaus und wieherten. Bobik war es gar nicht zum Wiehern. Denn nun sprang die hübsche Polin Slawka, die Frau des Verwalters von Onkel Iwans Gütern, aus der Tür und rief erschrocken. „Was, du kommst schon so früh? Ich habe dich doch erst am Abend erwartet!“ – Bobik sagte nichts. Im selben Augenblick erkannte sie, daß es nicht Karluscha war; sie wurde böse und verlegen und schimpfte. „Was machst du denn hier? Mach daß du heimkommst, du hast hier nichts verloren. Los, verschwinde!“

Bobik hatte große Lust, frech zu werden; aber als er daran dachte, daß sie abends diese Begebenheit Karluscha erzählen würde, wurde ihm unheimlich zumute und er beeilte sich, das psychologische Testgebiet so schnell wie möglich zu verlassen.

Wenn Karluscha nach Hause kam, was zur Freude der Insassen des weißen Hauses selten geschah, war seine Laune keineswegs rosig und er zeigte keinerlei Spuren von schlechtem Gewissen. Er kam durchaus nicht mit „eingeklemmtem Seelenschwanz“, wie Onkel Iwan das nannte. Er war aufgeregt, frech und schimpfte wie immer. Immer fand er, daß irgendein Ding nicht an seinem Ort stand, daß ein anderes Ding kaputt war, daß seine Anzüge nicht in der rechten Reihenfolge im Schrank hingen. Manchmal fiel ihm beim Öffnen einer Schranktür irgendeine Pomadendose auf den Kopf, weil Mami die Gewohnheit hatte, die Gegenstände nicht in das Innere des Schrankes, sondern an den äußersten Rand des Regals zu stellen.

Jadwiga, die Kinder und das Gesinde hatten vor Karluscha eine sozusagen mythische Angst, weil er alles wußte und alles sah. Er hatte darin, aber auch nur darin, etwas vom lieben Gott, der auch alles sah und alles wußte, oder von dem Spürsinn eines routinierten Kriminalisten. Noch vor der Begrüßung sagte er Mami auf den Kopf zu, mit wem sie telefoniert, wen sie eingeladen hatte, wer ins Haus kam. Und es stimmte immer. Mami glaubte an Zauberei, an Hellsehen und übernatürliche Kräfte. Sie wurde darin von Njanja, Frossja, Arischa und den Kindern bestätigt. Sie fühlte sich in allen Entscheidungen und Vorsätzen gehemmt. Sie tat nichts Böses, aber in Karluschas Augen bekamen alle Dinge etwas Ungutes und Anrüchiges. Und er verstand es, in einem ein schlechtes Gewissen zu erzeugen.

Eines Tages fand Bobik vor der Stalltür ein Notizbuch. Um es dem Eigentümer zurückgeben zu können, mußte er es sich ansehen. Die Notizen waren in deutscher Sprache abgefaßt, Bobik blätterte darin herum und verstand nur einiges. Es handelte sich wohl meist um Verabredungen, und oft waren Zahlen darin. Da wurde ein Brillantkollier erwähnt mit großer Summe. Bobik wußte, daß Mami kein Brillantkollier geschenkt bekommen hatte. Dann waren Kleider und Kostüme notiert. Auf einem Blatt war eine seltsame Aufstellung.

Aleksandr 5.-
Arischa 3.-
Telefonistin 5.-
Polizist 5.-
Bahnhofsvorsteher 10.-
Postbote 5.-

Bobik dachte, daß es sich um Neujahrsgratifikationen handelte. Aber die Notiz wiederholte sich jeden Monat. Und es war nicht üblich, jeden Monat Trinkgelder zu geben. Plötzlich wurde er hellsichtig. Das waren Spionagegelder. Er bestach Jadjas Umgebung, die ihm jeden Schritt, den sie machte, berichtete. Daher wußte er alles, was sie tat, mit wem sie telefonierte, an wen sie schrieb und wer ihr schrieb.

Er mußte sich hinsetzen und tief Luft holen. Plötzlich fiel die ganze Magie, die aufgesetzte Unfehlbarkeit Karluschas in ein Nichts zusammen. Und Aleksandr und Arischa und der freundliche Postbote waren mit in diesem häßlichen Spiel.

Bobik saß lange unschlüssig da. Wem sich anvertrauen? Mami? Njanja? Aljona? Aljoscha? Onkel Iwan? Wahrscheinlich wußte alle Welt von diesen Dingen, nur die Beteiligten nicht. Slawka trug doch ganz offen die eleganten Kleider und den kostbaren Schmuck. Und die dicke Kaufmannsfrau Lukina, die Klatschbase, für die war Karluschas Liebschaft und überhaupt das weiße Haus Thema Numero eins. Bobik merkte es daran, daß, wenn er in das Geschäft eintrat, es sogleich still wurde. Lukina machte zu den Kunden ein angestrengtes Gesicht, sie hob so hoch sie konnte die Augenbrauen und rollte mit den Augen, dann merkten die anderen, daß sie jetzt eine Weile schweigen sollten.

Aljoscha und Aljona würden ihm nicht recht helfen können. Njanja oder Onkel Iwan ins Vertrauen zu ziehen, war gefährlich. Die Großen hielten immer zueinander, und ehe sie die Angelegenheit mit Bobik besprechen würden, würden sie ihn verpetzen. Es blieb also Mami. Oder sollte er zu

Aleksandr und zu Arischa gehen und ihnen sagen, daß sie Schufte und Verräter seien? Sollte er das Buch als ehrlicher Finder Karluscha wiedergeben? Nein, das konnte er nicht. Es wegwerfen? Aber es waren so schwerwiegende Beweise darin und gaben Mami eine große Macht über Karluscha in die Hand. Würde aber Mami ihn überhaupt anhören? Würde sie die Dinge mit ihm durchsprechen? Sie hatte doch auch niemanden, mit dem sie solche Probleme besprechen konnte. Oder würde sie einfach das Buch an sich nehmen, ihm Vorwürfe machen, daß er darin geschnüffelt habe, und ihn wegschicken? Sie begriff es immer noch nicht, daß er jetzt fast erwachsen war. Fast. Ganz erwachsen wollte er nie werden. Manche sagten, man solle, ehe man zu einer schwerwiegenden Entscheidung komme, eine Nacht darüber schlafen. Aber Bobik hatte nicht so viel Zeit.

Er ging zu Jadwiga. Sie saß in ihrem Zimmer und schrieb. Sie sah etwas unwillig auf. Bobiks Gesicht war ernst und wichtig.

„Verzeih, Mami, aber ich muß dich jetzt sprechen. Es ist sehr wichtig. Ehrenwort. Und du mußt mich anhören bis zu Ende, bitte!"

„Was hast du denn so schrecklich Wichtiges, Bobik? Na, dann setz dich hin."

„Ich muß mit dir über ‚ihn' sprechen", er wollte Karluscha nicht beim Namen nennen. „Du weißt genau, wie er sich benimmt und daß alle Leute darüber sprechen. Das geht so nicht weiter."

„Aber, Bobik, ich glaube, das ist nicht deine Sache!"

„Das ist genausogut meine Sache wie deine. Wir sind alle beteiligt. Oder glaubst du wirklich, daß wir danebenher leben und nichts merken? Dann tätest du mir leid!"

„Was soll ich denn aber machen?" sagte Jadwiga verzweifelt. „Ich kann es doch nicht ändern. Soll ich mich auf seine Stufe stellen und Skandale provozieren?"

„Du solltest dich scheiden lassen."

„Scheiden? Was weißt du denn von Scheiden?“

„Ich weiß es ganz genau, das gibt es; Onkel Iwan ist doch auch, sogar zweimal, geschieden. Oder willst du dich weiter demütigen lassen?“

„Er wird es doch nie zulassen. Du kennst ihn doch.“

„Aber du hast doch Beweise, alle Welt weiß es doch!“

„Ich habe keine Beweise, Bobik, und in solche Geschichten mischt sich niemand ein. Alle haben sie doch Angst vor ihm. Alle sind bei ihm verschuldet. Niemand würde je als Zeuge gegen ihn auftreten. Und was wird aus euch?“

„Aus uns? Meinst du, es macht uns Spaß, immer beschimpft zu werden, immer in dieser Atmosphäre von Wut und Verdächtigung zu leben? Wir wollen schließlich auch unseren Frieden haben. Er läßt doch dich und uns alle immerzu bespionieren, wir können keinen Schritt tun, ohne daß er es erfährt.“

„Woher willst du das wissen?“

„Ich weiß es ganz genau. Ich habe Beweise.“ – Und er zog das Notizbuch aus seiner Tasche. „Hier ist der Beweis!“ Er öffnete es. – „Hier! Da sind die Gelder für die Spione. Hier die Ausgaben für die Frau, da der Schmuck!“, und Bobik klopfte wie ein gewiegter Kaufmann mit dem Knöchel des Zeigefingers auf das aufgeschlagene Notizbuch.

Jadwiga erblaßte. „Du! Hast du es ihm entwendet?“

„Wie kannst du so was von mir denken, Mami, pfui! Ich habe es beim Stall gefunden. Ich wollte sehen, wem es gehört, und habe hineingeschaut. Und dann habe ich es gelesen. Und dann wurde mir alles klar. Er ist gar kein Zauberer und kein Hellseher, wie du und Njanja und ihr alle immer glaubtet, er hat einfach alle Leute bezahlt, damit sie dich überwachen. Und Aleksandr und Arischa machten mit. Es ist so entsetzlich. Man lebt mit ihnen, man mag sie, man vertraut ihnen, und dann sind es solche Judasse!“

„Was wissen wir, warum Judas das gemacht hat! Vielleicht war auch er gar nicht so böse. Irgendeine Macht hat ihn dazu getrieben. Und die anderen, vielleicht taten sie es auch nur aus Angst. Sie sind keine schlechten Menschen."

„Du wirst es ihm sagen, und du wirst die Scheidung verlangen. Ich will nicht, daß du weiter gedemütigt und beleidigt wirst!"

„Aber du kennst ihn doch, du weißt, wie heftig er ist. Er tut uns in der Wut etwas an!"

„Er tut uns nichts an, und er ist gar nicht so mutig, wie du glaubst. Ich weiß es, ich habe es selbst beobachtet. Er ist wie ein Hund, der greift solche an, die sich vor ihm fürchten, vor den anderen hat er selber Angst. Hast du schon gesehen, daß er mit Marussja oder mit Aleksandr oder mit der Kutusowa Auftritte gehabt hätte? Und du wirst den Mut haben, ihm streng und unnachgiebig entgegenzutreten. Ich verlange es von dir."

„Gib mir dann bitte das Notizbuch."

„Nein. Ich denke gar nicht daran. Ich zeige dir jetzt die Stellen, die wichtig sind, und dann verstecke ich es. Wenn du es hast, wird er es dir mit Gewalt oder mit List entwenden, und dann bist du deine Beweise los. Du wirst ihm sagen, daß du es weggegeben hast. Aber nenne nicht den Ort oder den Namen, an wen du es gabst. Ich werde es solange im Eisenbahnwaggon unter meinen Spielsachen verwahren. Da findet es niemand."

„Ich muß es mir überlegen, Bobik. Laß mir Zeit."

„Da ist nichts zu überlegen. Du hast nur Angst und gehst den Entscheidungen aus dem Wege. Du wirst es heute tun!" – Er war sehr streng, und er fühlte plötzlich, daß er ein Erwachsener war und daß die Mutter ihn als Erwachsenen behandelte. Das gab ihm eine große Genugtuung, aber es machte ihn gleichzeitig auch traurig.

Sie trennten sich wie Verschwörer. Dann ging er in sein Zimmer, vergewisserte sich, ob er allein sei, holte den blechernen Eisenbahnwaggon erster Klasse, schob sein Dach auf und steckte das Notizbuch hinein. Er kam sich vor wie ein

Revolutionär, der sich eine Dynamitladung unter die Weste steckt, um seinen Gegner mit seinem eigenen Leib in die Luft zu sprengen. Dann hockte er sich vor die Ikone und betete: „Herrgott, laß alles gut abgehen. Gib Mami Mut."

Am Abend kam Karluscha. Er ging gleich in sein Schlafzimmer. Er wollte sich umziehen. Mami fragte, ob er zum Essen bleiben würde. Nein, er habe eine Verabredung, er müsse sich umziehen. Jadja kam ihm nach ins Zimmer. Bobik lauschte an der Tür, die sein Zimmer mit dem Karluschas verband. Unter seine Matrosenjacke band er sich einen Gurt, um mehr Halt zu haben. Hatte doch der Heiland gesagt: „Gürtet eure Lenden." Man fühlte sich fester, straffer. Er suchte nach einem festen Gegenstand, um nötigenfalls seine Mami zu verteidigen, falls sie in Gefahr käme. Da war eine Pistole mit Knallplättchen. Nein, das war zu läppisch. Es hätte so etwas sein sollen wie das Krokodil aus dem Kasperletheater aus seiner Kindheit. Aber jetzt hörte er Mamis Stimme, und da war keine Zeit zu verlieren. Er lauschte angestrengt.

„Ich muß mit dir sprechen, Karl", sagte Jadwiga sehr resolut.

„Ich habe jetzt keine Zeit. Ein andermal", erwiderte Karluscha kurz und bissig.

„Ich werde jetzt mit dir sprechen und kein andermal."

„Was willst du denn überhaupt?"

„Wir werden die leidige Angelegenheit bereinigen."

„Welche Angelegenheit meinst du?" fragte er scheinheilig.

„Ich brauche dir den Namen nicht zu nennen, den weißt du selbst. Ich lasse mich von dir scheiden."

„So, nun hat sie es ausgesprochen", – dachte Bobik erleichtert. „Jetzt geht der Sturm los."

„Hahaha. Du und scheiden. Da müssen schon schlauere kommen. Wie willst du denn das machen? Du brauchst Zeugen, du brauchst Beweise. Glaubst du denn, daß hier auch nur einer ist, der es wagen würde, gegen mich aufzutreten? Ich habe sie doch alle in der Hand. Sie sind mir doch bis über die Ohren verschuldet! Alle! Nein, daraus wird nichts, das merke dir."

„Ich brauche deine bestochenen, charakterlosen Zeugen nicht, und ich brauche auch keine Spione, die du so großzügig bezahlst. Meine Beweise sind deine eigenen Notizen, in denen alles steht, was man für eine Scheidung braucht."

Jetzt war es ganz still. „Jetzt sucht er in seinen Taschen nach dem Notizbuch", dachte Bobik. Dann hörte er Karluschas aufgeregte Stimme: „Wo ist mein Notizbuch? Gib es mir sofort her. Auf der Stelle! Sonst passiert was!"

„Du wirst mich doch nicht für so dumm halten, daß ich dir das Notizbuch zurückgebe, oder daß ich es noch im Hause habe. Es ist längst weg, und zwar in Händen eines Rechtsanwalts."

„Wie heißt der Hund?! Ich werde ihn vernichten!" brüllte er.

„Seinen Namen wirst du zu gegebener Zeit erfahren."

„Du mußt mir das Notizbuch geben. Da stehen für mich ganz wichtige Dinge drin! Verstehst du das? Das ist Diebstahl!"

„Die Sachen, die darin stehen, sind sehr wichtig, und besonders wichtig für mich. Du wirst es nicht bekommen. Meine Geduld ist endgültig zu Ende. Ich habe mir alles genau überlegt. Ich lasse mir nichts mehr von dir gefallen. Unsere Wege trennen sich. Geh zu deiner Slawka, tyrannisiere sie, wenn du willst. Ich habe lange genug Angst vor dir gehabt. Jetzt ist es vorbei."

„Jetzt schlägt er um auf den Todeskandidaten", dachte Bobik. Und so geschah es. Seine Stimme wurde mild wie die des Wolfs im Märchen, als er Kreide gefressen hatte. Karluscha versuchte jetzt zu beschwichtigen, zu weinen, sentimental zu werden. Was er doch für ein guter und treusorgender Ehemann und Vater sei, wie er für sie alle sorge. Er wäre gewiß manchmal etwas heftig, aber doch sonst ein großartiger, ein anständiger Kerl. Und die Geschichte mit der Slawka – bah – das wäre doch nur eine vorübergehende Entflammung. Man möge ihm nur Zeit lassen, das ginge von ganz alleine wieder vorbei.

„Wenn sie bloß jetzt nicht auf das Lamento hereinfällt!" bebte Bobik. „Herrgott, gib ihr mehr Mut, noch ein wenig mehr Mut, dann ist alles überstanden!"

Jadja ging nicht in die Falle. Sie blieb fest. Und sie siegte. Die Suppe mit der Slawka wurde ihm gründlich versalzen. Ganz kleinlaut ging er aus dem Hause. Bobik riß die Tür auf und umarmte Jadwiga.

„Du hast ja gehorcht!" sagte sie empört.

„Natürlich habe ich gehorcht! Meinst du, ich lasse es zu, daß dir etwas geschieht?!"

„Weißt du, Bobik, ich habe wirklich gedacht, ich schaffe es nie. Ich hatte solche Angst. Aber jetzt, nach so vielen Jahren, weiß ich, es ist ein Unrecht, vor einem Menschen Angst zu haben. Man gibt ihm Macht über sich und man verdirbt ihn. Ob ich, wenn ich ihm schon immer so gegenübergetreten wäre, nicht hätte vieles ändern können? Er hätte vielleicht dann nicht alles Maß verloren und wäre nicht so herrschsüchtig geworden."

„Immer mußt du an allem schuld haben, Mami. Laß doch auch mal andere schuld haben!"

Bei sich dachte er: „Ich habe doch auch Angst. Aber mir hat er sie schon von der Babyzeit her eingeimpft. Auch ich hätte keine Angst haben sollen. Er ist auch nur ein Mensch." – Und weil er ihn in seiner Schwäche und Angst erlebt hatte, tat Karluscha ihm sogar ein wenig leid.

HEITERE UNORDNUNG

Irgendwas hatte sich, seit Karluscha das weiße Haus verlassen hatte, verändert. Das Leben war unkomplizierter, einfacher und fröhlicher geworden. Die abendlichen feierlichen Gesellschaften, die rauschenden Feste mit den aufgetakelten, bebänderten und besternten Gästen hatten ganz aufgehört. Es wurden nicht mehr so viele Gläser, Teller und Grammophonplatten zerbrochen. Dagegen war die Zahl der lieben Gäste stetig gewachsen. Sie kamen schon zum Mittagessen, und manche vergaßen das Weggehen ganz, sie blieben einfach einige Wochen. Njanja schimpfte und polterte, aber sie blieben trotzdem. Njanja nannte sie „Umsonstesser". Es waren Schriftsteller und Dichter, Philosophen und Weltverbesserer und einfach hochtrabende Nichtstuer. Nicht alle Dichter waren berühmt. Die zu empfangen, war kein Verdienst. Manch einer von ihnen brachte ein angehendes Genie mit, das gefördert werden mußte. Njanja begriff nie, warum es gerade im weißen Haus gefördert werden sollte; die Welt war doch groß, und es gab so viel Platz für förderungswürdige Genies.

Ihre Maskerade begeisterte Bobik und Wera. Sie trugen ein unnahbares und stolzes Wesen zur Schau. Sie hatten Hüte mit ganz breiten Krempen, die in keiner Hutauslage zu finden waren. Bobik kam zu der Überzeugung, daß es Spezialhut- und Kleiderläden für Genies geben müsse. Fast alle trugen lange Umhänge von oft undefinierbaren Farben, und manche hatten Bindfäden statt Schnürsenkel an den Schuhen. Sie waren sehr störrisch, meist sprachen sie kein Wort; wenn sie aber sprachen, dann laut und ohne Ende. Man hörte ihnen zu, aber man verstand sie nicht. Gedichte und Prosa wurden vorgelesen und heftig diskutiert. Abends kam der Generalstaatsanwalt Chodassewitsch, ein wahrhaft dämonischer Mann, und erzählte von den neuesten Verbrechen. Seine Stimme klang metallisch, und das Gruseln lief einem wie perlender Champagner den Rücken hinunter. Aber dann bat ihn jemand: „Michail Aleksandrowitsch, lassen Sie doch die Verbrecher, lesen Sie lieber Tagore, lesen Sie aus Gitanjali vor!“ Und dann verwandelte sich der dämonische Kriminalist in einen Dichter, und vor den Augen der verzauberten Hörer erstand die indische Märchenwelt.

David Burljuk, Monokel im Auge, Pfeife im Munde, in einer grünen Jacke und knallroter Weste mit goldenen Knöpfen, malte posierend Farben und Linien auf die Leinwand. Die Großen und Kleinen umstanden ihn. Daß es Farben und Linien waren, wußte man, aber sonst war nichts zu erkennen.

„Was soll denn das darstellen, Onkel Burljuk?“ fragte Bobik – diese Malerei erinnerte ihn stark an Saschas Roman „Der Priester des gelben Lebens“, den auch niemand verstand.

„Das verstehst du noch nicht, Bobinka. Das ist ganz neue, sozusagen geistige Malerei. Sie hält sich nicht mehr an Formen, sie ist wie Musik, nur noch Farbe und Komposition. Das ist die Malerei der Zukunft!“ – Er war sehr stolz darauf. Die Kleinen und die Großen umstanden ihn mit dummen Gesichtern. Manche taten, als ob sie es verstünden. Bobik wandte sich an Mami. „Weißt du, Mami, das ist genau wie in dem Märchen von ‚Des Königs neue Kleider‘ – alle waren begeistert, weil keiner der Dumme sein wollte; nur ein Kind rief, daß der König doch gar nichts anhatte.“

„Schweig, Bobik, das verstehst du nicht!“ versuchte Jadwiga ihn zu beschwichtigen. Manche Gäste lachten schadenfroh. Burljuk lachte mit und malte weiter.

Wenn Karluscha zweimal im Monat, wie verabredet, ins weiße Haus kam, war alles wie verwandelt. Die berühmten Dichter und solche, die es werden sollten, verschwanden sang- und klanglos aus dem Haus. Ein Wort Njanjas mit entsprechendem gewichtigem Blick genügte. Wenn sie erfuhren, daß Karluscha komme, waren sie weg. Alles rannte umher, die einen packten ihre Koffer, Bücher und Staffeleien,

Njanja und Arischa und die Mädchen huschten mit Putzlappen, Bohnerwachs und Besen umher. In kurzer Zeit erglänzte das weiße Haus in seiner alten Pracht.

Karluscha selbst war wie verwandelt. Er brachte Jadwiga Blumen und den Kindern Schokolade und herrliche Spielsachen mit. Er war freundlich, und es gab kaum Krach. Man fühlte, wie eisern er sich beherrschte. Er sprach sogar mit allen, ließ sich alles erzählen. Er war ein verwandelter Mensch. Die Kinder meinten, wenn es immer so gewesen wäre, dann hätte es gar keinen Grund gegeben, warum er aus dem Hause gehen sollte. Und Njanja sagte zu Jadwiga:

„Siehst du, so ist er. Die Leute fanden immer, daß er ein ausgezeichneter Gesellschafter und Gastgeber sei. Wenn er sich nur zu Hause hätte beherrschen können. Aber da war er wie ein Wilder! Gott bewahre uns davor!" – Jadwiga nickte stumm.

Bobik meinte bedauernd: „Warum konnte er nicht immer so sein? Dann hätten wir doch keine solche Angst vor ihm gehabt."

„Ich habe ihn leider schlecht erzogen, Bobik", sagte Jadwiga.

„Müssen denn Erwachsene auch erzogen werden?"

„Sie müssen, Bobik. Und es war mein Fehler, daß ich alles so laufen ließ, ohne ihm zu widerstehen. Das Leben erzieht uns alle immerzu, Bobik."

Wenn Karluscha weg war, waren die lieben Gäste wieder da. Ein angenehmer Schlendrian herrschte im weißen Haus. Vielerorts lag Staub auf den Dingen. Es war keiner da, der mit dem Finger in den Ecken und auf den Schränken nachprüfte und dann ein Donnerwetter losließ. Das Essen kam nicht mehr so pünktlich auf den Tisch, es schmeckte auch nicht mehr so gut. Aber es wurde sehr viel mehr Geld ausgegeben. Frossja behauptete, es wäre alles sehr viel teurer geworden.

Es verschwanden auch Gegenstände aus den Schränken und von den Regalen. Plötzlich fehlte etwas auf einem Regal.

Man sah es deutlich. Da hatte etwas gestanden. Aber was war es? Jadwiga fragte Bobik, Wera, Njanja, Arischa. Alle standen vor dem gähnenden Loch, und niemand wußte es. Irgend jemand hatte es weggenommen. Das war sicherlich wieder der Troll. Frossja bekreuzigte sich sogar.

Jeder im Hause hatte so seine eigenen Methoden, zu Dingen zu kommen, die er begehrte. So entdeckte Jadwiga einmal in Frossjas Zimmer ein Kleid, das sie vor einiger Zeit anziehen wollte und nicht fand. Niemand fand es, auch Frossja nicht. Der Troll hatte es weggezaubert. Dabei blieb es. Jetzt lag es in Frossjas Wäschetruhe und lugte ein wenig daraus hervor. Jadwiga rief Frossja.

„Was ist das für ein Kleid, Frossja?"

„Was für ein Kleid, Herrin?" fragte Frossja scheinheilig, sie wollte Zeit gewinnen. „Ach ja, dieses Kleid, jaaa, das habe ich gefunden."

„Aber wo denn gefunden, Frossja?"

„Ja, es lag irgendwo verwahrlost in einer Ecke. Und da habe ich gedacht, es gehöre niemandem, und da hab ich es verwahrt."

„Weißt du denn nicht, daß es mein Kleid ist? Ich habe es doch angehabt. Und ich habe es doch gesucht, du hast sogar mit suchen helfen." Und Mami schaute sie streng an.

„Gott strafe mich, Herrin, wenn ich das gewußt habe. Er hat meine Augen wohl mit Blindheit geschlagen, daß ich nicht erkannte, daß es dein Kleid war. Hier hast du es wieder!" – Sie glättete das Kleid mit der Hand und schluchzte ein paar Mal auf. Man wußte nicht, tat es ihr leid, das Kleid zurückzugeben, oder waren es die Gewissensbisse. Bobik meinte, daß das Leid des jähen Verlustes überwog.

Njanja hatte eine eigene Methode. Sie hatte eine große arme Verwandtschaft und einen unehelichen Sohn Petenka auf einem Dorf. Petenka kam gelegentlich in den Ferien ins weiße Haus und spielte mit Bobik. Bobik konnte es sich nie vorstellen, daß seine gemütliche, dicke Njanja einen Sohn hatte, einen unehelichen zumal. – Njanjas Methode war feiner und legaler als Frossjas. Sie ging in der Frühe, wenn Jadwiga noch schlief, mit irgendeinem Kleid oder Anzug von Bobik ins Schlafzimmer. Sie machte sich halblaut an den Gardinen zu schaffen, bis Mami aufwachte. Dann trat sie mit dem Gegenstand an sie heran und brummte.

„Schau doch das mal an, Herrin, ob du oder Bobik oder Wera, ihr versteht mit den guten Sachen nicht umzugehen. Sieh doch, wie das aussieht! Es ist schon wieder ganz verschlissen, und der ganze Glanz ist raus, und Flecken hat es auch schon!" – Und sie zeigte auf angeblich verschlissene oder fleckige Stellen. Mami war viel zu verschlafen, um da hinzusehen.

„Was machen wir denn, wenn es schon so zerschlissen ist? Ich verstehe das gar nicht, es ist doch noch nicht so alt", fügte sie hinzu.

„So kannst du es nicht mehr tragen. Umarbeiten lohnt nicht. Man könnte es dem Tataren geben, aber der gibt ja nichts dafür. Um es nicht ganz verkommen zu lassen, könnte ich es ja meiner armen Schwester Axenja schicken. Die hat rein gar nichts anzuziehen, so arm ist sie. Und du tust noch ein gutes Werk." Und sie weinte.

„Aber braucht denn Axenja ein Abendkleid?"

„Nun, sie wird sich schon etwas Einfaches daraus machen."

Und das so ergatterte Kleid wanderte zu Axenja. Auf ähnliche Weise wurde Bobik seine Anzüge und Pelze los. Er hatte die Eigenschaft, zu nahe an den Hausmauern vorbeizugehen, und dabei blieb er manchmal an den vorspringenden Zinkblechen, mit denen die Fenstervorsprünge bedeckt waren, hängen. Es gab kleinere oder größere ausgerissene Ecken am Ärmel. Nach Bobiks Auffassung war es nicht schlimm. Aber Njanja erschien morgens bei Jadwiga mit einem solchermaßen zugerichteten Pelz und schimpfte und jammerte über Bobiks Wildheit. Mami meinte dann, ob man es denn nicht zunähen könne. Aber Njanja hielt ihr entgegen, wie es denn aussähe, ein herrschaftliches Kind und eine zugenähte Ecke, man würde ja denken, es wäre kein Geld mehr im Hause, und die böse Kutusicha, die würde ja frohlocken. Nein, die Ecken wurden nicht zugenäht. Es mußte ein anderer Pelz beschafft werden.

Den alten, unbrauchbaren Pelz bekam Petenka. Bobik war erbost. Der Pelz war ihm gut genug. Und es dauerte eine Weile, bis der neue Pelz wieder einen Riß bekam, und solange mußte man sich mit den Sachen in acht nehmen. Bobik haßte neue Sachen, weil in diesem Zustand die Sachen nicht einem gehörten, man gehörte ihnen, man war ihr Sklave. War erst eine Ecke drin, dann schimpfte niemand mehr, dann war es egal. Und seltsamerweise hielten sich angebrochene und angerissene Sachen viel länger.

Seit Karluschas Weggang fraßen die Pferde und die Kühe ungefähr das Doppelte, obwohl die Pferde viel weniger zu tun hatten. Aleksandr meinte, das wäre ein Irrtum. Das wäre die Teuerung. Jadwiga hatte in keiner Zeitung gelesen, daß eine Teuerung sei. Sie fragte Onkel Iwan. Er wußte auch nichts davon. Die Dichter waren darüber erhaben, sie wußten sowieso nichts von materiellen Dingen, sie hatten auch kein Geld, also brauchten sie es nicht zu wissen. Jadwiga wußte auch nicht, wo man sich hätte erkundigen können.

Eines Tages, irgend jemands Geburtstag wurde übermütig gefeiert, zog sich Jadwiga ein herrliches rotes Atlaskleid und darüber den Umhang aus Brüsseler Spitzen an. Ein großer spanischer Schildpattkamm befestigte den Umhang am Kopf. Bobik hatte die Vision von Spanien, von einer festlichen Corrida. Ganz begeistert rief er vor der versammelten Gesellschaft aus: „Mami, du siehst genau aus wie eine Kokotte!“ Natürlich meinte er, es sei etwas Spanisches, etwas ganz Herrliches. Ehe er es sich versah, saß die Ohrfeige, und er heulte beleidigt los.

Er mußte den Raum verlassen. Er wußte nicht, warum.

Eine Weile war es noch still im großen Raum, dann lachten alle, sie begriffen wohl erst, daß es sich um eine Wortverwechslung handeln mußte. Mami kam auch bald, um sich zu entschuldigen. Sie verlangte, daß er sich entschuldige und nie mehr solche anrüchigen Worte gebrauchen werde. Er wußte nicht, warum er sich entschuldigen sollte, er wollte doch nur sagen, wie spanisch sie aussah, und das sei doch keine Beleidigung. Darauf lachte Mami befreiend, und es war alles wieder gut.

Dann beschlossen sie zu einer berühmten Wahrsagerin zu fahren, die in Ssemenowo wohnte. Der Dogcart wurde angespannt. Aleksandr brummte, denn im Wagen fanden nur sechs Personen Platz. Acht zwängten sich aber hinein, und kein Protest Aleksandrs nutzte. Resigniert knallte er mit der Peitsche und die lustige Fuhre setzte sich in Bewegung.

Die Hexe bewohnte eine kleine, etwas verwahrloste Hütte im Dorf. Lachend und lärmend traten die Freundinnen und Jadwiga hinein, Bobik zwängte sich hindurch. Es roch nach Sauerkrautsuppe und Weihrauch, ein seltsames Gemisch von Düften. Dann legte sie ihnen nacheinander die Karten, sie schaute jede der Kundinnen durchdringend an. Zu Jadwiga sagte sie in ihrer scheppernden Stimme: „Du wirst das finden, was du verloren hast. Du wirst es wieder verlieren und wieder finden, aber nur, um es zu verlieren.“ Jadwiga schaute versonnen. Da sollte einer solchen Spruch begreifen.

Die Rückfahrt war etwas gedämpfter als die Hinfahrt. Im Grunde bekam jede Freundin ein Rätsel auf. Die Zukunft wurde durch die Sprüche nicht heller, vielmehr drohender und verhangener. Sie waren nachdenklich und deprimiert. Bobik war brummig. „Was müßt ihr auch nach Dingen fragen, von denen ihr nichts wißt. Niemand weiß, wie es kommen wird. Das ist Gottes Sache!“

„Aber man möchte doch ein wenig hinter den Vorhang gucken, verstehst du denn das nicht, Bobik? Natürlich verstehst du es nicht, du bist ja ein Mann!“ lachte Marussja.

Sie kamen in Staroje Girejewo an, da wo die beiden Teiche durch einen schmalen Kanal verbunden waren. Die Brücke war schon zur Zeit von Onkel Iwans Eltern morsch. Die Bretter machten einen höllischen Lärm, wenn man darüber fuhr. Als der Dogcart auf der Mitte der Brücke war, gab es einen Krach von verfaulten brechenden Brettern und der Wagen mit den lustigen Weibern von Girejewo versank im Morast.

Die Deichseln brachen, das Pferd ging in die Knie. Acht Personen staken schreiend im modrigen Wasser. Sie waren im Wagen eingepfercht. Aleksandr fluchte vor sich hin. Badende Männer sahen vom Strand her das Unglück und rannten herbei, nackt wie sie waren. Die Frauen schrien entsetzt. Aleksandr wurde ernstlich böse. „Wollt ihr denn lieber im Wasser vermodern? Als ob ihr nie einen nackten Kerl gesehen hättet. Dann macht die Augen zu, wenn ihr nicht sehen wollt!“ Seine Wut brachte sie zur Vernunft.

Soweit Bobik es beobachten konnte, hatte keine der Damen die Augen zugemacht. Manche hatten sie nur gesenkt. Die Männer fischten mit großer Anstrengung einen Fahrgast nach dem anderen heraus. Andere schirrten das erschrockene Pferd aus. Dann wurde mit vereinten Kräften der Wagen herausgehoben. Alles Geld, das sie hatten, stifteten sie ihren Errettern. Dann setzte sich der Trauercortège in Bewegung. Die nackten Männer winkten dankbar und belustigt.

Der Wagen wurde an den Straßenrand geschoben. Zuerst schritt Aleksandr mit dem Pferd, dann die verschmutzte Gruppe mit beschädigten Kleidern. Sie beschlossen, um sich nicht dem allgemeinen Spott der Girejewer Klatschbasen auszusetzen, bei Onkel Iwan einzukehren. Hilfreiche Hände zogen sie aus, was repariert werden konnte, wurde genäht und gesäubert. Es gab heißen Tee mit Warenje und Baranki (Kringel). Alle waren lustig und zwinkerten sich wegen der nackten Männer zu. Onkel Iwan lachte schallend.

Einige Wochen später, der Unfall war längst vergessen,

fuhren sie ins alte Schloß; mit einem anderen Pferd und einem anderen Wagen. Da begegnete ihnen ein Gefährt. Das Pferd wieherte lustig, das andere Pferd antwortete im gleichen Ton. Bobik sah erstaunt und scharf hin. War das nicht unser Rolf? Auch Jadwiga hatte den gleichen Gedanken. Es fiel ihr ein, daß Rolf schon lange nicht eingespannt wurde.

„War das nicht Rolf, Aleksandr? Mir kam das genauso vor", fragte sie Aleksandr. Der zog verlegen die Schultern hoch.

„Das ist schon möglich, Herrin. Ich habe ihn lange nicht mehr gesehen. Damals, da war er mir von der Weide bei seiner Exzellenz weggelaufen. Seither ist er nicht wiedergekommen. Hab ich es denn euch nicht berichtet, Herrin? Dann werde ich es wohl vergessen haben" – und er hob seine Mütze an und kratzte sich hinter dem Ohr.

Bobik und Jadwiga wußten sogleich, daß er das Pferd verkauft hatte.

Dann erkundige dich, wo das Pferd hingekommen ist, und hole es von den Leuten wieder zurück!" sagte Jadwiga streng.

Der reiche Bauer Kostjucha verkaufte an das weiße Haus Naturalien und kaufte gelegentlich auch etwas ab. Er hatte einen roten Bart und schielte. Er war sehr selbstbewußt. Er blieb nicht verlegen im Vestibül stehen. Er schob seinen schweren Körper gleich in den Salon. Njanja brummte. „Kannst du nicht vorne stehenbleiben, wie sich's gehört?! Mußt du gleich in die gute Stube stapfen!? – Und willst du denn nicht die olle Mütze von deinem dummen Schädel herunternehmen?" – Kostjucha sah sich um, er sah in alle Ecken, dann grinste er frech.

„Wer hier dumm ist, steht noch nicht fest. Ich bin wohl scheel und blind, aber wo ich auch hinschaue, einen Herrgott finde ich nirgendwo, und hast du mal gehört, daß man die Mütze abnehmen muß, wo kein Herrgott ist?" – und er gab der Mütze einen Schlag mit der Hand, damit sie noch fester saß.

„Du wirst doch wohl vor der Herrin die Mütze abnehmen, du Grobian?“ schmollte Njanja.

„Vor der Herrin ziehe ich sie natürlich ab. Weiß man doch, was sich gehört. Man ist doch kein Türke und kein Ungebildeter!“ lachte Kostjucha.

Als Jadwiga hereinkam, zog er tatsächlich die Mütze ab, verneigte sich tief und schüttelte Mami lange die Hand.

„Warum ich komme, Herrin, ist wegen der Kuh, was die Krassawka ist. Bedanken wollte ich mich persönlich für die Kuh, das ist eine! Die gibt zweimal soviel Milch wie unsere schechen Tiere. Man sieht doch, nicht alles, was aus dem Ausland kommt, ist schlecht. Und da wollte ich Ihnen noch dankeschön sagen, daß sie mir die Kuh, nämlich, verkauft haben.“

Mami und Bobik waren versteinert. Mami rang nach Worten. „Ich verstehe es nicht ganz, Kostjucha, die Kuh war doch sterbend, und du hast sie uns doch nur aus Freundschaft abgenommen, damit wir keinen Kummer mit dem Eingraben hätten. Und nun sagst du, die Kuh sei prachtvoll. Ist sie denn jetzt genesen?“

„Nein. Genesen ist sie nicht, sie war immer munter und gesund. Und ich habe doch auch schon monatelang die Milch von der Krassawka gekauft. War das eine Milch! Die reinste Sahne! Und da ließ ich doch über Frossja fragen, ob Ihr mir vielleicht die Kuh verkaufen würdet. Und nun habe ich sie gekauft, und dafür nämlich wollte ich Euch danken.“

„Was hast du denn dafür bezahlt?“

„Nu, das sollten Sie doch wissen, hundert Rubel, einen guten Preis!“

„Ich habe nur zehn Rubel bekommen, eigentlich für das Fleisch, das nur für die Hunde gut genug wäre.“

„Nun, dann hast du nur die ‚Prusende‘ bekommen. Du müßtest wohl besser aufpassen, Herrin. Das ist wie bei Gott. Wo er nicht hinschaut, da herrscht Unordnung. Und wo der Herr nicht seine Augen über dem Gesinde hat, da erzieht er sie sich zu Spitzbuben. Laß ihnen nicht freien Lauf, Herrin, du siehst, was daraus wird. Sie stehlen dir das Stück Brot vom Mund und den Schemel unter dem Hintern." – Jadwiga nickte traurig.

Es fing damit an, daß die kostbare Schweizer Kuh, der Stolz des Stalles, so wenig Milch gab, daß es für den Haushalt nicht reichte. Frossja behauptete, sie habe Sehnsucht nach ihrem fremden Land, wo es hohe Berge gebe, und sie würde, wenn das so weiter ginge, an der Auszehrung krepieren. Dann kam sie mit dem Angebot, daß Kostjucha sie für die Freibank kaufen würde, um Jadwiga die Ungelegenheit des Verscharrens zu ersparen. Die Kuh wurde weggebracht. Morgens in der Frühe, als Bobik und Wera noch schliefen. Sie liebten die schöne braune Kuh. Ihnen wurde mitgeteilt, sie sei krepiert.

Jadwiga und Bobik schauten sich lange stumm an. Was sollte man tun?

„Du mußt sie alle auf einmal entlassen, Mami. Sie haben dein Vertrauen in den Dreck getrampelt."

„Wie soll ich es denn tun? Wer soll das große Haus versorgen, wer soll kochen und putzen und das Vieh betreuen? Du kannst es doch nicht, und ich kann es auch nicht. Aber ich bin schuld, ich habe ihnen blind vertraut, und nun sind sie außer Rand und Band. Ruf sie bitte alle zusammen, außer Mademoiselle, Bobik!"

Er holte sie alle. Sie wußten alle, was passiert war. Kostjucha warf ihnen beim Weggehen einige passende Bemerkungen hin. Sie alle sahen krank und aschfahl aus. Frossjas Zähne schlugen aufeinander. Jadwiga schaute sie nacheinander an. Sehr streng. Es stand ihr gut. Sie sah aus wie eine biblische Gestalt, wie Judith, nur etwas kleiner und zierlicher, dachte Bobik.

„Habt ihr es eigentlich sehr schlecht bei mir gehabt? Habe ich euch den Lohn vorenthalten. Habe ich euch beleidigt oder euch sonst etwas Böses getan?

„Nein, Herrin, du bist eine gute Herrin, wir lieben und achten dich!“ riefen sie wie aus einem Munde.

„Aber ihr habt mich bestohlen und betrogen, wie man nur den Allerdümmsten und Bösesten betrügen kann. Ich will nichts mehr mit euch zu tun haben. Ich habe kein Vertrauen mehr in euch. Ihr seid alle ab heute entlassen. Ihr könnt gehen, sofort gehen!“ – Ihre Stimme hatte einen bisher unbekannten metallischen Ton. Sie begannen zu heulen. Frossja warf sich Jadwiga vor die Füße und schluchzte hemmungslos. Aleksandr zog die Nase hoch. Wera heulte aus unergründlichen Motiven mit. – „Du wirst doch nicht entlassen, was heulst du denn, du Heulsuse!?“ flüsterte Bobik ihr ins Ohr.

„Herrin, laß uns nicht von dir weggehen. Wie viele Jahre haben wir dir treu gedient! Wir lieben dich, dein Zuhause ist auch unser Zuhause. Wir haben ein Leben zusammen gelebt. Gesündigt haben wir, och schwer gesündigt. Aber wir sind dir auch treu. Strafe uns, aber laß uns nicht weggehen!“ – Njanja machte sich zu ihrer aller Sprecherin.

Bobik sah deutlich, daß Jadwiga gerne lachen wollte, aber sie verkniff es.

„Gut. Ich gebe euch eine halbe Stunde Bedenkzeit. Ihr geht auf eure Zimmer, ihr macht alle Schränke auf, aber alle! Und bringt alles her, was euch nicht gehört. Und es bleibt kein Körnchen in den Truhen, das nicht euer ist!“

Sie verschwanden, sie liefen. Nach einer Weile kamen sie alle zusammen. Keiner wollte bei diesem schandhaften Canossagang der erste sein. Sie legten die Sachen auf einen Haufen, damit man nicht unterscheiden könne, was von wem stammte. Es war ein großer Haufen. Kleider und Wäsche und Puderdosen und Porzellan und viel Nippsachen, die von den Regalen vom Troll geholt waren. Es war irgendwie traurig, die längst weggegangenen Sachen wieder zusammenzuhaben. Sie hatten es sich schon in anderen Truhen und Behältnissen heimisch gemacht.

„Ist das alles?“ fragte Jadwiga streng.

„Das ist alles, Herrin“, kam es wie aus einem Munde.

„Und versprecht ihr mir, mich fortan nicht mehr zu betrügen und zu bestehlen?“

„So wahr Gott lebt und alles sieht, wir versprechen es dir“, kam es im Chor. Dann küßten sie Jadwigas Hand und gingen etwas geduckt auseinander.

„Du wirst aber jetzt alles kontrollieren müssen, Mami, den Hafer und das Heu und die Lebensmittel und das Holz. Es geht nicht anders. Ich werde dir dabei helfen.“ – Und Bobik fühlte sich wieder fast wie ein Erwachsener.

KRIEG

Irgend etwas lag schwer in der Luft. Die Menschen konnten sich nicht so freuen wie früher. Sie hatten schlechte Träume und wurden von bösen Ahnungen befallen. Manche Pessimisten prophezeiten Krieg, aber sie wurden ausgelacht. Nein, an Krieg sei nicht zu denken, niemand wollte ihn, und wem würde er nützen?

Und dann war der Krieg plötzlich da. Plötzlich waren Völker, mit denen man in Nachbarschaft lebte, böse und schlecht und Feinde. Die Angehörigen dieser Völker, die im Lande lebten, waren Spione, Verräter und Verderber. Das kam alles von einem Tag auf den anderen. Die jungen Männer wurden eingezogen, sie schmückten sich wie Pfingstochsen, sangen verwegene Lieder, die sie früher nie gesungen hatten, fühlten sich fürchterlich wichtig und stolzierten daher wie Fasane. Die Mädchen fanden ihr Auftreten wunderbar und liefen ihnen nach.

Es war eine verkehrte Welt. Die Männer wurden in schwere khakibraune Uniformen gesteckt, sie streckten die Brust heraus und waren lauter als sonst. Sie versammelten sich in kleineren oder größeren Trupps auf den Bahnhöfen und wurden in unendlich lange Güterwagen, die voll von Soldaten waren, verladen. Die Frauen, Mütter, Kinder, Bräute nahmen Abschied. Sie schauten den Scheidenden lange an, es konnte vielleicht der letzte Anblick sein. Die Soldaten waren unkonzentriert, sie genierten sich, Mittelpunkt zu sein, sie besahen sich die anderen Soldaten, die bereits in den Güterwagen drinnen waren und aus entfernteren Gegenden kamen. Als die Soldaten die Wagen bestiegen, ging ein herzzerreißendes Geheul los. Alle heulten. Die Soldaten sangen dagegen laut und herausfordernd. Die Luft war ganz erfüllt von den Klagelauten und den bravourösen Gesängen.

Der Polizeimeister kam ins weiße Haus. Sein martialischer Schnurrbart ragte aus dem Gesicht mit der geröteten Nase wie zwei Bajonette. Man mußte einfach Angst vor ihm haben. Er marschierte so aufrecht, als ob in seinem Rückgrat ein Schirm versteckt wäre. Er war unnahbar. Seine Sprache war schnarrend. Er kam, um die Pferde zu registrieren. Der Krieg brauchte Pferde. Jadwiga ließ ein Fünfrubelstück in seiner Hand verschwinden. Diese Hand war auf solche Manipulationen abgerichtet. Es geschah alles so automatisch, daß hier, so meinte Bobik, im wahrsten Sinne die Rechte nicht wußte, was die Linke tat. Aber die Silbermünze hatte heilende Kraft. Der Rücken wurde geschmeidiger, die Augen gütiger und die Stimme sanfter. Er ging in den Stall und registrierte die Pferde. Der behäbige Rolf und die muntere Igrunka sollten in den Krieg. Kein Flehen und Betteln half. Befehl war Befehl.

Jadwiga, Bobik und Wera nahmen Abschied von den Pferden. Die Pferde fühlten, daß etwas Schwerwiegendes geschah, und sie nickten zärtlich mit den Köpfen. Dann wurden sie aus dem Stall geholt und draußen auf der Straße an andere Pferde, die auch konfisziert wurden, angebunden. Bobik und Wera liefen schluchzend hinter den Pferden her, solange der Atem reichte. Dann blieben sie stehen und schauten der entschwindenden Herde traurig nach.

Der nächste, den der Krieg holte, war Aleksandr. Er wirkte in der ungetümen Uniform noch massiver. Er fühlte sich unbehaglich darin und sah komisch-wichtig aus. Frossja hing an seinem Hals und weinte hemmungslos. „Dieser verdammte Krieg! Wer hat ihn bloß angezettelt?“ – Jadwiga und die Kinder waren gleicher Meinung.

Sascha Tarletzki war als Hauptmann verkleidet. Er sah sehr schmuck aus und fühlte sich gehoben. Marussja lachte ihn aus. Er, der Individualist, sei jetzt Dutzendware. Nur Onkel Iwan blieb General, wie er war, und behielt seinen Gleichmut. Er hielt nichts vom Krieg und versprach sich nichts Gutes davon. Aber er nahm ihn hin, wie man eine Krankheit oder Geburt oder Tod hinnimmt. Er spottete über die Wichtigtuerei, über den übersteigerten Patriotismus, über die feindseligen Gefühle gegenüber den Gegnern. Er fand, das sei nur ein Zeichen der Unreife und Dummheit der Menschen, daß sie sich so leicht zu Abenteuern und Gefühlen hinreißen ließen.

Auch Karluscha wurde geholt, aber nicht zu den Soldaten. Er war Deutscher, ein gefährlicher Feind. Er wurde plötzlich aus seiner Moskauer Wohnung verhaftet und in das Gefängnis Butyrki eingeliefert. Jadwiga erfuhr es und suchte ihn auf. Infolge von sachgemäß verteilten Trinkgeldern gelang es ihr, ihm täglich guten Proviant ins Gefängnis zu schmuggeln. Er saß in einer Zelle mit zwei Mördern, die lebenslänglich zu Zuchthaus verurteilt waren. Sie begriffen es nicht, warum jetzt ein Ausländer ein Verbrecher sei. Aber die Wege Gottes waren von jeher unerforschlich. Warum sollten jetzt nicht auch Ausländer schlimme Menschen sein? Jadwiga besuchte Karluscha regelmäßig. Seine Freunde und Schuldner hatten sich sehr schnell von ihm abgewandt und es war nicht möglich, durch sie eine Erleichterung seines Schicksals zu erwirken.

Als bekannt wurde, daß er in die Steppe verbannt werden sollte, durften Bobik und Wera ihm im Gefängnis Lebewohl sagen. Mit Herzklopfen gingen sie durch die düsteren Tore des bedrohlichen Gebäudes. Sie durchschritten mehrere vergitterte Gänge und kamen dann in einen kleinen Raum. Karluscha wurde von einem Uniformierten gebracht. Der schweigsame Mann blieb die ganze Zeit dabei sitzen. Karluscha war mager und blaß geworden. Von der herausfordernden Art war nichts mehr übriggeblieben. Er fragte sie freundschaftlich nach ihrem Tun und ihren Freunden, und ob es ihnen gut ginge. Sie bejahten. Er tat ihnen sehr leid. Er war völlig verändert. Er nestelte an seinem Hals und zog ein kleines kupfernes Kreuzchen, das an einer fettigen Schnur hing, hervor. Bobik und Wera betrachteten es mit Staunen. Karluscha lachte immer über sie, wenn sie zur Kirche gingen, er fand Religion „Mumpitz", Aberglauben, etwas für dumme Leute. Und nun trug er ein Kreuz.

„Ich halte es hoch in Ehren, denn einer meiner Zellengenossen hat es mir geschenkt. Er ist ein Mörder, er hat einen Menschen umgebracht und kommt nie wieder heraus aus dem Zuchthaus, und da meinte er, es solle mich jetzt beschützen." Und er schaute mit Rührung auf den winzigen Gegenstand. Jadwiga, Bobik und Wera waren tief beeindruckt. Dann sagte der Uniformierte mit grober, heiserer Stimme: „Die Zeit ist um. Nun ist es genug."

Karluscha erhob sich sofort und ohne Widerrede, devot. Sie nahmen Abschied, der nie so herzlich war wie in jener Zeit seiner Erniedrigung. Sie schauten ihm nach, wie er abgeführt wurde. Schweren Herzens schritten sie aus jenem düsteren Gebäude, in dem das Unglück hauste.

Nach einer Weile hieß es, Karluscha sei nach Jenotajewsk in der Kirgisensteppe an der Wolga abtransportiert worden. Längere Zeit hörte man nichts von ihm. Dann kam Nachricht, daß er dort schwer erkrankt sei, und daß niemand da sei, ihn zu pflegen.

Jadwiga kam mit dem Brief zu Bobik.

„Was soll ich tun?, Bobik. Er ist krank und hilflos und allein dort. Ich muß ihm helfen. Ich werde dorthin fahren und ihn pflegen."

„Und was geschieht mit uns allen, Mami?"

„Der liebe Gott wird euch schon nicht verlassen. Du bist jetzt zwölf. Du wirst meine Stelle übernehmen, und ich hoffe, du wirst es besser machen als ich."

„Ich werde es versuchen, Mami. Aber laß um Gottes willen nicht Babuschka herkommen für diese Zeit, sie bringt uns alles durcheinander! Ich bitte dich sehr darum, Mami!"

„Daran habe ich auch schon gedacht, aber sie verträgt sich doch nicht mit Njanja und Frossja. Versprich mir, daß du Onkel Iwan um Rat und Hilfe bittest, wenn du Schwierigkeiten hast, er ist ein guter, uneigennütziger Freund."

„Aber, Mami, du brauchtest doch eigentlich nicht dorthin zu gehen, du bist doch geschieden! Und er hat dir so viel Kummer und Erniedrigungen bereitet!"

„Wie kannst du nur so sprechen, Bobik! Er ist doch in Not. Und du weißt, daß man dann helfen muß; ob ich geschieden bin oder nicht, das spielt keine Rolle."

„Wie werden wir uns aber verständigen, Mami, wenn doch die Briefe zwei Wochen unterwegs sind? Ich weiß was. Wir werden jede Nacht um zehn vor die Tür gehen und unsere Gedanken über den Stern des Großen Bären senden. Er steht bei uns und zugleich bei dir, und so werden wir wissen, daß unsere Gedanken sich am Großen Bären treffen."

„Ja, Bobik, das ist eine herrliche Idee, wir werden es tun."

Jede Nacht stand im Park in Girejewo ein zwölfjähriger Junge und schaute auf das Gestirn des Großen Bären und sandte seiner fernen Mutter gute und helfende Gedanken und erzählte ihr seine Freuden und Kümmernisse. Und Tausende Kilometer südlich in der Sandsteppe der Kirgisen stand eine junge Frau und schaute zu dem gleichen Gestirn.

Bobik thronte im hellen Billardsaal auf einer Chaiselongue, die wie eine Badewanne aussah und trotz ihres Alters sehr bequem war. Jadwiga war noch in Jenotajewsk. Bobik hatte sich inzwischen das Bein gebrochen. Den Billardsaal – seit Karluschas Weggang spielte niemand mehr Billard – hatte er sich zu einem repräsentativen Wohnraum umgestaltet. Von hier aus ließ es sich besser regieren. Der Raum lag zentraler, er war leichter zu erreichen. Er ließ sich von Frossja und von dem Stalljungen Wanka, der an die Stelle von Aleksandr trat, die Rechnungen geben, die er kontrollierte.

Sein Gesicht zeigte Spuren der Verantwortung und des Kummers. Wenn er auch die Rechnungen kontrollierte, wußte er denn, wieviel Hafer und Heu und Hühnerfutter wirklich von den eigenen Tieren konsumiert wurde? Und wußte er, ob die Lebensmittel, die Frossja einkaufte, auch wirklich im Hause verbraucht wurden? Er selbst empfand, daß die Kontrollfunktionen höchst unvollkommen waren und daß es ihm, wie Mami, an dem gediegenen Wissen über Haushaltführung und an Autorität fehlte.

Er fragte Onkel Iwan, was ein Pferd an einem Tage fresse. Onkel Iwan schüttelte gewichtig sein Haupt. „Ja, Bruder, wie soll ich dir das beantworten, das kommt ganz auf die Größe und den Appetit des Pferdes und auf sein Temperament an. Da gibt es wohl keine feste Norm. Und im Vertrauen gesagt, weder meine Eltern noch meine Voreltern noch ich haben je ein Pferd gefüttert. Da fragst du besser Timofei. Der ist Fachmann."

Bobik war enttäuscht. Timofei war gewiß Fachmann, aber ein großer Fachmann im Stehlen, er würde ihm, schon um seine Kollegen zu decken, niemals das Geheimnis des Pferdefütterns preisgeben. In der Bibliothek stand Brehms Tierleben, herrliche Bände mit Bildern. Aber soviel er auch darin blätterte, über das Pferdefüttern fand er nichts. Auch in

Meyers Konversationslexikon stand sehr viel über Pferde, über ihre Herkunft und Rasse, aber nichts vom Futter. Bei „Hafer“ und „Heu“ erfuhr er zwar sehr viel Wissenswertes, sogar den lateinischen Namen „Avena sativa“, und daß die „Quaker oats“, die er verabscheute, weil man versuchte, sie ihm jeden Morgen als ein bekömmliches und auch so gesundes Gericht aufzutischen, auch aus Hafer gemacht wurden. Aber wieviel Hafer ein Pferd verbrauchte, stand auch dort nicht drin. Er resignierte.

Gleiche Erfahrungen machte er mit normiertem Konsum der Menschen. Ganz scheinheilig und nebenher, um ihren Argwohn nicht zu wecken, fragte er Njanja, wieviel Fleisch wohl zwölf Menschen so am Tag äßen. Njanja schaute besinnlich drein. Sie zog beide Hände auseinander, wie man es tut, wenn man ein Maß angibt, und als sie so etwa bei vierzig Zentimeter angelangt war, machte sie halt. „Soviel wird es wohl sein“, meinte sie. Wieviel das in Pfund ausmacht, das wußte sie nicht. Auch konnte sie nicht sagen, wieviel Buchweizengrütze man für eine Kascha in den Topf tun mußte. Also war er so schlau wie vorher.

Als er, während Frossja kochte, in die Küche kam und die Topfdeckel öffnete, da gab es lebhaften Protest. „In die Töpfe laß ich mir nicht hineinschauen, das merke dir. Das darf weder deine Babuschka noch deine Mami! Dafür bin ich da!“ und sie ruckte an den Kasserollen, daß sie klapperten. Bobik sagte nichts. Er hatte sich an dem plötzlich ausströmenden Dampf die Nasenlöcher verbrannt. Das tat höllisch weh, aber er wollte Frossja die Schadenfreude nicht gönnen. Dann suchte er lange nach einer Salbe, um den Schmerz zu lindern. Es war eine Hämorrhoidalsalbe, aber er kannte das Wort nicht und rieb sie sich in die Nase. Der Schmerz wurde erträglicher.

Der Beinbruch war eine peinliche und eine freudvolle Angelegenheit zugleich. Bobik war an allen Altertümern interessiert. Wie oft ging er auf den Sucharewka-Markt in

Moskau. Inmitten des Marktes stand ein großes Gebäude mit einem spitzen Turm. Das Gebäude war zu Ehren des Kapitäns Sucharew, der bei einem Aufstand dem Zaren Peter treu geblieben war, errichtet worden. Solange Bobik es kannte, war es mit Gerüsten umgeben. Ob sie wohl Jahrzehnte daran reparierten, oder ob sie es einfach vergessen hatten? Beides war möglich. Er kaufte sich dort alte Manuskripte und vor allem alte Ikonen, die er sehr liebte, aber auch altrussische Silbergegenstände, bemalte Töpfereien und Holzschnitzereien. Im großen Billardzimmer sah es aus wie in einem Museum, und er war sehr stolz, wenn die Erwachsenen die Dinge mit Interesse betrachteten. Arischa haßte dagegen die Dinge, weil sie Staubschlucker waren und weil sie nicht verstand, wofür ein Mensch so unnütze alte und halbzerbrochene Dinge auf die Tische stellte und an die Wände hing.

Staroje Girejewo war ein Eldorado für alte Dinge. Am aufregendsten waren die Speicher im alten Haus und in den Dépendancen. Da fanden sich alte Portraits von Ahnen, die schon ganz vergessen waren, die man entfernt hatte, weil sie beim Zaren in Ungnade gefallen waren oder weil sie den Nachfolgern nicht mehr gefielen. Die Frauen waren bei weitem in der Überzahl. Onkel Iwan erklärte ihm das. Es sei nicht selten vorgekommen, daß die Ahnen mehrfach hintereinander geheiratet hätten. Und welche Frau hätte es gerne gesehen, daß ihre Vorgängerin im Salon oder Boudoir hing? Dafür waren die Speicher wie geschaffen. Hinauf damit. Dort lebten sie ein geheimes Leben der Vergangenheit. Verstaubte Kleider lagen da und zerbrochene Spielsachen. Alte Möbel, die einer neuen Mode hatten Platz machen müssen, zahllose Bücher und ganze Kisten mit Briefen. Wenn einer starb, wurden seine Gebrauchsgegenstände einfach nach oben getragen, und die Nachfolger zogen dann in die Räume ein. Auf allem lag eine dicke Schicht Staub und Spinngewebe, und es war eklig, die Dinge anzufassen. Manche Kleider hatten sogar noch den Geruch derjenigen, die sie getragen, und einen Rest des Parfüms, das sie benutzt hatten. Wenn niemand in der Nähe war, ging Bobik mit Aljona oder mit Aljoscha oder Wassenka leise auf den riesigen Speicher, und sie stibitzten sich Dinge, die ihnen interessant erschienen. Es konnten nur kleinere Gegenstände sein, die größeren wären aufgefallen. Bobik vervollständigte seine interessante Sammlung aus dem Speicher des alten Hauses. Niemand merkte es, da niemand die Sachen mehr kannte.

Einmal fand er in einer Ecke einen seltsamen Gegenstand, den er für ein Spielzeug hielt. Er brachte das unheimliche Ding nach Hause und putzte es gründlich. Es entpuppte sich als eine ganz herrliche Vase aus grünlichem Glas. Sie war etwa vierzig Zentimeter hoch, unten kolbig und hatte einen langen Hals, der sich zu einer ovalen Mündung öffnete. Vom Hals bis fast zum Boden der Vase lief ein spiraliges gläsernes Rohr. Das Ding sah schön und putzig aus. Bobik stellte es auf eine Konsole und steckte einige Blumen hinein. Alle waren begeistert von der Vase. Nur Onkel Iwan lachte schallend, als er sie sah.

„Hahahaha, wo hast du das unanständige Ding nur her? Hahaha!"

Bobik war für seine Vase beleidigt. „Ich weiß nicht, warum du dich über diese kunstvolle Vase mokierst, Onkel Iwan? Sie ist einfach wundervoll, und alle waren bis jetzt davon begeistert. Nur dir gefällt sie nicht."

„Ach Gott, die sieht wirklich ganz reizend hier aus. Aber vor hundert Jahren hättet ihr sie nicht so öffentlich ausstellen dürfen. Das ist nämlich gar keine Vase, das ist ein Pissoir!" und er lachte wieder schallend.

„Ein Pissoir?" fragte Bobik ungläubig.

„Ja, ein Pissoir. Meine Urgroßmutter, die ich noch gekannt habe, nicht die Tamara, die Elena Tschelistschewa, die hatte genau solch eine Vase. Die Kirchen waren damals ungeheizt, und die Gottesdienste dauerten zwei bis drei Stunden, und viele Damen hatten schwache Blasen. Und da trugen sie unter ihren Krinolinen solche gläserne Pissoirs. Und was ihr so besonders schön findet, diese Glasspirale, die ist dazu da, damit es niemand hören sollte." – Aber sie beschlossen, dieser Vase trotz ihrer Anrüchigkeit den Ehrenplatz zu belassen.

Eine der größten verbotenen Attraktionen war der alte Glockenturm neben der Kirche aus dem dreizehnten Jahrhundert. Er hatte eine schmale alte eichene Tür, die mit großen Nägeln beschlagen war. Die Tür war seit Jahren zugenagelt. Einige Bretter waren ganz morsch. Der Glokkenturm wurde nicht mehr benutzt. Im vorigen Jahrhundert wurde die Kirche renoviert, und die neuen Glocken wurden in einem anderen Turm aufgehängt. Sicherlich war dieser Turm ganz leer, doch es war immer schon die Sehnsucht der Kinder, den Turm zu besteigen. Aber Onkel Iwan rollte die Augen und verbot ausdrücklich, nicht nur den Turm zu besteigen, sondern auch die Umgebung zu betreten. Die Umgebung war auch nicht geheuer, denn in der Nähe stand das Grab von Urgroßmutter Tamara, auf dem Efeu und blaue Blumen wucherten.

Aber eines Tages war der Plan zur Besteigung doch reif. Bobik und Wassenka verabredeten sich. Sie fanden, der Montblanc sei auch nie zuvor bestiegen worden und Pacard und Balmat hätten sicherlich auch niemanden um Erlaubnis gefragt. Bobik und Wassenka hatten wohl ganz ähnliche Gefühle wie Pacard und Balmat. Sie gingen um die Mittagszeit dorthin. Es war sowieso nie jemand in der Gegend, aber mittags schliefen alle. Es war sehr still, unheimlich still sogar. Sie schielten nach dem Grab der Tamara, sie wagten nicht, genau hinzuschauen, man konnte nie wissen; die alte Tamara war unberechenbar, und es war zu hoffen, daß sie nicht auch im Glockenturm spukte wie im alten Schloß.

Ganz vorsichtig rüttelten sie an den morschen Brettern der Tür, sie gaben nach, das Holz war ganz weich und faserig. Es gelang ihnen, eine Öffnung zu schaffen, durch die sie hindurchkriechen konnten. Wer sollte vorangehen?

Bobik schaute auf Wassja. – „Geh du zuerst."

„Ich? Wieso denn ich? Du hast doch das Abenteuer zuerst ausgeheckt, dann geh du auch zuerst!"

Bobik war es ungut zumute. Irgend etwas mit seinem Bauch war nicht ganz in Ordnung, die Därme kullerten und brummten. Ob man nicht noch zuerst hinter die Büsche gehen sollte? Aber einmal mußte doch der Anfang gemacht werden.

„Ob der Turm sehr baufällig ist? Onkel Iwan sagt das immer."

„Man weiß es nicht, man muß es probieren", meinte Wassja.

Bobik kroch hinein. Die Stufen fingen gleich bei der Tür an, es war eine hölzerne Wendeltreppe, die Stufen waren in der Mitte ganz ausgetreten. Manche Stufe fehlte ganz, die Reste davon lagen zerstreut auf den anderen Stufen. Wenn man vorsichtig darauf trat, ächzten sie und waren weich wie ein Teppich. Bobik rief zurück, Wassja solle unten bleiben, zwei Menschen würden die Stufen nicht aushalten. In der Mauer waren schmale Schießscharten, die so dicht mit Spinngeweben umsponnen waren, daß das Licht nur spärlich hindurchscheinen konnte. Es war unheimlich. Überall raschelte es, an den Wänden hingen schlafende Fledermäuse, die sich nicht rührten. Erschreckte Schwalben flogen und prallten gegen die Wände. Jeden Augenblick konnte auf dem Stufenabsatz die schreckliche Ahnfrau Tamara Tarletzkaja erscheinen. Bobik hatte ein dringendes Bedürfnis nach einem ganz anderen Ort. Er war schon ziemlich hoch gekommen, es konnte die halbe Höhe des Turmes sein. Nun kam ein kleiner Absatz, und da war wieder eine schwarze Tür. Bobik erschauerte. Was verbarg sich hinter jener geheimnisvollen Tür? Er verschnaufte. Dann tastete er vorsichtig die Tür nach faulen Brettern ab.

Und da geschah es. Es gab zuerst einen fürchterlichen Krach. Dann war ein unheimlicher Lichtschein da. – „Das ist die Tamara!“ durchzuckte es ihn. Dann stürzte er, von einer schrecklichen dunklen Gestalt gestoßen, all die morschen Treppen hinab. Sein Kopf und seine Schultern wirkten wie ein Katapult und stemmten die alte eichene Tür vollends heraus. Anfangs war er so betäubt, daß er nichts wahrnahm. Nach einer Weile begann er sich wieder zu empfinden. Die Beine lagen noch auf den Resten der Treppe, der Kopf war draußen, auf ihm lagen die Reste der schweren Tür. Von Wassja war nichts zu sehen. Er ergriff offenbar beim ersten Lärm oder auch schon vorher das Hasenpanier.

Bobik versuchte sich zu bewegen. Ein stechender Schmerz durchzog das rechte Bein und blieb dort. Auch etwas anderes, Unaussprechbares war passiert, das viel furchtbarer war. Es war ein sehr unbehagliches Gefühl in der Hose. Bobik gelang es, sich trotz der Schmerzen und des Schreckens wenigstens aus dem unheimlichen Turm herauszuwinden. Er lag jetzt im Gras, um ihn herum lagen morsche Bretter, alte große Nägel und andere dunkle kleinere Bretter, aus denen ganz große Kakerlaken herauskrochen. Er hatte schon immer Angst vor diesen langleibigen Ungeziefern. Sie bewegten sich wie elegante magere Damen. Er wollte sich aufrichten, aber da wurde der Schmerz im Unterschenkel noch unerträglicher. Und ganz nahe neben ihm war das Grab der schrecklichen Tamara. Libellen flogen vorbei. Frösche hüpften geschäftig umher, und graue Eidechsen saßen unbeweglich, wie gemeißelt, auf Baumstümpfen. Was sollte er tun? Schreien war eigentlich nutzlos, da in der Nähe niemand wohnte. Er konnte sich aber auch nicht allein aufrichten, irgend etwas war verstaucht oder gebrochen.

Mit Ekel faßte er eines der kleinen Brettchen an. Sie waren ganz schwarz, aber eine Seite war glatt. Bobik wischte den Staub und Dreck mit der Hand ab. Ein Schrei des Entzückens kam aus seiner Kehle. Es waren Ikonen, ganz, ganz alte Ikonen. Wenn man genau hinschaute, konnte man noch einiges erkennen. Er holte sich die Brettchen, die er aus seiner

Lage erreichen konnte, herbei, er rieb sie, immer neue Ikonen kamen zum Vorschein. Er hatte einen Schatz an Ikonen aus dem dreizehnten Jahrhundert entdeckt, die noch Khan Girei für die Kirche hatte malen lassen. Er vergaß den Schmerz und das Schreckliche mit der Hose, er betrachtete die nachgedunkelten Farben, die fein gezeichneten Gesichter und die demütigen Gesten. – „Solch eine Sammlung hat niemand", dachte er. „Onkel Iwan wird furchtbar böse sein, was wird er nur tun? Er hat ja immer gewußt, daß wir dahin wollten, deshalb hat er es immer verboten. Ob er mir als Belohnung für all die Angst und für das kaputte Bein die Ikonen schenken wird?" Das war sein sehnlichster Wunsch. – „Aber wie komme ich bloß nach Hause?" dachte er mit Grauen. Der Tag begann sich zu neigen. Das kaputte Bein, gut, das kann jedem passieren, aber das mit der Hose, das war fürchterlich.

Irgendwo hörte er Schritte. Er suchte die Gegend mit den Augen ab. Das Gras und Gesträuch war hoch, er konnte nicht weit sehen. Er wagte es, zu rufen.

„He, ist jemand da, komm doch her!" – Jemand antwortete. Es war der alte Imker Jefrem. Gott sei Dank, das war ein alter, einfacher Mann, der hier in der Nähe seine Bienenstöcke hatte. Er würde Bobik nicht blamieren.

Jefrem neigte sich mit seinem runzeligen Gesicht und den guten hellen Augen zu Bobik.

„Was ist denn mit dir passiert, Herrchen, du liegst ja so alleine hier?" – Er schaute um sich. „Aha, du warst wohl auf dem Turm!"

„Ja, Jefremuschka, und da ist mir die Ahnfrau Tamara erschienen und hat mich die Stufen hinabgestoßen. Ich habe mir was gebrochen."

Jefrem bekreuzigte sich, kratzte sich hinter dem Ohr und nickte zustimmend mit dem Kopf. – „Ja, als ich zwanzig war, jung und kräftig war ich damals noch, da ließ der selige Herr, der Vater seiner Exzellenz, die Kirche ganz neu ausmalen, weil die alten Ikonen von dem Weihrauch aus den Jahrhunderten ganz schwarz geworden waren. Das war ein Fest, als die Kirche im neuen Glanz erschien! Der Erzbischof kam persönlich, die Kirche zu weihen. Und lustig waren wir da! Und ich selbst habe geholfen, die alten Ikonen in den Turm zu tragen. Danach haben wir die alte Tür zugenagelt. Siebenhundert Jahre sind schließlich keine Kleinigkeit. – Was mache ich denn jetzt mit dir? Schleppen kann ich dich nicht, dazu bin ich zu alt und zu schwach. Ich gehe mal zum Schloß."

„Jefremuschka, bring mich bitte, bitte nicht zum Schloß! Geh du dorthin und telefoniere bei uns zu Hause an, rufe Arischa, sie möge mir Wanka mit dem Wagen schicken."

„Aber, Herrchen, zum Schloß ist es doch viel näher!" meinte Jefrem.

„Du mußt es verstehen, Jefremuschka, wegen dem kaputten Bein würde ich mich natürlich ins Schloß bringen lassen, aber es ist noch etwas anderes, ganz Furchtbares passiert, so kann ich nicht ins Schloß", und er senkte die Stimme, obwohl sonst niemand in der Nähe war. „Die Hose ist nämlich voll. Und da geniere ich mich fürchterlich, sie werden mich auslachen und jahrelang diese Geschichte erzählen, du weißt doch, wie sie hier sind."

Jefrem schnupperte mit den Nasenlöchern und nickte mit dem Kopf.

„Ja, das verstehe ich, dann verweile noch hier, ich hole selbst den Wanka."

Bobik wurde behutsam von Wanka und Arischa, die mitkam, in den Wagen gehoben. Er richtete es so ein, daß sie ihn nur am Rücken und an den Füßen anfaßten. Dann war er zu Hause. Njanja schimpfte und brummte, aber ihr konnte er sich anvertrauen. Als alle schändlichen Spuren verschwunden waren, wurde der nächste Arzt, Doktor Painson, geholt. Das Bein war tatsächlich gebrochen, nur einer von den beiden Knochen, der kleinere, Gott sei Dank. Es wurde ein Spankorb auseinandergebrochen. Die langen Späne wurden um das Bein gelegt und das Bein wurde bandagiert. Es tat danach viel mehr weh als zuvor. Bobik verlangte seinen alten guten Doktor Ssorokin. Das Bein hatte Wunden von den Enden der Späne, Doktor Ssorokin entfernte das provisorische Korsett und baute langsam und vorsichtig eine herrliche Bandage aus Mull und Gips, die nach einer Weile ganz fest um das Bein saß und hart wurde.

Am Abend kam Onkel Iwan. Er wollte sehr böse sein, aber er konnte es nicht, er konnte es nie. Er kam ernst herein, aber schon in der Mitte des Zimmers lachte er breit.

„Na, Bruder, du machst ja ganz schöne Geschichten. Du hattest wohl Sehnsucht nach der alten Tamara? Nun hat sie dich bestraft. Ihr könnt ja alle nicht hören! Nun, wir haben es früher auch nie getan, jeder muß seine Erfahrungen alleine machen. Schmerzt denn das Bein? Was werden wir nun Jadja sagen?"

„Onkel Iwan, auf Ehrenwort! Sagen wir ihr nichts, sie regt sich nur auf in der Ferne und kann doch nicht helfen, und es wird alles bald wieder heil sein. Aber die böse Tamara. Hat sie mich doch gepackt!"

„Du Dummer! Tamara schläft in ihrem Gitter. Du wirst an etwas gestoßen sein, und dann bist du ausgerutscht. Laß mal die Tamara aus dem Spiel, die alte Dame hat genug Gräßliches zu Lebzeiten angerichtet, nun ist sie an allem schuld, was hier passiert."

„Onkel Iwan? Da waren so viele alte Ikonen im Turm, die alle heruntergefallen sind. Brauchst du sie? Oder kann ich sie haben, du weißt doch, wie gerne ich Ikonen habe."

„Ach ja, die alten Ikonen vom Khan Girei! Natürlich kannst du sie haben, wenn Jadja es dir erlaubt, daß du all die alten Klamotten ins Haus schleppst. Ich werde Timofei sagen, er soll sie dir morgen bringen. Aber – ich will keine Scherereien damit haben."

Scherereien gab es doch. Als Timofei mit der Fuhre ankam, es war eine große Fuhre, und jemanden suchte, der ihm auspacken helfe, empörten sich alle. Frossja ekelte sich vor dem Ungeziefer, und Njanja schimpfte laut und drohend. Sie lasse alles durch Wanja sofort verbrennen. Da begann Bobik vor Gram und Verzweiflung zu heulen. Er heulte ja nicht für sich, er heulte für die Erhaltung der heiligen Ikonen. Er stellte ihr vor, wie alle die Ahnen und Bauersleute vor diesen Ikonen siebenhundert Jahre lang ihre Gebete zu Gott sandten, und nun, durch ihre, Njanjas Unbarmherzigkeit würden diese heiligen Gegenstände zerstört. Da wurde sie weich. Sie und Frossja schleppten die Bilder in Bobiks Zimmer, sie machten sich dahinter und mit vereinten Kräften wischten sie den Dreck ab und polierten sie mit Sonnenblumenöl, so daß die schönen Farben, das Gold und Rot und Grün wieder zu leuchten begannen.

Bobik hatte ein Gipsbein, und die Tamara, die Ururgroßmutter, hatte einem ihrer zahlreichen Urenkel einen Fußtritt höchstpersönlich gegeben – er ließ sich das nicht nehmen, trotz Onkel Iwans Unglauben –, aber er besaß die wunderbarste Sammlung alter Ikonen von einem unbekannten alten Malermönch. Und er war selig.

POGROM

Jadwiga kam aus Jenotajewsk gebräunt zurück. Sie trug bunte kirgisische Tracht, die sie dort erstanden hatte. Die einfache Bauerntracht stand ihr gut. Sie war ganz erfüllt vom einfachen Leben und lebte sich nur schwer in den Alltag des weißen Hauses ein. Bobiks Fuß war so weit geheilt, daß der Gipsverband abgeschnitten werden konnte. Er hatte Angst, das Bein zu belasten, und stützte sich schwer auf einen Krückstock. Das gab ihm ein sehr ernstes und wichtiges Aussehen. Die anderen lachten und nannten ihn „Marquis de Ramoli“, was ihn sehr kränkte.

Inzwischen war vieles passiert. Sascha Tarletzki, der

lustige, der Degenerat, Poet und Kulinar, war gefallen. Onkel Iwan trug eine schwarze Schleife um den Ärmel, er war traurig, wenn er auch von seinem Sohn Saschenka nicht viel hielt. Bobik und Wera kauften sich aus eigenem Taschengeld auch schwarze Schleifen und trugen sie um Onkel Sascha mit Würde; sie legten großen Wert darauf, daß man sich nach der Ursache der Trauer erkundigte und sie bedauerte. Diese Schleifen verliehen ihnen eine ungeahnte Würde. Wenn sie sich zankten oder Dummheiten machten, rief Njanja sie zur Ordnung, sie ermahnte sie, sich gemäß der Trauerschleifen zu benehmen. Das half. Sie trauerten auch wirklich um Sascha, der ein lustiger Kumpan war, wenn er auch vor Jahren die Lokomotive überdreht hatte.

Marussja Tarletzkaja war während der Abwesenheit von Jadwiga, über Nacht sozusagen, aus dem leeren Haus entflohen; alle Maskeraden nutzten ihr nichts mehr, seit sie kein Publikum hatte. Sie langweilte sich. Manchmal besuchte sie Bobik an seinem Krankenlager, sie schwankte verdächtig und ihre Sprache war nicht mehr ganz klar, sie wiederholte sich immerfort. Sie vertraute Bobik an, sie werde weglaufen, ganz egal wohin, und ganz egal mit wem, sie habe diese Langeweile und die ewigen Maskeraden und den Selbstbetrug nun satt. Eines Tages suchte Onkel Iwan sie im weißen Haus, aber sie war nicht dort, sie war auch nicht in ihrem Haus und nirgendwo. Später schrieb sie aus Petersburg, aber der Brief war sehr konfus. Sie war nicht glücklich. Es dämmerte Bobik, daß sie mit aller Maskerade und Lustigkeit und Hang zum Unsinn nie glücklich gewesen war.

Viele von dem Gesinde gingen fort. Die Mädchen wurden Krankenschwestern, sie stellten sich in schmucken Uniformen vor, und Aksinja hatte sogar einen adligen Hauptmann geheiratet, das spornte die anderen an, Gleiches zu versuchen. Es wurde öde im weißen Haus.

Eines Nachts klopfte es an Bobiks Tür, das Billardzimmer hatte einen separaten Ausgang in den Park. Bobik schlich sich vorsichtig heran. Im Glas erspähte er eine schlanke Soldatenfigur. Er öffnete. Es war Genja Lawrow. Er hatte ihn nur einmal im Kaukasus auf dem Gut seiner Großmutter gesehen, ein entfernter Verwandter, ein Grusier. Bobik öffnete.

„Du bist es, Genja, um Gottes willen, wie kommst du denn hierher?!"

Genja legte den Finger an den Mund. „Schschschsch, sei still, mach die Tür zu. Ich bin geflohen. Beherberge mich über Nacht, ich gehe morgen wieder zur Front. Ich halte es hier nicht mehr aus."

Auf Zehenspitzen schlich Bobik in die Küche und brachte seinem Freund Brot, Käse, Wurst und Wein. Genja biß hinein wie ein Wilder, ohne Manieren. Er hatte zwei Tage nichts gegessen. Er war jetzt siebzehn, groß und schlank und von exotischer Schönheit, seine Augen standen schräg und hatten das schillernde Grün eines Tigers. Er trug Leutnantsuniform. Er war durch viele Bajonettstiche verwundet und in ein Lazarett nach Zaritsino verbracht worden. Er war so sehr in den Krieg verliebt, daß er es in der Langeweile und Ordnung des Lazaretts nicht mehr aushielt. Er war wie ein wildes Tier. Nachdem er wie ein Löwe gegessen hatte – Bobik konnte sich nicht erinnern, jemanden so viel und so gierig und hemmungslos essen gesehen zu haben, nicht einmal im Karneval –, warf er sich auf das Bett und schlief ein. Bobik wagte es vorsichtig, sich neben ihn zu legen, da keine andere Lagerstatt in der Nähe war und er auf seinen Schlaf nicht verzichten wollte.

„Was macht der Krieg bloß aus den Menschen!" dachte er. Genja warf sich im Fieber umher, schrie und stöhnte, kämpfte gegen jemand, empörte sich, knirschte mit den Zähnen. Bobik suchte nach einer Kompresse. Er fand nur abgestandenes Wasser in einer Blumenvase und eine kurze Unterhose, er tunkte die Hose ins Wasser, wrang sie aus und legte sie ihm auf den heißen Kopf. Genja wurde ruhiger. Am Morgen erwachte Genja; die vielen Binden hatten sich gelöst und verheddert, er blutete aus vielen Wunden, das Laken und Bobiks Hemd waren mit Blut verschmiert. Bobik betrachtete es mit Stolz, das war Blut von einem Helden.

Mami und Njanja betrachteten die Sache etwas weniger romantisch, worüber Bobik und Wera sehr erbost waren. Sie schimpften über den übergeschnappten Genja, über seine Flucht aus dem Lazarett, die ihm als Fahnenflucht ausgelegt werden konnte. Sie holten erst mal Doktor Ssorokin, der den wilden Jungen verband. Bobik hatte den Eindruck, daß der Doktor mit Absicht, um Genja zu strafen, die Binden sehr stark anzog. So zog ja nicht einmal Aleksandr die Reitgurten fest. Genja fügte sich der Autorität.

Onkel Iwan wurde geholt und mußte die Angelegenheit mit dem Lazarett ins Reine bringen. Doktor Ssorokin bestätigte, daß Genja im Wundfieber, in halbbewußtem Zustand das Lazarett verlassen hatte. Genja blieb einige Tage. Er imponierte allen Mädchen, auch Aljona, so sehr, daß Bobik sehnlich wünschte, er wäre selbst Soldat, oder Genja möchte bald verschwinden.

Und eines Morgens war das Bett leer und die Tür zum Park stand offen. Genja, der wilde Vogel, war ausgeflogen. Er erschien auch nicht im Lazarett. Einige Tage später kam eine Postkarte von der Front. Sie war mit Bleistift hingekritzelt. Er schrieb: „Dank, fragt nicht. Mein Leben ist Krieg. Ich komme nicht wieder. G.“ – Das war alles, Genja kam nicht wieder.

In den Augen Bobiks und seiner Gefährten war er der Prototyp des Helden, er wurde zu einer Art heiligem Apoll erhoben, sie beteten für das Heil seiner Seele. Bobik vergaß ganz, wie er beim Essen geschmatzt und die Wurst, ohne sie zu zerschneiden, mit den Zähnen zerrissen hatte. Um sein Antlitz schwebte jetzt eine Gloriole. Als Onkel Iwan sah, daß Bobik und Wera auf eine Photographie Genjas mit Goldbronze einen Heiligenschein gemalt hatten, lachte er zynisch und meinte: „Ihr dummen Affen, ein Draufgänger ist noch kein Held. Dazu bedarf es auch des Verstandes. Wo kämen wir hin, wenn wir aus falsch verstandenem Heldentum und Edelmut einfach in die feindlichen Bajonette laufen würden? Genja war das Opfer einer falschen, verstiegenen Erziehung. Ein lieber, armer Junge."

Bobik empörte diese Überheblichkeit. Natürlich, ein General konnte es sich leisten, so abfällig über einen Leutnant zu sprechen, aber schließlich waren es die Jungen, die Leutnants, die Helden waren. Dazu war Onkel Iwan viel zu alt.

Eines Tages im Mai, Babuschka weilte gerade zu Besuch im weißen Haus, rief ihr Haushofmeister Nikifor ganz aufgeregt an, in Moskau sei ein Pogrom gegen die Deutschen ausgebrochen. Der Anlaß dazu war wohl ein Gerücht, daß die Deutschen Giftgas an der Front angewandt hätten. Die Volkswut kannte keine Grenzen. Deutsche Geschäfte und Wohnungen wurden zerstört und vernichtet, Menschen wurden mißhandelt, Häuser und Fabriken, die längst für die russische Kriegsindustrie arbeiteten, in Brand gesteckt.

Onkel Iwan rief an, Jadwiga, die Kinder und das Gesinde möchten sich in Sicherheit bringen, er habe Nachricht, daß ein Trupp von Pogromschiki die Richtung auf das weiße Haus eingeschlagen habe. Das weiße Haus gehörte Karluscha, der ein Deutscher war. Onkel Iwan würde es verteidigen, sobald eine Abteilung Kosaken eingetroffen sein würde.

Es war nicht viel Zeit zu verlieren. Am aufgeregtesten waren Babuschka und Njanja. Babuschka ergriff in ihrer Panik, immerzu weinend und schreiend, drei Billardkugeln und rannte damit umher. Bobik nahm ihr wütend die Kugeln aus der Hand und brüllte sie an. Eine Weile kam sie zu sich, dann rannte sie wieder umher. Njanja breitete ein Laken auf dem Boden aus und warf Wäsche und Kleidungsstücke hinein und befestigte das ganze zu einem Bündel. Jadwiga steckte einige liebe Bücher, eine kleine silberne Ikone, die sie besonders liebte, und einen uralten, ganz schwarzen Buddha in ihre

Tasche. Wera hielt ihre Lieblingspuppe fest umschlungen, und Bobik griff nach der schönsten Ikone aus dem Turm und versteckte sie in seiner Mappe. Jadwiga zeichnete mit einem Stück Kreide ein Pentagramm auf die Haustür und darüber ein Kreuz, sprach ein Gebet, bekreuzigte das Haus, dann sich, die Kinder, Babuschka und das Gesinde, dann gingen sie in das Dickicht des Parks. Sie hörten lautes Schreien und Singen, Pferdegetrappel und anderes, mehr kriegerisches Schreien. Der Lärm dauerte eine ganze Weile, dann wurde es stiller.

Tatsächlich war ein Trupp unter der heldenhaften Führung der rabiaten Kutusowa, die Karluschas größte Schuldnerin war, und die Jadwiga wegen ihrer Schönheit beneidete und haßte, in die Nähe des weißen Hauses gekommen in der ehrbaren Absicht, die beweglichen Güter zu stehlen, und das Unbewegliche zu zerstören. Die Kutusowa schwenkte wild eine Fahne und sang patriotische Lieder. Die anderen gröhlten. Da kam Onkel Iwan rechtzeitig mit der Abteilung Kosaken entgegengeritten. Vor der drohenden Haltung der Kosaken blieb die Menge der Ortsfremden stehen und zerstreute sich auf Onkel Iwans strengen Befehl. Ein Kosak streifte zufällig oder mit Absicht das häßliche Gesicht der Kutusowa mit der Peitsche, sie schrie gellend und drohte. Onkel Iwan lachte: „Sehen sie, Durchlaucht, wenn man sich in Gefahr begibt, kommt man darin um!“ – und er drohte ihr schalkhaft mit dem Finger. Er wußte genau, daß sie der Initiator des Kleinpogroms von Girejewo war.

Dann kam er ins weiße Haus. Er stellte zwei stämmige Kosaken vor jede Tür. Jadwiga war ihm sehr dankbar dafür.

„Siehst du, Onkel Iwan, das Pentagramm und das Kreuz und unsere Gebete haben uns gerettet.“

„Ja, liebe Jadja, und meine Kosaken“, und sie lachten.

Babuschka roch durchdringend nach Baldrian, sie nahm reichlich davon und goß wohl einige Tropfen über das Kleid. Wie hergezaubert kamen die Katzen vom Hof und schnupperten aufgeregt an ihr, eine sprang ihr auf den Schoß und beleckte das Kleid. Babuschka konnte keine Katzen leiden, sie schrie, und Bobik mußte das ungestüme Tier mit Gewalt entfernen.

Jedenfalls hatte sie genug von dem Pogrom und vom weißen Haus, sie hatte nur eine Sehnsucht, in ihr totes, stilles Haus auf dem Arbat zurückzukehren. Ihr Kutscher mußte anspannen. Trotz aller Aufregung versäumte sie nicht, einige Naturalien wie Butter, den Rest eines Kuchens und ein großes Bündel Holz, das auf dem Rücksitz der Kalesche befestigt wurde, mitzunehmen.

Bobik sollte als Schutz mitkommen. Das weiße Haus war beschützt. Bobik fuhr gern nach Moskau. Noch ehe sie in die Stadt einfuhren, sahen sie den feuerroten Himmel, an allen Ecken brannten Fabriken und Gebäude. Überall war absolute Unordnung, Gruppen von Menschen standen umher, andere liefen geschäftig, sie trugen Bündel mit Stoffen oder Körbe, andere hatten Stühle oder Bilder unter dem Arm, jedermann suchte sich zu bereichern. Einige trugen Ikonen auf langen Stangen, wie man sie zu Prozessionen benötigte; mit diesen gleichen Ikonen wurden die Fensterscheiben der deutschen und nicht selten der französischen und englischen Geschäfte zertrümmert. Alles, was fremde Namen trug, wurde beschädigt, und schließlich, als die Vernichtungswut sich selbständig gemacht hatte, wurden auch russische Geschäfte zerstört und bestohlen.

Bobik und Babuschka sahen, wie eine alte und sehr dicke Frau aus dem berühmten russischen Geschäft Skorochod herauskam. Sie hatte ungezählte Schuhe in ihren umfangreichen Rock verpackt und war rundherum mit Stiefeln bespickt. Ihre Strümpfe gingen nur bis zu den Knien, die dicken, weißen, nackten Oberschenkel schauten grotesk zwischen den schwarzen Strümpfen und dem gerafften Rock hervor. Einige Halbwüchsige sahen sie kommen, sie stürzten sich auf sie, packten sie in der Taille, drehten sie um. Die dicken Beine strampelten in der Luft, sie schrie zum Gotterbarmen, die Schuhe fielen aus ihrem Bauch wie reife Äpfel vom Baum. Andere bückten sich und stibitzten behend die Schuhe. Alle lachten schallend, es war wie auf einem Volksfest.

Auf der Mjasnitzkaja lagen riesige Flügel und Klaviere mit ihren ungetümen schwarzen Leibern auf der Straße, sie sahen aus wie verendete viereckige Elefanten. Sie waren aus dem ersten Stock von Julius Zimmermanns Klavierniederlage herausgeworfen worden. Die Elektrischen hatten lange Schleifen von Damast und Seidenstoffen, die wie festliche Fahnen wehten. Manche versuchten sie herabzuziehen, sie rissen den Stoff entzwei, rollten ihn ein und zogen damit heim. Überall gähnten Löcher von zerbrochenen Fenstern. Beißender Rauch ätzte die Augen und ein dicker Lärm schwebte über den Straßen.

Auf dem Arbat war wie immer eine vornehme, aber tote Ruhe. Nikifor verbeugte sich tief vor Babuschka, küßte ihr die Hand und half ihr aus dem Wagen. Sie war völlig erschöpft. Solch einen Tag hatte sie noch nie erlebt. Sie ging mit Riechflakons bewaffnet in ihr Zimmer.

Bobik gesellte sich zu Nikifor, der in blauer Livree mit silbernen Knöpfen, betreßter Mütze und martialischem Schnurrbart, den er in Nachahmung von Karluscha trug, sehr prächtig und imposant aussah. Sie standen vor der Tür und besprachen lebhaft die Ereignisse. Die Straße war leer. Hier war es still. Da schlürfte ein altes Weiblein in weichen Hausschuhen daher. Sie blieb bei den beiden stehen und sprach entsetzt über das soeben Erlebte.

„Nun bin ich doch schon so alt geworden“, sagte sie, „und habe doch noch nie in meinem Leben einen dieser schnurrbärtigen Satanshunde, einen Germanez, gesehen.“

Nikifor warf sich in die Brust. „Dann schau mich mal ganz genau an, Mütterchen. Ich bin ein Germanez!“

Die alte Frau erschrak, sie bekreuzigte sich immerzu. „Oi

oi oi, Väterchen, versündige dich nicht gegen Gott! Du und Germanez! Du siehst doch ganz wie ein Mensch aus!" – und sie beeilte sich davonzukommen.

Nikifor und Bobik lachten. –

Zu Hause im weißen Haus saßen sie in Bobiks gemütlichem Zimmer.

„Und was wäre geworden, Mami, wenn sie das Haus angezündet und beraubt hätten?"

„Ich weiß es nicht, Bobik. Gott hat es nicht zugelassen. Es war wohl noch nicht die Zeit dazu. Aber sieh, ist nicht das alles zu viel für uns, all die Zimmer, all die Dinge, sie fressen uns doch auf, wir werden nicht mehr fertig mit ihnen. Und wollen wir denn Sklaven der Dinge werden?"

„Aber wie sollen wir es denn ändern, es gehört doch uns, Mami, wir müssen es verwalten."

„Weißt du, Bobik. Ich habe jetzt in Jenotajewsk erlebt, wie Menschen in einer kleinen Hütte leben, und sie leben in der Enge friedlicher als wir in den vielen Räumen. Wenn es passiert wäre mit dem Haus, ich hätte mich entschlossen und wäre ganz ganz, weit weg, weg aus der Zivilisation, irgendwohin ins Permsche Gouvernement an den Ufafluß gegangen, wir hätten uns dort eine Hütte gebaut, wir würden eine Kuh und ein Pferd halten und die Erde bearbeiten und Gott und der Erde ganz nahe sein. Das habe ich mir so schön gedacht. Würdet ihr das mitmachen?"

„Ja, Mami! Ja! Wir würden mit dir bis ans Ende der Welt gehen!" schrien Bobik und Wera wie aus einem Munde.

Und fortan träumten sie, wenn das Leben sie hart anpackte, und es packte sie immer härter an, von der kleinen sauberen und hellen Hütte ganz weit draußen irgendwo in der Einsamkeit, in einem natürlichen, einfachen Leben, ganz nahe am Herzen Gottes.

LAZARETT

Jadwiga versammelte Bobik, Wera, Aljoscha, Aljona und Njanja um sich zu einer Besprechung.

„Hört mal zu! Ihr müßt mich beraten! Es gibt jetzt sehr viele Verwundete und wenig Platz. Ich habe mir gedacht, wir könnten das Schweizerhäuschen im Park zu einem Lazarett umgestalten. Manch ein verwundeter Soldat wäre glücklicher, in der schönen Waldgegend zu liegen, als in einem der dumpfen Militärlazarette."

Die Kinder waren von der Idee hell begeistert. Njanja hatte Bedenken.

„Natürlich, Herrin, die Idee ist gut und christlich. Aber wenn hierher Mannsbilder kommen, werden alle Weiber verrückt, zuallererst unsere Mägde, und Arischa und Frossinka, und auch Aljona und Wera, die putzen sich doch schon auf wie junge Damen. Und was wird bloß aus dem Park, wenn die Kerle dort umherscharwenzeln und alle Wege mit Sonnenblumenschalen vollspucken werden."

„Aber Njanja, das sind doch bloß Begleiterscheinungen, der Park verwahrlost sowieso, seit Aleksandr und der Gärtner nicht mehr da sind. Und die Mädchen sollen lernen, die Verwundeten zu pflegen, sie werden doch nicht nur dumme Gedanken haben."

„Ich habe überhaupt keine Nebengedanken!" schrien Aljona und Wera unisono.

„Und du weißt, Herrin, was es alles an Begleiterscheinungen gibt."

Njanja wurde überstimmt. Jadwiga fuhr mit Bobik zu seiner Patenmutter, der Nonne Elisaveta, der Frau des ermordeten Großfürsten Sergei. Nach der Ermordung von Sergei Aleksandrowitsch (man hatte 1905 eine Bombe unter seinen Wagen geworfen) hatte sie den Mörder im Gefängnis besucht und ihm verziehen. Dann war sie Nonne geworden und hatte der Welt entsagt. Ihr ganzes Leben war nur noch der Hilfe für andere gewidmet. Sie errichete Waisenhäuser und Altersheime. Das Hospital, das ihren Namen trug, glänzte von Sauberkeit und wurde großartig geführt.

Sie selbst trug eine weiße Nonnentracht, sie ging ganz aufrecht, ihr Gesicht war streng und unbeweglich. Sie hatte eine Eigenschaft mit Karluscha gemeinsam, sie merkte und sah alles. Es entging ihr nichts, und es war absolut unmöglich, sie zu betrügen. Sie wurde überall geachtet und als Heilige verehrt, aber man kam ihr nicht nahe. Und die Russen mit ihrer breiten und impulsiven Natur brauchten Wärme; alles, was fest konturiert war, versetzte sie in Unbehagen.

Sie fühlte sich für Bobik wie auch für andere ihr anvertraute Kinder verantwortlich. Sie war fest überzeugt, daß Bobik völlig verkehrt erzogen wurde, und sie äußerte es auch in seiner Gegenwart in der Meinung, daß er es nicht verstehe. Das fühlte Bobik deutlich, sie war nicht kindlich und konnte sich in die Seele eines Kindes nicht hineinversetzen. Er war ganz anderer Meinung, er fand, daß Mami der beste Pädagoge war, den er sich denken konnte.

Zu Hause im Eßzimmer hingen, solange Bobik denken konnte, die Portraits von Tante Elisaveta und Onkel Serge. An Onkel Serge konnte Bobik sich nicht mehr erinnern. Auf dem Portrait hatte er einen Stiftkopf und furchterregende, stechende Augen. Alle hatten Angst vor diesem Portrait. Man war nie allein im Zimmer, er war überall, er schaute einen immerzu an, in jeder Ecke waren seine Augen. Njanja und die Mädchen bekreuzigten sich aus Angst, wenn sie das Eßzimmer betraten.

Als Karluscha das weiße Haus verlassen hatte, wurde im Familienrat beschlossen, das Portrait von Onkel Serge auf den Speicher zu bringen. Nur wenn Tante Ella sich telefonisch anmeldete, wurde das Portrait schnell abgestaubt und an den alten Platz gehängt. Sonst hängte man das Portrait der spanisch-polnischen Urgroßmutter hin, die keineswegs liebenswürdiger oder beliebter war, aber sie war wenigstens weniger stechend und guckte nicht in alle Ecken, man fühlte sich von ihr nicht beobachtet.

Mami machte vor Tante Elisaveta einen tiefen Hofknicks und küßte ihr ehrfürchtig die Hand. Die Nonne hob sie auf und küßte sie nach russischer Sitte auf beide Wangen, das heißt, sie küßte nicht, sie berührte nur die Wangen mit ihrer Wange. Sie freute sich über Jadwigas Projekt und versprach, die Patenschaft über das Lazarett zu übernehmen. Sie stiftete Decken und Laken dafür. Mami kaufte eiserne Bettgestelle; in kurzer Zeit wurde das gemütliche Schweizerhaus – es hieß so, weil es im Schweizer Châlet-Stil erbaut war – zu einem richtigen Lazarett. An den Fenstern hingen weiße Tüllgardinen, die Wände wurden weiß getüncht. Es sah alles furchtbar nüchtern aus, alle Gemütlichkeit war fort. Dann wurden in Autos oder Wagen die Verwundeten gebracht. Ein sehr lieber und sehr ernster Arzt, Doktor Schumanow – er wird sicherlich früher Schumann geheißen haben – versorgte die Kranken. Die Schwestern waren sehr selbstbewußt und frech.

Wera und Aljona ließen sich von Arischa strenge Schwesternhauben nach Art der von Tante Elisaveta nähen, sie kauften sich weiße Schürzen. Sie fanden sich herrlich darin, unwiderstehlich schön und zugleich mitleidsvoll und streng. Bobik bekam einen weißen kurzen Kittel. Er machte alle Visiten von Doktor Schumanow mit. Dieser erlaubte ihm, einfache Verbände zu machen und später sogar die Fäden der Wundnähte zu entfernen. Das war sehr aufregend, und Bobik versuchte so vorsichtig als möglich zu sein; dabei tat seine Behutsamkeit beim Entfernen der verklebten Verbände oder Nähte viel mehr weh, als wenn er es schnell und robust getan hätte. Doktor Schumanow erklärte ihm die Krankheitssymptome und die Behandlung, er lobte ihn und meinte, er könnte ein guter Arzt werden. Nach einiger Zeit nannte er ihn „Kollega Bobik“, was Bobik mächtig imponierte und sein Selbstgefühl steigerte.

Wera und Aljona maßen mit ungeheurer Wichtigkeit das

Fieber, legten den Kranken Kissen unter den Rücken, kämmten ihnen die Haare und verwöhnten sie. Die Mädchen brachten den Soldaten Leckerbissen aus dem Hause.

Am Abend sah man sie auf Bänken im Park sitzen. Es war ein gemütliches Leben; seit das Lazarett im Haus war, waren alle in seelischem Gleichgewicht. Die Kinder zankten sich nicht, und die Mädchen waren vergnügt und sangen lauter als gewöhnlich. Vielleicht arbeiteten sie weniger und waren weniger im Hause zu finden, wenn man sie suchte. Aber man hatte den Eindruck, was im weißen Haus geschehe, sei nicht so sehr wichtig. Wirkliches Leben, Leid und Freude, Genesung und manchmal auch Tod pulsierten im Schweizerhaus.

Jadwiga las nachmittags den interessierten Soldaten Gedichte vor. Mademoiselle gab französischen Unterricht, ihr Russisch war trotz jahrelanger Übung mit Bobik entsetzlich. Es gab kein Wort, das sie richtig aussprach. Die Soldaten meldeten sich zu diesem Unterricht aus reiner Gaudi, um sich über die dürre Französin zu amüsieren; sie neckten sie, verdrehten absichtlich die französischen Worte, daß sie ärgerlich wurde und den Raum verließ. Sie meinten es gar nicht böse, aber sie war in ihrer unbeholfenen Manieriertheit wirklich komisch.

Afanassii, dessen Name „Unsterblich“ bedeutete, kam zum Sterben. Er lag allein im kleinen Raum und war ganz blaß. Aljona saß an seinem Bett, sie legte ihre kühle schmale Hand auf seinen Kopf und erzählte ihm von seiner fernen Familie, die sie nicht kannte.

„Siehst du, Afanassenka, nun gehen wir Hand in Hand ins Dorf, da siehst du schon deine Hütte und den Ziehbrunnen davor.“ Afanassii riß die Augen weit auf und schaute. „Und was für eine schmucke Frau hast du, da läuft sie dir entgegen und ruft. Hörst du – Afanaaaassiiii – ruft sie. Und da laufen auch die Kinderchen.“

„Da ist ja Petruscha und die Nastenka!“ flüsterte er.

„Und was für eine schöne, dicke Kuh hast du. Soll ich dir,

wenn du wieder gesund bist, eine zweite Kuh schenken, Afanassii, eine braune? Wenn du dann heimkommst, treiben wir sie zusammen bis zu dir nach Hause. Ja, das tun wir." – Sie sprach mit leiser Stimme, die Tränen kullerten ihr die Wangen herab. Afanassii hörte angestrengt zu. Dann streckte er sich, und über das noch leidvolle Gesicht zog ein überirdischer Friede. In seinen Augen war das heimatliche Dorf und seine Familie. Aljona schrieb weinend einen Brief an seine Angehörigen. Ob sie ihn werden lesen können?

Ein junger Soldat war durch die Erlebnisse, die er niemandem anvertraute, tiefsinnig geworden. Er schaute immerzu in sich und reagierte nicht auf seine Umgebung. Doktor Schumanow nahm nach der Visite Bobik zur Seite und empfahl ihm, sich mit dem Jungen zu beschäftigen.

Bobik wußte nicht wie. Einmal brachte er ein Schachbrett und breitete es vor dem Kranken aus. Der sah teilnahmslos das Brett und die Figuren an. Bobik begann zu spielen. Plötzlich nahm Wowa eine Figur und stellte sie richtig hin. So spielten sie schweigend. Nach dem Spiel nahm Bobik Wowas Hand und drückte sie. Wowa drückte ganz zaghaft Bobiks Hand.

Dann nahm Bobik den schweigsamen Jungen in den Park spazieren. Er zeigte ihm die mächtigen Bäume, die Blumen und die Vögel. Sie gingen zu dem Hundezwinger. Wowa war teilnahmslos, aber Bobik hatte den Eindruck, daß er die Dinge wahrnahm, sie drangen nur nicht bis zur Kammer seines Herzens vor. Dann gab er ihm Bleistift und Papier und animierte ihn zum Zeichnen. Wowa kritzelte tatsächlich wie ein kleines Kind Männekens darauf. Dann schrieb er mit kindlicher, ungelenker Schrift: „Ich mag nicht mehr."

Bobik schrieb ihm: „Versuch es doch mal."

Wowa antwortete: „Wozu?" – So spielten sie eine Weile solche Schreibspiele. Sie wiederholten sie jeden Tag. Zur gewohnten Spazierstunde wartete Wowa jetzt auf Bobik. Aber er sprach noch kein Wort.

Eines Tages hatte Wowa einen Zettel in der Hand. Er reichte ihn nicht Bobik, aber er hielt ihn so, daß Bobik das nicht übersehen konnte. Er nahm den Zettel. Wowa hatte etwas darauf gekritzelt.

„Was soll ich noch? Das Leben ist wie eine Kloake voll von Blut und aufgerissenen stinkenden Gedärmen, Tod und Fäulnis. Wie kann ich noch leben! Der Krieg hat mir alles zerstört. Ich kann nicht mehr!"

Bobik las es tief bekümmert. Er verstand seinen Kameraden, der mit siebzehn Jahren Unbeschreibliches erlebt haben mußte. Er sprach leise auf ihn ein: „Schreib mir weiter, Wowotschka, schreib, was du willst, auch wenn es noch so schlimm ist."

Und am Abend saß er in seinem Zimmer und antwortete Wowa: „Nein, Wowa. Deine Wahrheit ist nur eine halbe Wahrheit. Du kannst jetzt in der Verdunkelung deiner Seele nur Verwesung und Gestank und Tod sehen. Aber es gibt auch Leben, es gibt Blühen und den Zauber der Liebe und die Freude, und es gibt Ideale, gute, helfende Gedanken. Und wenn wir leben, so leben wir nur durch diese guten Gedanken. Sonst würden wir alle sterben. Und auch du lebst, weil Freunde für dich sorgen und für dich beten. Ja, sie beten für dich. Das Leben ist keine Strafe, wie du meinst. Es ist ein Weg zum Licht, der jede Nacht auch durch die Dunkelheiten führt. Wir wollen doch leben, Wowotschka!"

Er gab den Zettel Wowa am nächsten Morgen. Und Wowa nahm ihn zu sich. So entwickelten sie dieses Einanderschreiben zu einer Gewohnheit, und Bobik fand, daß das Gemüt Wowas sich lichtete. Eines Tages auf dem Spaziergang im Park sagte Wowa ganz unvermittelt, es war das erste Wort, das er seit vielen Wochen sprach: „Mutter", sagte er, ganz einfach und unpathetisch. Bobik verstand.

„Wowotschka, deine Mutter ist fern. Wir werden ihr gleich schreiben, daß sie kommen und dich besuchen soll. Sie wird ganz bald kommen. Aber jetzt, heute, nimm meine Mutter als die deine, sie ist auch Mutter, und sie liebt dich wie einen Sohn. Sprich zu ihr."

Und er führte ihn zu Jadwiga. Er schaute sie bedeutungsvoll an und sagte: „Mami. Wowa verlangt nach seiner Mutter. Sei du seine Mutter, bis sie kommt." – Und er legte seine Hand in die ihre. Dann ging er weg.

Wowa weinte tagelang, was er bisher nicht konnte, und Doktor Schumanow meinte, das wäre die Krise, jetzt wäre Hoffnung, daß er genesen werde.

Am Abend sagte Bobik zu Jadwiga: „Weiß du, Mami, was ich werden möchte?"

„Nun, soweit ich mich erinnere, wolltest du früher immer Aleksandr werden", lachte Jadwiga.

„Nein, Mami, ganz im Ernst. Ich möchte Arzt werden. Solch ein Arzt wie Doktor Schumanow und wie unser alter Doktor Ssorokin."

„Ja, Bobik, das ist ein guter Beruf, ich beglückwünsche dich zu diesem Entschluß!"

IWAN KUPALA – JOHANNISTAG

Der längste Tag des Jahres war Johannes dem Täufer geweiht. Die Worte des Vorläufers des Herrn: „Ich nehme ab und Er wird zunehmen" bezieht man auch auf den Zeitpunkt der Sonnenwende. Die Natur ist wie trunken vom Sonnenlicht, berauscht von ihrer eigenen Kraft und Schönheit, von der Fülle ihrer Säfte. Mittags steht die Sonne so hoch am Himmel, daß die Körper nur einen ganz kleinen Schatten werfen, alles Dunkel ist zurückgedrängt, alles Helle jubelt und dankt der lebensspendenden Sonne für ihr Licht und ihre Wärme.

Vor urlanger Zeit ließ Joán, der Bader, wie der Volksmund ihn nennt, in der schwirrenden Hitze der Wüste das lebensspendende Wasser des Jordan über den jugendlichen Leib unseres Heilands hinabfließen, und seine Gottessohnschaft wurde durch die Stimme der Taube, des Heiligen Geistes, offenbar.

Es ist der Tag der Heiligen und der Engel, der Geister der Erde, der Luft, des Wassers und des Feuers. Alle Geister, die in den Pflanzen, den Bäumen, den Gesteinen, den Insekten und Tieren leben, singen ihren Dank und ihr Lob zu Gott und preisen ihn im Chor der Engel. An diesem Tag wird das Bündnis erneuert zwischen den Engeln und Genien und den Heiligen mit den Mächten der Natur, die der Erlösung harrt.

Njanja nahm einen Spankorb in die Hand, Bobik, Wera und Aljoscha folgten ihr in den Wald. Es war ihnen freudig und angstvoll zumute. Die feuchte Erde roch würzig, die Gräser und Blumen dufteten. Ein Gezirpe von Vögeln, Bienen und Grillen erfüllte die Luft. Bedächtig suchte Njanja die Wiesen nach Pflanzen ab.

„Heute ist der richtige Tag, um die Heil- und Giftpflanzen zu sammeln. Heute stehen sie im höchsten Saft und haben die stärkste Wirkung auf Mensch und Tier. Hier, Bobik, reiß mal diese Salbeipflanze ab, aber vorsichtig, zerdrück sie nicht. Sie ist gut für Wunden, für die Brust und den Hals. Riech mal daran!"

„Sie riecht ein wenig nach Pfefferminz und nach Erde, und ein ganz klein bißchen nach Schaf, Njanja!"

„Sieh, Bobik, dort blüht das schöne hohe Johanniskraut, es hat heute Namenstag. Wenn du daran reibst, riecht es nach feinstem chinesischem Tee. Hol mir ein Bündel davon. Wie schön sie gewachsen sind, und wie die sternförmige gelbe Blüte in der Sonne leuchtet. Alles Verkrampfte löst sie, sie ist eine große Helferin für Tier und Mensch, und sanft wie der heilige Johannes, der Bader selbst."

„Hier, Bobik, Aljoscha, Wera, hier!" rief Njanja aufgeregt, „kommt her, und pflückt mir diese, aber ganz vorsichtig!" – und sie zeigte auf eine derbe Pflanze, deren Blätter violett schimmerten. „Das ist die Teufelspflanze, die Belená, das Bilsenkraut, die ist arg giftig und gibt unheimliche Träume, sie macht lustig, daß man immerzu lachen möchte, aber es ist ein Teufelslachen. Sie wächst in den Vorgärten der Hexen, die brauchen sie für ihre Besprechungen, für den Liebestrunk und für den Flug auf den Teufelsberg. Seid achtsam und leckt euch nicht die Hände oder reibt euch nicht die Augen, das gibt Entzündungen!"

Sie näherten sich dem Waldrand, wo besonders viele Blumen wuchsen, Gänseblümchen, Margeriten, Vergißmeinnicht, Baldrian und Fingerhut. Bobik war von den bunten, gesprenkelten Fingerhüten begeistert. Njanja warnte ihn.

„Faß den Fingerhut ja nicht an, er ist giftig. Und doch ist sein Gift in kleinen Mengen ein Heilmittel gegen das schwache und alte Herz. So hat der Herrgott jeder Pflanze nicht nur Schönheit, sondern auch Nutzen gegeben. Und Gift kann Heilung bewirken."

„Sieh mal, Njanja", rief Wera, „dieses Blatt hat so eine schöne glatte Oberfläche, und unten ist es ganz rauh. Was ist das?!"

„Halt einmal die Unterseite an deine Wange, Kind. Wie kratzig und haarig die ist. Sie wird ‚Mutter und Stiefmutter' genannt. Die glatte Seite ist gut für entzündete Stellen und für Krampfadergeschwüre. Den Baldrian mußt du mit der Wurzel ausstechen, Aljoscha, darin hat er seine größte Kraft, er beruhigt den Menschen, für die Katzen ist er aber ein Leckerbissen und regt sie schrecklich auf."

„Njanjuschka, sind die Pflanzen uns denn nicht böse, daß wir sie aus der Erde reißen?" fragte Wera.

„Wenn ihr das nicht mutwillig tut, Wérotschka, so tut es ihnen wohl. Denn auch die Pflanze ist nicht allein zum Schmuck und als Nahrung für Bienen und Insekten da, sie will auch dem Menschen dienen und dem Tier. Wir Menschen sollen auch immerzu unser Leben in den Dienst der Menschen und der Kreatur und der Dinge stellen. Wir hegen und pflegen die Tiere, die Felder und die Wälder, damit nichts verwildert und alles gut gedeiht, denn alle sind aufeinander angewiesen."

Bobik grub eine kräftige Baldrianwurzel aus, an der ein dicker roter Regenwurm hing. „Bah, Njanja, ein ekliger Wurm, den mache ich tot, der ist zu nichts nütze!"

„Den laß nur leben, Bobik, und schimpf nicht auf ihn. Wenn es den nicht gäbe, müßtest du verhungern. Er ist der Genosse des Bauern, ein kleiner Pflüger, er lockert die Erde auf, damit die Wurzeln der Pflanzen Luft bekommen. Sei ihm also dankbar und ekle dich nicht vor ihm, er ist dein Bruder, wie alle Kreatur Gottes."

Die Kinder schauten ehrfürchtig und mit veränderten Gefühlen dem Wurm nach, der sich in die Erde bohrte.

„Hol mir mal dort aus dem Tümpel das Zinnkraut, Wérotschka!"

„Welches ist es denn, Njanjuschka?"

„Dort, das so aussieht wie ein kleiner Tannenbaum. Es ist ein Heilmittel gegen Muskelreißen und Ausschlag. Außerdem putzt man das Zinngeschirr damit."

„Was machst du denn mit all den vielen Kräutern, Njanja?" fragte Aljoscha.

„Ich trockne sie im Schatten an einer luftigen Stelle, dann werden sie kleingehackt. Manche mische ich miteinander, und wenn einer bei uns krank wird, mache ich ihm Umschläge damit oder lasse ihn gurgeln oder bereite daraus einen heilsamen Tee. Da braucht man nicht sogleich den Arzt zu holen und kann selbst helfen.

Früher, als es auf dem Land noch keine Ärzte gab, da haben die Bauern alle diese Mittel gekannt und angewandt. Sie konnten die verborgenen Kräfte der Natur noch richtig ausnutzen. Sie waren für sie wie ein offenes Buch, in dem sie lesen konnten, auch wenn sie euer kluges Alphabet nicht verstanden. Alles das wird jetzt vergessen, all die guten alten Bräuche, die aus der Urzeit des Menschen stammen, als er noch die Sprache der Tiere und Vögel und der Winde verstand. Die Gebildeten lachten darüber. Sie leben in den Städten, in steinernen Häusern, auf dem Asphalt. Sie berühren die Erde nicht mehr mit ihren Füßen und sehen den Himmel nur im Ausschnitt der Straßen. Sie holen sich bei jeder Kleinigkeit die studierten Doktoren und wollen lieber ein Pülverchen oder eine Tablette aus der Apotheke haben. Sie wissen gar nicht, was darin ist. Für mein Leben würde ich solch ein Zeugs nicht schlucken!" und sie spuckte empört aus.

Sie waren müde und ruhten sich aus auf einer Erderhebung. Bobik sammelte einige noch unreife Erdbeeren, die sauer schmeckten.

„Njanjuschka, erzähl uns doch etwas von Hexen, du hast doch schon so viele im Leben gekannt!", bat Bobik.

„Ja, die Hexen, die kennen noch alle in der Natur verborgenen, die guten und die bösen Kräfte. Aber sie wenden sie nicht immer zum Guten an. Oft sind sie verbittert und haben den bösen Blick. Wahrscheinlich, weil die Leute schlecht zu ihnen sind. Allemal, wenn im Dorf etwas passiert: Feuer ausbricht, ein Stück Vieh krepiert, ein Mensch erkrankt, einer sich das Bein bricht oder einer ertrinkt, immer glauben die Dummen, die Hexe sei daran schuld, sie habe sie verhext. Dann gehen sie in ihrer Bosheit und Unvernunft hin und zünden ihr das Haus an oder bringen sie gar um. Wie soll da einer guten Willens bleiben!

Aber sonst verstehen sie viel von Krankheit und von Besprechungen und von Heilkräutern. Jedes kleine Gräslein kennen sie, jede Stelle im Wald, wo die kräftigsten Pflanzen wachsen; die einen brauchen viel Licht, die anderen Dunkel und Feuchtigkeit. An manchen Orten liegt aus alter Zeit ein Schatz vergraben und ist durch einen Spruch versiegelt, und da sitzen dann die Dämonen und wachen darüber. Auch das weiß die Hexe, denn meist wächst die böse Brennessel auf solchen Stellen.

Sie kennen die alten Sprüche, mit denen man Waffen bespricht, und Liebessprüche, und Sprüche gegen die Rose und das Gerstenkorn und das strömende Blut. Sie können böse Geister auf einen hetzen, daß sie sich einem nachts auf die Brust setzen und den Atem abdrücken, oder daß sie Wohnung in einem nehmen und man verwandelt wird, man sagt dann, es sei einer verrückt.

Sie können in die Zukunft und in die Vergangenheit sehen. Auch können sie, um einen zu erschrecken, Tiergestalten annehmen. Am liebsten verwandeln sie sich in eine schwarze Katze, an der auch kein einziges helles Härchen ist.

Wenn euch so eine schwarze Katze über den Weg läuft, dann wißt, das ist eine Hexe! Plötzlich ist sie da, und ebenso schnell kann sie verschwinden! Wenn ihr geschwind nach einer geweihten Kerze greift und damit auf sie loshaut, dann schreit sie kläglich, und plötzlich ist sie weg. Die Hexe aber hat Striemen von den Schlägen, die ihr der Katze verpaßt habt, daran kann man erkennen, daß sie sich in das schwarze Tier verwandelt hatte.

Gelingt es euch aber, eine solche Katze einzufangen, dann müßt ihr sie sogleich in kochendes Wasser werfen und lange kochen. Dann zerlegt ihr sie, daß alle Knöchelchen herauskommen. Um Mitternacht setzt ihr euch vor einen Spiegel mit zwei brennenden Kerzen und nehmt jeden einzelnen Knochen in den Mund und schaut dabei in den Spiegel. Da ist nämlich ein Knöchelchen dabei, wenn ihr das in den Mund nehmt, dann werdet ihr unsichtbar. Und das wird euch große Macht über die Menschen geben. Den Knochen verwahrt gut. Sobald ihr ihn in den Mund steckt, schon kann euch niemand mehr sehen."

Die Kinder erschauerten. „Njanjuschka, hast du denn schon mal eine solche Katze gefangen?!"

„Ja, Bobik!"

„Und hast du sie gekocht?!" riefen alle gleichzeitig.

„Ach wißt ihr, das habe ich denn doch nicht übers Herz gebracht, sie lebendig zu kochen. Da tat mir das Gottesgeschöpf, auch wenn es eine Hexe war, nun doch zu leid."

„Was hast du denn mit ihr gemacht, hast du ihr mit der geweihten Kerze eins übergezogen?"

„Neeein, auch das habe ich nicht fertiggebracht. Gestreichelt habe ich das schöne, liebe, schwarze Tier. Und es hat sich so zutraulich an mich gekuschelt, nicht einmal schimpfen konnte ich, auch die Teufelsbeschwörungsformel hatte ich ganz vergessen. Nur ‚Gott mit dir' habe ich immerzu geflüstert und gestreichelt, und sie hat vor Vergnügen geschnurrt. Und was meint ihr, anderntags ist sie wieder da, und was hält sie im Maul? Eine große graue Maus, und legt sie mir vor die Füße. Will sie mir schenken, die Maus, es ist doch für sie köstlichste Delikatesse."

„Uh, Njanjuschka, da hätte ich aber geschrien und wäre davongelaufen! Das ist doch schrecklich!" entsetzte sich Wera.

„Was sollte ich denn da machen? Jede Kreatur nach ihrer Weise, und ein Geschenk soll man nicht abweisen, auch wenn es von einer Katze kommt."

„Was wurde denn aber aus der Hexe? – "

„Ja, die Hexe, die war nachher so freundlich, so liebenswürdig zu mir, als ob ich eine Fürstin höchstpersönlich wäre."

Njanja und die Kinder verstummten und dachten gerührt an die Katze, die eine Hexe war. Und jeder meinte bei sich, er würde sie wohl auch nicht gekocht und geschlachtet haben, er hätte sie nur gestreichelt, auch wenn er auf die Macht der Unsichtbarkeit hätte verzichten müssen.

SCHATZGRÄBER

„Erzähle uns was von den Schätzen, die in der Erde vergraben sind. Wie macht man das, die Schätze zu suchen und auszugraben?" fragte Bobik die Njanja.

„Och, viele Schätze sind in den Jahrtausenden von den Menschen vergraben worden, und es ist wohl ihr Geschick, daß der, der sie vergraben hat, fast nie wieder in ihren Besitz kommt; gestorben und verdorben ist er, die Familie ist geflohen oder hinweggetrieben worden. Und so liegen die Schätze im tiefen Schoß der Erde, Gold und Silber und kostbarer Schmuck.

Immer wenn die Zeiten böse sind, verstecken die Menschen, was sie haben. Wie oft mag das schon geschehen sein! Als die Tataren hier einfielen, und zu Väterchen Johann des Grausamen Zeiten, als er die Bojaren demütigte und niedermetzeln ließ, und in der bösen zarenlosen Zeit, als die Polen in Moskau waren – Gott bewahre uns davor –, und als der verfluchte Türkenhund Napoleóschka ins Herz unseres Vaterlandes eindrang. Immer versteckten die Menschen, was sie Kostbares besaßen.

Doch es gab auch die bösen Räuber in den Wäldern, oder Banditen wie Stenka Rasin oder Pugatschoff, die das Volk liebte, weil sie den Reichen die Güter wegnahmen und sie unter die Armen verteilten; sie vergaßen aber auch sich selbst nicht dabei. Auch sie vergruben die Schätze in den unwegsamen Wäldern. Was mögen für Schätze hier in der Erde ruhen; denn diese Wälder, als sie noch den Tarletzkis gehörten, waren so dicht, daß nur Rehe und Elche und Hasen und der schlaue Luchs durch das Dickicht hindurchfanden."

„Wie stellt man es aber an, Njanjuschka, einen solchen Schatz zu finden?" fragte Bobik, in dem eine Idee reifte. Im Dickicht des Parks hatten er und Aljoscha nämlich eine zerfallene Erdhütte entdeckt, die vor Jahrzehnten ein Einsiedler oder ein aus Sibirien geflohener Mörder oder Räuber oder vielleicht auch nur ein Köhler sich erbaut hatte. Konnte dort nicht vielleicht auch ein Schatz vergraben sein?

„Das ist nicht jedermanns Sache, Bobik, dazu muß man eine gesegnete Hand und ein hellsichtiges Auge haben. Aber auch dann ist es sehr gefährlich, denn die Schätze werden von bösen und gefährlichen Dämonen bewacht, und die lassen ihre Beute nicht los. Sie stürzen sich auf den Schatzsucher, und manch einer wurde später tot aufgefunden, und man konnte die Todesursache nicht feststellen, zu Tode erschreckt werden sie ihn haben.

Doch gibt es ein Mittel, sich stark zu machen und die Fähigkeit zu bekommen, mit dem Auge der Seele durch die Erde hindurchzuschauen und die Schätze zu entdecken. Heute ist der rechte Tag, der Johannistag. Da muß man in den Wald gehen. Man nimmt einen Spaten und einen ausgeglühten Stab mit, die man mit Weihwasser besprengt. Dann sucht man sich im Wald eine einsame Stelle aus, auf der der schönste und größte Farnstrauch wächst. Um den Farnstrauch mußt du mit dem Stock einen Zauberkreis ziehen, dann mußt du mit dem geweihten Spaten die Wurzeln der Farns umstechen. Wenn die Kirchenglocken Mitternacht läuten, kommt heute nacht vom Himmel, wie ein fallender Stern, ein fahles Licht und senkt sich auf den Farnstrauch herab, es sieht aus wie eine kleine Kirchenkuppel. Du mußt diese Flamme mit beiden Händen behutsam fassen und sie sogleich verschlucken. Vorher und zu gleicher Zeit wirst du aber furchtbare Dinge erleben. Der Wald wird voller schrecklicher Gestalten und Stimmen sein. Sie werden dicht gedrängt um den Zauberkreis stehen und versuchen, dich herauszulocken. Gibst du nach und überschreitest den Kreis, ehe die Glocken ausgeläutet haben, so bist du verloren. Entweder töten sie dich, oder du verlierst den Verstand. Denn die Geister der Erde und der Pflanzen und die Dämonen, die die Schätze bewachen, wollen ihr Reich nicht einem Menschenkind preisgeben.

Sobald du die Feuerblume, die die himmlische Seele des

Farns ist, geschluckt hast, mußt du den ganzen Farnstrauch ausgraben. Zu Hause tust du einige Wurzelstückchen in ein dreieckiges Tüchlein, das du immer auf der Brust tragen mußt. Dann hast du die sehende Kraft erlangt, und alle Schätze der Erde ergeben sich dir, kein Dämon, der den Schatz bewacht, kann dir widerstehen."

Meinst du, Njanja, ich könnte das vollbringen?" fragte Bobik. Seine Stimme bebte.

„Jeder kann das, wenn er den Mut dazu hat, Bobik."

Am Abend wurden bei den Seen in Staroje Girejewo riesige Scheiterhaufen angezündet. Bauern und Herrschaften, alle in den alten, traditionellen bunten Feiertagskleidern, Kornblumen und Margeritenkränze im Haar, tanzten um das hoch auflodernde Feuer. Hand in Hand sprangen die Brautpaare über die Flammen. Tausende von Funken versprühten in der würzigen Luft und strebten zu den leuchtenden Sternen am Firmament. „Heute gehen alle unsere Wünsche in Erfüllung! Wünsch dir schnell was!" flüsterten sich die Liebespaare zu. Sie warfen ihre Kränze und kleine Sträußchen mit grünen Kornähren in die Glut als Opfergabe an den Sonnengott und beteten leise die Bitte um eine gute Ernte und um Gesundheit für das Vieh und Frieden für das Haus. Schön waren die roten erhitzten Gesichter mit glänzenden Augen und weißen Zähnen.

„Wie schön und wie lieb sie doch alle sind!" dachte Bobik. „Wie friedlich miteinander! Könnten sie das nicht immer sein?" –

Als es auf Mitternacht zuging, schlich Bobik sich unbemerkt davon. Sein Entschluß stand fest, er wollte Schatzgräber werden. Am Nachmittag hatte er in der Nähe der verfallenen Erdhütte eine Stelle ausgemacht, an der besonders hoher und kräftiger Farn wuchs. Er bewaffnete sich mit Spaten und Stecken und ging zaghaft durch den finsteren Wald. Er war noch nie allein nachts durch den Wald gegangen. Undeutlich konnte er die Umrisse der Baumstämme unterscheiden. Er versuchte keinen Lärm zu machen. Sein Herz bebte.

„Herrgott, gib mir Mut! Beschütze mich vor den bösen Dämonen, laß mein Vorhaben gelingen!“ flüsterte er.

Schließlich fand er den Farnstrauch; er trat die Erde um ihn fest und zog einen Kreis mit dem Stecken. Er flüsterte den alten heidnischen Beschwörungsspruch „Tschur tschurá, tschur tschurá, tschur tschurá“, den schon die alten Slaven gebrauchten, wenn sie den Dämonen der Erde gegenüberstanden. Dann umstach er die Wurzeln des Strauches mit dem Spaten. Noch durfte er den Farn nicht anfassen. Jetzt galt es, auf die Geisterstunde zu warten.

Im Gras und in den Bäumen raschelte es unheimlich. Solange er arbeitete, hatte er es nicht bemerkt. Durch die Baumkuppen sah er einige Sterne blinken. Da erscholl plötzlich ganz dicht neben seinem Ohr ein höhnisches Gelächter. Sein Herz pochte wie Paukenschläge, die Knie zitterten ihm. Es war wohl ein aufgescheuchter Rehbock. Ein Uhu antwortete, „Uhuuu, uhuuu, uhuuu“.

„Der ruft meine Sterbestunde!“ dachte Bobik bitter. Eine Fledermaus huschte vorbei und streifte fast sein Haar. Er fühlte den kalten Lufthauch von ihren Flügeln. Ein noch größerer Schatten umflog ihn. Eine Eule, er glaubte das leuchtende Grün ihrer bösen Augen zu sehen.

Nein, er konnte es nicht länger aushalten. Wenn jetzt noch der Léschij, der Waldgeist, in seinem schrecklichen Mooskleide mit grünem Bart und bemoosten Augenbrauen selbst erschiene und all die Geister der Pflanzen, die Gnomen und die furchteinflößenden Dämonen, die die Schätze bewachten, – nein, das konnte er nicht ertragen. Aber er durfte um keinen Preis vor dem letzten Glockenklang den magischen Kreis verlassen, sonst war er verloren!

Er dachte an sein schönes bergendes Zuhause, an Mami, Sascha, Wera, Njanja, Aljoscha, wie man an etwas längst Vergangenes und Unwiederbringliches denkt. Irgendwo, ganz weit weg, in einem großen Raum stand sein Bett, mit einer herrlichen wärmenden Decke. Er besann sich sogar, daß große Mohnblumen auf schwarzem Grund darauf aufgedruckt waren. Eine große Sehnsucht ergriff ihn, daheim zu sein, unter den Seinigen. Wie oft war er frech und ungezogen, besonders zu Wera, und zankte sich mit ihr. Warum bloß zupfte er den geduldigen Hund Scharik am Schwanz? Es tat ihm leid, daß er so unnütz war.

Er würde es, wenn er je überlebte, niemals mehr tun. Lieb und freundlich zu allen würde er sein und sich nur noch des schönen Lebens freuen. Wie konnte doch das Leben schön sein, wenn man es nur recht gestaltete. Und jetzt, in dieser entsetzlichen Preisgegebenheit begriff Bobik, was er alles verloren hatte aus Abenteuerlust und Habgier. Was sollte er bloß mit den Schätzen, wenn er gesund war und alles hatte, was er zum Leben brauchte? Er würde sogar arbeiten, irgend etwas, wenn nötig als Bauer oder als Gärtner, nur weg von hier, aus dieser schrecklichen, feindlichen Welt!

„Freilich, den Farn muß ich aber doch ausgraben und die Lichtblume schlucken, sonst spotten sie über mich und halten mich für feige“, überlegte er und begann an den Wurzeln zu graben.

Da läutete es Mitternacht von der alten Kirche in Staroje Girejewo. „Die letzte Stunde! Meine letzte Stunde!“ schoß es ihm durch den Kopf. Er schaute zum Himmel auf, ein großer Stern schimmerte zwischen den Ästen. „Ob es die Feuerblume ist, die gleich herabsinkt?“ – Der Stern schimmerte und rührte sich nicht. Bobik konnte nicht länger warten, er ergriff den Farnstrauch und rüttelte kräftig daran. Jemand zog am unteren Ende des Farns und gab ihn nicht her. Mit letzter Anstrengung versuchte Bobik die Pflanze aus dem Boden zu heben. Da rissen sich einige Stengel los, er rutschte aus. Jemand faßte ihn an der Fessel und hielt das Bein mit aller Kraft fest wie mit einer Zange. Bobik sank zu Boden. Noch im Fallen trachtete er danach, im Zauberkreise zu bleiben, er zog den Kopf ein und lag da. Um ihn her aufgeregte Geräusche der Nacht, Rascheln, Rufe des Uhus, in der Ferne Hundegebell. Immer noch läuteten die Glocken. Ob sie je wieder verstummen würden? Da, ein letzter Schlag, der noch lange in der Luft schwirrte. Bobik wartete ab. Kein Glokkenklang mehr. Mitternacht, die Dämonenstunde war vorbei. Jetzt würden ihm die bösen Geister nichts mehr tun. Aber jener Unbekannte hielt immer noch seinen Fuß fest. Ob er es wagen sollte, sich zu befreien? Er tastete angstvoll an die harte Hand, sie war kalt und feucht. Schrecklich! Aber dann fühlte er, daß es nur eine Wurzel war, die das Bein festhielt. Er löste den Fuß aus der Schlinge. Er war frei.

Er ergriff die Farnstengel, kletterte aus der gegrabenen Vertiefung und schlich sich davon. Der Fuß war geschwollen und schmerzte. Er begann zu laufen. Er stolperte über Wurzeln, glitt aus, es war ihm, als hörte er Hunderte von Schritten und keuchenden Atem hinter sich.

Plötzlich fiel er über etwas, das sich erschreckt in Bewegung setzte und wimmerte. „Das ist der Léschij, der Waldschratt! Gott erbarme Dich meiner!" Im Liegen noch flüsterte er die Formel des Exorzismus: „Es auferstehe der Herr, und es fliehen seine Feinde vor seinem Angesicht; wie das Wachs vor dem Feuer schmilzt, so mögen sie vergehen!" – Er bekreuzigte sich. Der Léschij war durch den Spruch verschwunden. Nachher fiel ihm ein, es könnte auch ein aufgescheuchter Hase gewesen sein.

Er erhob sich und lief weiter. Er kam an die Lichtung. Der stille Sternenhimmel leuchtete ungerührt über ihm, er sah die verglimmenden Scheiterhaufen und hörte einige Menschen singen. „Da sind sie, die lieben, guten Menschen!" Wie lieb hatte er sie alle! – Wie lange war es her, daß er weg war, waren es Stunden oder Jahre? Noch war der feindliche Wald dicht hinter ihm. So schnell er konnte, lief er zu den Menschen. Er machte erst halt, als er vor Njanja stand. Sie saß auf einem Baumstamm und sang leise vor sich hin. Bobik preßte seine

Hand an das wild pochende Herz. Sein Brustkorb flog auf und nieder, das Gesicht war leichenblaß, die Augen weit aufgerissen. So entdeckte ihn Njanja.

„Um Gottes willen, wie siehst du denn aus, Bobik! Wo warst du denn, wo kommst du her?!“

Er wies stumm auf das Farnkraut. Sie machte große erschrockene Augen. „Hast du es geschluckt?“ fragte sie leise. Er schüttelte den Kopf. – „Was brauchst du’s auch! Du bist doch reich! Was sollen dir denn die Schätze!“ tröstete sie ihn.

„Nein, ich will auch gar keine Schätze“, sagte Bobik erbittert. „Sie können mir alle, alle gestohlen bleiben. Mögen die Dämonen sie behalten, mögen sie daran ersticken!“

„Komm nun schlafen, Bobinka“, meinte Njanja begütigend. „Du bist ja noch ganz mitgenommen davon.“ Sie nahm ihm den schweren Farn ab und ergriff seine Hand. „Es ist aber gut, daß du den Farn mitgebracht hast. Er hat besondere Kraft in dieser Nacht. Seine Wurzeln sind gut gegen Rheuma, wenn man sie unter die Matratze legt. Ich habe zwar schon ein Hufeisen darunter liegen, aber die lege ich noch dazu. Und dir nähe ich einige Wurzeln in ein seidenes Tüchlein, das gibt einen guten Schutz gegen böse Dämonen!“

JASCHKA GANTASCHKA

Mademoiselle, die trotz jahrelangen Dienstes im weißen Haus von allen als Fremdkörper empfunden wurde, weil sie wie am ersten Tage ihres Antritts ohne Kontakt blieb, sah blaß aus und verzog sich am Abend früher als gewöhnlich in ihr Gemach. Als sie am nächsten Morgen zum Frühstück kam, war ihr rechtes Auge gerötet und geschwollen. Wera flüsterte Bobik aufgeregt zu: „Sie hat ein Gerstenkorn. Ich werde es ihr wegzaubern!“ Bobik staunte.

Wera umkreiste Mamsell immerfort. Als sie über eine Schwelle trat, sprang Wera sie an und spuckte ihr ins Auge. Der Speichel lief über das Augenlid herab. Mamsell schrie auf. Im gleichen Augenblick gab es einen harten Knall. Ihre knöcherne Hand landete mit großer Wucht auf Weras runder Wange. Wera brüllte wie ein verwundeter Löwe. Bobik kam hinzu und hinderte Mamsell daran, den Speichel abzuwischen. „Tun Sie's nicht, tun Sie's nicht, das ist doch der Zauber!"

Mamsell begriff nichts. „Was seid ihr für Barbaren!" rief sie, „das ist doch eine Schweinerei!"

Wera schmollte: „Ich wollte Ihnen helfen, ich habe es gut gemeint, und Sie schlagen mich! Pfui Teufel!"

„So etwas macht man nicht, auch wenn man helfen will, außerdem ist es unhygienisch", sagte Mamsell spitz.

Man fand, daß es keinen Sinn hatte, sich weiter zu unterhalten, und ging auseinander.

„Und wenn sie tausend Gerstenkörner hätte, die wie Trauben auf ihren Augen säßen, ich würde ihr nicht mehr helfen, dieser blöden Gans", schimpfte Wera vor sich hin.

Mademoiselle erschien nicht zum Essen und blieb im Bett. Am nächsten Morgen kam sie guter Laune zu Tisch. Das Auge war klar und stechend wie immer, von Gerstenkörnern war keine Spur. Sie waren durch Wera weggezaubert worden.

Wera frohlockte: „Sehen Sie, und Sie haben mich geschlagen." Mademoiselle lächelte schief mit einem Mundwinkel. Sie sagte nichts.

Die Juninächte waren warm und dunkel. Am Himmel leuchteten große Sterne und blinkten wie Leuchtfeuer, die einen rötlich, die anderen gelblich. Die Venus erstrahlte in hellgrünem Licht. Sie war die größte von allen. Unten im Gras zündeten die Leuchtkäferchen ihre Lämpchen an, die Grillen zirpten laut und aufgeregt. Mamsell war ausnehmend guter Laune und wollte sich wohl für ihren Affektausbruch entschuldigen. Bobik, Wera und Aljoscha baten sie um eine gruselige Gespenstergeschichte. Mademoiselle stammte aus einem Küstendorf der Bretagne. Ihr Vater war Fischer.

„Wir haben einen schrecklichen Geist, den wir Yan-gant-i-tan nennen. Er zeigt sich, wenn ein schreckliches Unglück, eine Flutkatastrophe oder ein Sturm bevorsteht, und er kommt in die Häuser, um den Tod eines Fischers auf hoher See anzukündigen."

„Ist er Ihnen schon mal begegnet?" fragten die Kinder atemlos.

„Ja", sagte sie mit bewegter Stimme, „bevor mein Vater starb. Er war mit anderen Fischern zum Fischen auf die See hinausgefahren. Mutter hatte eine böse Ahnung, aber sie wagte nicht, ihn zurückzuhalten. Sie zeigte ihm ihre Unruhe nicht und weinte auch nicht. Es hätte auch nichts genützt, denn die Fische waren unser Brot.

Am Nachmittag wurde der Himmel schwarz und es kam ein schrecklicher Sturm auf. Wir flüchteten in unsere Hütten, sperrten die Tür zu und saßen zitternd und bange an den Fenstern. Wir blickten aufs Meer hinaus in der Hoffnung, die weißen Segel der Kutter zu erblicken. Der Sturm dauerte stundenlang und es war tiefe Nacht. Donner rollten tosend, und Blitze erhellten das grausam stürmische Meer, aber nirgendwo war ein Schiff zu sehen.

Plötzlich schrie meine Mutter laut auf und preßte ihr Gesicht an die Fensterscheibe. Wir sahen zunächst nichts, aber dann plötzlich erschienen in der Ferne kleine fahle Lichter, die schnell näher kamen. Es war wie eine Kirchenprozession, in der die Menschen mit brennenden Lichtern wandelten.

‚Was ist das, Mutter?', schrien wir.

‚Es ist der schreckliche Yan-gant-i-tan', flüsterte sie, ‚er hat unseren Vater geholt.'

Wir Kinder weinten. Es sah so aus, als ob die sich bewegenden Lichter immer näher kämen, und wir hörten ein schreckliches Heulen des gewaltigen Geistes. Wir konnten den Anblick nicht mehr ertragen und verdeckten die Augen mit unseren schmutzigen Händchen.

Yan-gant-i-tan war ein unbarmherziger Geist unserer Küste. An jedem seiner langen zehn Finger brannte ein kleines Licht, wenn er zu den Menschen kam, um Unheil zu verkünden. Unser Vater und die anderen Fischer, die hinausgefahren waren, kamen niemals wieder. Tage später schwemmte das Meer Bohlen, die zu den Booten gehörten, ans Ufer. Die Frauen und Kinder und andere Männer und der Priester gingen stumm an die steile Küste und schauten mit harten, verschlossenen Gesichtern auf das Meer, das uns Nahrung brachte und das uns unsere Ernährer geraubt hatte.

Ich war das älteste der vier Kinder und mußte hart arbeiten und früh in die Fremde gehen, um für die kleineren Geschwister mitzusorgen."

Sie schwieg. Die Kinder schwiegen erschüttert mit. Bobik stand spontan auf, umarmte Mademoiselle und küßte sie auf beide Wangen. Seit neun Jahren geschah das zum erstenmal. Als er sie umarmte, fühlte er die Härte ihres dünnen Nackens. Sie machte keine Gegenbewegung, aber er spürte, daß ihre Wangen von Tränen feucht waren.

Die ganze Nacht träumte Bobik von Yan-gant-i-tan. Dann kam der Alltag mit seinen Zerstreuungen und Aufgaben, und das Bild des Gespenstes verblaßte. Aber nach einer Weile kam Bobik eine glorreiche Idee, den Yan-gant-i-tan, den fremden Geist aus der Bretagne, in Girejewo einzuführen. Er sagte zu niemandem ein Wort. In der Kirche gab es sonntags lange, dünne Kerzen zu fünf Kopeken das Stück. Er kaufte sich beim Gottesdienst ein Dutzend. Eine Kerze stellte er vor die Ikone der Mutter Gottes, die andere vor den heiligen Sergii von Radonesch, die übrigen Kerzen nahm er mit heim.

Die Tage waren warm und viele Menschen badeten nachts im See von Staroje Girejewo. Bobik verproviantierte sich mit den Kerzen und mit Leukoplast und ging, ohne jemanden zu benachrichtigen, zum See. Ganz nahe am Strand versteckte er sich im Gebäusch und befestigte die langen Kerzen mit Leukoplaststreifen an seinen Fingern. Er konnte allerdings nur sechs Kerzen anbringen, denn er mußte sie ja anzünden und bedurfte dazu einiger Finger.

In der stillen Luft brannten die sechs Lichter gespenstisch. Langsam, die Finger hin und her bewegend, näherte er sich mit fürchterlichen Huuu-Rufen den Badenden. Es entstand ein unbeschreiblicher Lärm. Frauen kreischten laut, Männer brüllten, alles rannte, im Nu war der Strand leer und Bobik befand sich dort ganz allein. Immer bewegte er die Finger mit den flackernden Kerzen, aber plötzlich erschrak er selbst vor der fürchterlichen Erscheinung. Er vergaß, daß er der Kerzenträger war, und glaubte, den bösen Yan-gant-i-tan persönlich vor sich zu sehen. Er schrie laut auf und mühte sich, die Lichter auszublasen. Aber die Dunkelheit war noch fürchterlicher als das Kerzenlicht. Eine Weile war er wie gelähmt vor Schreck, dann begann er zu laufen. Immer glaubte er, Yan-gant-i-tans Schritte hinter sich zu hören. Atemlos kam er zu Hause an, stürzte sich aufs Bett, sein Herz pochte so laut, daß er fürchtete, andere im Haus könnten es hören.

Am nächsten Tag gab es in ganz Girejewo eine fürchterliche Aufregung. Ein schrecklicher, nie gesehener Geist war den Badenden erschienen, manchen sei er so nahe gekommen, daß sie seinen heißen Atem fühlen und seine glühenden Augen sehen konnten. Die Menschen bekreuzigten sich und deuteten die Erscheinung als ein böses Vorzeichen. Bobik hörte dieser Geschichte gespannt zu. Er allein wußte, wie jener Geist hieß, und er erzählte überall, wo er hinkam, daß das ganz sicherlich ein fremder, ein französischer Geist war, den man dort Yan-gant-i-tan nannte.

Da die Leute seinen Namen nicht aussprechen konnten, nannten sie diesen Eindringling in die russische Geisterwelt Jaschka Gantaschka. Kinder, die ungezogen waren, wurden nunmehr bedroht, man werde den bösen Jaschka Gantaschka holen, und er werde sie in einen Sack stecken.

Njanja seufzte bekümmert: „Nicht genug, daß wir unsere Koschtschéi bessmértnyi und den Domowói haben, muß noch so ein fremdes Ungeheuer sich bei uns einnisten!"

SPUK IM SCHLOSS

Im alten Schloß von Onkel Iwan wurde es stiller. Tante Ljola war immer noch verschollen. Onkel Iwan gab die Hoffnung nicht auf, daß sie wiederkommen werde. Er ließ jede Woche eine Tannengirlande über die Tür des Schlosses hängen zum Empfangsgruß, und oft fuhr er nach Moskau zur Ankunft des Schnellzugs aus Sewastopol; er beobachtete alle aussteigenden Damen, vielleicht könnte Ljola sich besonnen haben und wiedergekehrt sein. „Ich habe das feste Gefühl, daß sie zu mir wiederkehren wird", sagte er zu Jadwiga.

„Gewiß wird sie wiederkehren, Onkel Iwan", tröstete sie ihn. Sie selbst glaubte nicht daran. Bobik konnte nicht verstehen, daß ein so kluger und guter Mensch wie Onkel Iwan auf seine hysterische une egoistische junge Frau wartete. Sie war die Klavierlehrerin seiner zweiten, schönen und vornehmen Frau Marja Iwanowna gewesen. Er lernte sie auf der Krim kennen, als sie dort zur Kur waren, er verliebte sich in Ljola und verließ Marja Iwanowna, die kurze Zeit darauf, wie man sagt, an gebrochenem Herzen starb.

Seitdem spukte auch sie im alten Haus. Aber ihr Spuken war harmlos und unauffällig, sie erschreckte niemanden und sie war nie so dramatisch wie die Ahnfrau Tamara. Ab und zu sah man sie in ihren altmodischen Gewändern durch die oberen Räume gehen. Man realisierte gar nicht, daß sie es war, es konnte irgendeine alte Beschließerin sein, die noch die Gewohnheit hatte, veraltete Kleider zu tragen.

Am häufigsten traf man sie in ihrem eigenen Boudoir in einem Barocksessel, in dem sie zu Lebzeiten oft gesessen hatte; besinnlich und traurig schaute sie auf ein großes Portrait, das Onkel Iwan in seinen Jugendjahren darstellte. Damals hatte Onkel Iwan noch schwarzes Haar und dichte Augenbrauen, die wie mächtige Raupen aussahen, auch der Bart war schwarz und etwas kleiner als jetzt. Die hellblauen Augen waren damals schon so strahlend. Er trug eine Leutnantsuniform.

Der Nagel des kleinen Fingers war unverhältnismäßig lang nach der Art, wie die chinesischen Mandarine sie trugen. Er war gedreht wie das Horn eines Einhorns und sah erschrekkend aus. Diese schrecklichen Nägel waren schon auf dem Portrait, Bobik fragte Onkel Iwan, warum er diese gräßlichen Nägel trage. (Sogar der Handschuh war im kleinen Finger aufgeschlitzt, und es sah grauslich aus, wenn er aus dem dunklen Stoff herausragte.) Bobik hatte ihn in Verdacht, daß er ein verkappter Mandarin sei. Onkel Iwan wollte nicht mit der Sprache heraus. Viel später erfuhr Bobik, daß der Nagel seine Existenz einem Gelübde verdankte. Onkel Iwan kaute wie Bobik – das muß eine Familieneigenschaft gewesen sein – an den Nägeln. Eines Tages gab er sich das Gelübde, nicht mehr an den Nägeln zu kauen, und ließ zum Zeichen dafür die Nägel des kleinen Fingers unbeschnitten.

Auf diese Entdeckung hin beschloß Bobik, auch ein ähnliches Gelübde zu machen. Doch wurde es offenbar nicht erhört. Die Nägel hatten lange nicht die Länge derjenigen von Onkel Iwan und brachen sehr früh ab, ehe sie ein reiferes Alter erreichten. Njanja und Jadwiga schimpften und meinten, es wäre besser, er würde vernünftige Gelübde tun und nicht jeden Blödsinn nachmachen. Bobik fühlte sich für Onkel Iwan beleidigt. Ein erwachsener Mann, ein angesehener Kosakengeneral, und Blödsinn!

Lela hatte nie im Boudoir der Marja Iwanowna gewohnt, sie hatte sich ein anderes Zimmer eingerichtet. Dieses Boudoir wurde als Gastzimmer benützt. Eines Tages sagte sich eine entfernte Cousine, Anja Kuwarowa, im alten Schloß an. Sie hatte lange Jahre in England studiert und hatte den Doktor in Naturwissenschaften gemacht.

Babuschka und die Fürstin Moldivani und überhaupt die älteren Damen fanden das unmöglich, wie konnte nur ein junges Mädchen aus guter Familie sich unter die Studenten mischen, das war „shocking". Man wisse doch nie, was alles passieren könne. Und überhaupt, was sollte sie mit allem Wissen! Eine Frau müsse vor allen Dingen Charme haben. Anja soll nicht sehr viel Charme gehabt haben. Vielleicht hat sie auch deswegen studiert? Mami fand Anja ganz in Ordnung und hatte sogar Achtung vor ihr. Die Kinder waren stolz auf sie. Noch nie hatten sie in der Familie einen weiblichen Akademiker gehabt. Das war etwas ganz Besonderes.

Das Boudoir von Marja Iwanowna wurde für Anja hergerichtet, ein herrlicher Strauß Wiesenblumen stand auf dem Tisch. Die Kinder Bobik, Wera, Aljona, Aljoscha und Wassenka erboten sich alle, Anja am Bahnhof abzuholen. Onkel Iwan stellte ihnen vor, daß dann im Wagen gar kein Platz mehr für Anja und ihr Gepäck wäre. Die Kinder ließen sich die Freude nicht nehmen, dann würden sie eben in zwei Wagen zum Bahnhof fahren.

Anja kam an, sie hatte ein eng anliegendes graues englisches Kostüm an und abgeschnittene Haare, ohne Dutt und ohne Zopf. Das mußte wohl englisch sein. Manche Souffragetten und Frauenrechtlerinnen trugen allerdings auch hier das Haar kurz, aber sie waren alt, frech und häßlich. Anja war hübsch und sah fast so aus wie ein ungezogener Junge. Sie lachte laut und lustig, als sie den Aufmarsch sah, sie küßte sie alle ab und fragte, wie und mit wem sie denn verwandt sei. Ganz genau konnte sie wohl die Verwandtschaftsgrade nicht unterscheiden, dazu war sie zu lange in England gewesen. In der Hand trug sie einen ziemlich kleinen Koffer.

„Wo ist denn dein Gepäck, Anja? Wir helfen dir es holen!" riefen die Kinder.

„Was für ein Gepäck? Ich habe es doch hier in der Hand."

„Aber dein Gepäck, dein richtiges Gepäck, die Hutschachteln und die Kleider und Pelze und die Schmuckkassette. Wo sind sie denn, kommen sie mit einem anderen Zug?" fragten alle erregt durcheinander.

„Ihr seid wohl übergeschnappt! Ich habe wirklich kein anderes Gepäck! Wer reist denn heute noch mit Hutschachteln und Pelzen und Schmuckkassetten?!"

Die Kinder waren beleidigt. „Wer?! Alle, die Mami und alle reisen so. Was ist denn das für ein Reisen, so nackt, wie du das tust?!"

„In England reist niemand mehr so altmodisch. Man nimmt nur das Nötigste mit. Ihr seid hier noch sehr rückständig!"

Es gab einige Aufregung beim Besteigen der beiden Wagen, natürlich wollten alle, wenn sie auch ein wenig böse und gekränkt waren, mit der Engländerin fahren. Die Abfahrt hätte sich noch erheblich verzögert, wenn nicht Anja ein salomonisches Urteil gefällt hätte. Sie schlug vor, daß man auf der Hälfte des Weges anhalten und umsteigen sollte.

Als sie im alten Schloß angekommen waren, behauptete Anja, sie habe von dem Lärm und dem unablässigen Fragen Kopfschmerzen. Bobik meinte, sie hätte wohl eine schlechte Konstitution, hier müsse sie sich schon daran gewöhnen, daß alle durcheinander fragten und sprachen und daß man nie in der Lage sei, einen Satz zu Ende zu sprechen. Die lärmende Gesellschaft betrat das Schloß, sie rannten die beiden Treppen hinauf, um schneller anzukommen. Bobik stieß die Tür zum Boudoir auf, um Anja den Vortritt zu lassen. Anja prallte zurück. „Oh, Verzeihung!" murmelte sie und wollte die Tür wieder zumachen.

„Warum machst du die Tür denn wieder zu, das ist doch dein Zimmer?" fragte Bobik.

„Aber da sitzt doch jemand", sagte Anja verlegen. Die Kinder wußten sofort, daß es der Geist von Marja Iwanowna war.

„Ach, geh nur rein, die tut dir nichts, die ist harmlos. Das ist Marja Iwanowna, Onkel Iwans zweite Frau."

Anja wurde ernstlich böse. „Ihr seid wahnsinnig! Onkel Iwans zweite Frau ist seit fünfzehn Jahren tot!"

„Sie ist wohl tot, Annuschka, das war ja auch nur ihr Geist!" riefen alle Kinder belustigt.

Dann liefen sie die Treppe hinauf zu Onkel Iwan. Um gelegentlich ungestört zu sein, hatte sich Onkel Iwan in seinem alten Spielzimmer ein Atelier eingerichtet.

„Onkel Iwan, Onkel Iwan!" riefen sie. „Hatte Tante Marja Iwanowna ein fliederfarbenes Kleid mit Rüschen?!"

„Ja", antwortete Onkel Iwan von oben. „Und es war sehr geschmacklos. Was macht ihr übrigens für einen Lärm, es ist ja ein wahres Bedlam (älteste englische Irrenanstalt) hier. Laßt mich nur einmal in Ruhe!"

„Siehst du, siehst du, Annuschka, Onkel Iwan hat es selbst bestätigt, daß sie ein solches Kleid getragen hat."

Sie machten die Tür wieder auf. Das Zimmer war leer.

„Geh doch jetzt hinein, Anja!"

„Nein, da gehe ich nicht hinein, und da schlafe ich nicht", sagte Anja resolut.

„Aber du glaubst doch nicht an Gespenster, dann kannst du doch auch dort schlafen!" neckten sie die Kinder.

„Ich schlafe da nicht und basta!" sagte Anja empört.

Sie bekam ein anderes Schlafzimmer. –

Eines Abends, es war gemütlich in Onkel Iwans Musikzimmer, er spielte Klavier, die Kinder saßen auf dem großen Bärenfell und schauten in die roten, gelben und blauen Flammen im Kamin – da hörten sie Pferdegetrappel. Dann ging die große breite Haustür, und ein kalter Luftzug wehte durch den Raum. Onkel Iwan drehte sich zu Jadja und sagte leise: „Sie ist da, es ist Ljola."

Tatsächlich stand Ljola in der Tür, im Pelz, wie sie angekommen war, mit roter Nase und verweinten Augen. Sie blieb herausfordernd stehen, sie begrüßte niemanden, sie schrie: „Iwan, du wirst den Prokurator sofort auf Pistolen fordern, er ist ein Schuft, er hat mich beleidigt und verlassen!"

Alle schauten sie mit weit aufgerissenen Augen an. Bobik wäre ihr am liebsten an die Gurgel gesprungen. Er wollte Onkel Iwan gegen dieses unverschämte Weib verteidigen. Alle blieben sitzen, niemand wußte, was er tun sollte – sollte er weggehen, sollte er Ljola begrüßen, ihr aus dem Pelz helfen? Sollte man empört sein? Onkel Iwan stand auf und machte einige Schritte auf Ljola zu.

„Sei versichert, es wir mir ein Vergnügen sein, deinen sauberen Prokurator zu fordern und zu vernichten." Sein Gesicht war böse, alle erschraken, man hatte ihn nie so böse und hämisch gesehen.

„Aber das ist ja die reinste Don Quichotterie!!" rief der erste Staatsanwalt Chodassewitsch. „Erst laufen Sie dem Kerl weg, und dann verlangen Sie, daß der Mann, dem Sie die Hörner aufgesetzt haben, ihn fordert." – Ljola schrie hysterisch auf und verließ das Zimmer. Nun wurde es laut, alle redeten erregt durcheinander. Bobik war ernstlich empört. „Du wirst ihn nicht fordern, Onkel Iwan! Sie hat dich betrogen, schick sie wieder fort!" – Onkel Iwan lächelte hilflos.

Im alten Haus gab es kein Privatleben, alle lebten miteinander, alle Probleme wurden so gründlich zerredet, daß sie nachher aussahen wie zerschlissene Anzüge. Man wurde bemitleidet und in Watte gepackt, verhätschelt und verwöhnt, bis man sich schließlich nach einem handfesten Leid sehnte, weil man die ewige Bevormundung nicht ertragen konnte. Ljola versuchte sich mit Jadja anzubiedern, aber sogar die gütige und alles verzeihende Mami blieb reserviert.

„Du mußt es schließlich verstehen, er ist ein alter Mann

und ich bin eine junge Frau, ich bin lebenshungrig, ich brauche Sensationen, Anbetung. Was hat er mir schon gegeben? Diesen alten morschen Kasten mit einem halben Dutzend Gespenster, und die anderen, die noch in Fleisch und Blut herumlaufen, sind auch nicht mehr als Gespenster. Verstehst du denn nicht, daß ich mich aus dieser schlammigen Langeweile herausretten mußte?"

„Vielleicht verstehe ich das. Aber das Objekt, das du dir gewählt hast, war nicht gerade das prachtvollste. Und dann hättest du nicht zurückkommen sollen. Warum bist du denn in den Kasten mit Gespenstern heimgekommen? Doch nur, weil du dem anderen ebensowenig gegeben hast wie dem ersten, du hast doch nur dich selbst erleben wollen. Nun hast du ihn gelangweilt, und er hat dich verlassen. Und wie kannst du den lieben alten Onkel Iwan vor allen Gästen so herausfordern und verlangen, er solle sich mit deinem dummen Prokurator schießen? Du machst ihn obendrein noch lächerlich!"

Ljola faßte Jadwigas Hand und küßte sie, sie demütigte sich. Onkel Iwan vermied es, mit Ljola allein zu sein, er sprach mit ihr nur das Notwendigste, er sah ihr nicht in die Augen. Sie versuchte, seine Hand zu streicheln, er entzog sie ihr. Alle fühlten das Unmögliche der Situation, aber sie hielten zu Onkel Iwan und umgaben ihn wie eine Leibgarde. Ljola kam nicht an ihn heran.

Eines Mittags brachte Timofei einen schwarz umrandeten Brief und überreichte ihn Ljola. Sie öffnete, schrie auf und wurde ohnmächtig. Man war an Ljolas Extravaganzen, darunter auch Ohnmachten, gewöhnt, man machte kein Wesen daraus. Wera nahm kaltblütig ein Glas Wasser vom Tisch und goß es über Ljolas Gesicht. Ljola kam viel schneller als erwartet wieder zu sich. Wera wischte ihr wie einem ungezogenen Kind, das sich beim Essen beschmutzt hat, energisch mit der Serviette das Gesicht ab. Es bereitete ihr sichtbar Vergnügen, sie schaute siegreich in die Runde. Bobik hob den Trauerbrief auf. „Der Prokurator ist tot!“ rief er. – „Aaaaah!“ riefen die Anwesenden.

„Wieso ist er so schnell gestorben, er war doch noch ganz jung und kräftig?!“ sagte Jadwiga zu Onkel Iwan.

„Ich habe ihn getötet“, sagte Onkel Iwan.

„Um Gottes willen, wie hast du das gemacht. Hast du ihm Gift geschickt?“

„Nein, mit der Macht meiner Gedanken habe ich ihn getötet. Er hat mir meine Frau weggenommen. Nun sollte er auch nicht leben. Ich habe ihm jede Stunde tödliche Gedanken und Wünsche geschickt, und nun haben sie gewirkt“, und er lachte böse.

„Aber Onkel Iwan, das ist doch schwarze Magie. Wie konntest du solches tun?! Du bist doch Christ!“

„Ich kann nicht immer Christ sein, Jadja. Und dann steht in mir der alte Heide auf, und ich kann hassen, ich kann im Haß vernichten!“ –

Wieder war die Fürstin Moldivani zu Gast im alten Haus. Niemand verlangte nach ihr. Sie nannte Onkel Iwan blödsinnigerweise „Jean“ und hob ihre weißbehandschuhte Rechte bis zum Pegel seiner Lippen. Er verneigte sich galant.

Aljona, die eine hübsche junge Dame geworden war, fragte ihn: „Wie konntest du sie nur heiraten, Onkel Iwan, wo hattest du nur deine Augen?“

„Liebes Kind, das verstehe ich selbst am wenigsten. Ich war junger Leutnant und war nur drei Wochen verliebt in sie; zu meiner Ehrenrettung muß ich bemerken, daß sie damals noch nicht so krokodilig ausgesehen hat wie jetzt. Aber ehe ich mehr merkte, war ich schon verheiratet. Und ich bin auch bald geflohen. Gott verzeihe mir meine Verblendung!“

Aljona lachte. Onkel Iwan lachte.

Sie saßen zu Tisch. Die uralte Uhr, die schon so vielen Generationen die Zeit angesagt hatte, zeigte auf acht. Sie begann laut und melodisch die Stunden zu schlagen. Bei fünf gab es in ihrem Bauch einen seltsam surrenden Ton und sie sagte nichts mehr. Onkel Iwan, der gerade der Fürstin Moldivani zuprosten wollte, ließ das Glas fallen, es zerbrach und der goldene Wein ergoß sich über das Kleid seiner Partnerin. Sie stand empört auf.

„Mais Jean, que faites-vous donc! Faites attention!"

Alle anderen saßen wie versteinert. Irgend etwas Furchtbares, Unwiderrufliches war geschehen. Onkel Iwan sagte mit dumpfer Stimme: „Unsere arme Marussja ist gestorben. Wir wollen in Stille ihrer gedenken."

Niemand glaubte ihm. Alle hielten es für eine romantische Phantasie von Onkel Iwan. Aber es kam kein Gespräch und keine Fröhlichkeit mehr auf. Onkel Iwans Ahnung wurde am nächsten Tag bestätigt, als ein Telegramm berichtete, daß Marussja sich vergiftet hatte.

„Es ist mit diesem seltsamen Hause wie mit den Dramen Shakespeares. Im letzten Akt sterben alle", sagte Jadja beklommen.

„Mein liebes Kind, es ist so üblich, daß man im letzten Akt stirbt. Sieh, dieses Haus steht schon sieben Jahrhunderte, und sie lebten alle darin, sie waren alle lebenshungrig, so hungrig, daß manche von ihnen noch immer keine Ruhe finden und hier ein Scheindasein weiterführen. Aber sonst starben sie alle in ihrem letzten Akt. Nimm es hin als Wille Gottes, als Schicksal oder als natürlichen Ablauf aller lebendigen Dinge, als Rad des Daseins, wie Buddha es sieht."

Jadwiga neigte ihr Haupt tief.

Aleksandrs hilfreiche Hand fehlte im Hause. Wanka war noch jung und unerfahren, er hatte eine Himmelfahrtsnase – von diesen Menschen ging die Mär, daß sie nicht sehr klug seien. Wanka war nicht sehr klug. Wenn man ihm etwas erzählte, schaute er einen ganz treuherzig direkt in die Pupille, aber an dem leeren Gesichtsausdruck merkte man, daß er nichts verstand. Dafür kratzte er sich um so mehr am Kopf, nicht weil er Läuse hatte, vielmehr um die Hirndurchblutung anzuregen. Wenn er im Haus irgendwelche Reparaturen zu verrichten hatte, dann konnte man sicher sein, daß er sich mit dem Hammer den Daumen zerquetschte, daß er den dicksten Nagel verbog und ein breites und tiefes Loch in die Wand schlug; nur das, was hätte gemacht werden sollen, das ging schief. Nachher brauchte er einen, der ihn verband, einen, der ihn tröstete, und einen, der den Schaden wieder reparierte.

Von Njanja, den Mädchen, Bobik und Jadwiga konnte keine Rede sein, sie machten es noch schlechter. Oder sie fingen eine Sache mit Begeisterung an, verloren dann aber die Lust und ließen sie liegen. Solche unerledigten Dinge sahen besonders häßlich aus und hatten die unschöne Eigenschaft, das Gewissen zu belasten, man bekam unweigerlich Minderwertigkeitskomplexe.

Einmal riß sich aus unerklärlichen Gründen die lange Gardinenstange an einer Seite los und hing kläglich schräg vor dem Fenster. Mami, Njanja, Bobik und Wera standen ratlos davor. Wer sollte das reparieren? Bobik hatte eine glorreiche Idee. Sie rüttelten und rissen so lange an der Stange, bis der Nagel auf der anderen Seite sich löste. Die Gardine kam mit großem Gepolter herunter. Sie riß einige Blumentöpfe, Vasen und alte Porzellanfiguren mit, die auf dem Fensterbrett standen; die meisten zerbrachen. Die Gardinen wurden abgestreift, Bobik legte eine über seine Couch, das sah prachtvoll aus. Sie besahen sich die Veränderung. Das Zimmer sah heller und größer aus und sie fanden, es sei so viel gemütlicher, auch das leere Fensterbrett wirkte ganz freundlich.

Manche Stühle oder Sessel wurden wackelig von hohem Alter und von unsachgemäßer Behandlung. Die Erwachsenen und die Kinder schaukelten mit viel Vitalität damit, obwohl es keine Schaukelstühle waren. Oder die Stühle standen zu nahe am brennenden Kamin. Weggetan wurden die Gegenstände erst, wenn sie völlig unbrauchbar waren. Solange versahen sie den ihnen aufgetragenen Dienst.

So passierte es, daß die blonde, schöne Jordis, die Tochter des schwedischen Konsuls, bei etwas heftiger Gestikulation samt dem Stuhl im Kamin landete. Erst schrien alle „ach" und „och", bis es ihnen einfiel, die Verunglückte aus der Glut zu retten. Schließlich lachten alle und steckten einfachheitshalber den ganzen gepolsterten Stuhl ins Feuer. Es kostete einige Mühe, ihn ganz zu zerbrechen. Der Stoff und das darin befindliche Roßhaar rauchten und stanken erbärmlich. Sie mußten den Raum verlassen, dann goß Bobik einen Eimer Wasser in die Glut, was der Sache mehr schadete als nützte. Das Feuer erlosch zwar, aber der stinkende Rauch drohte ihn zu ersticken. Sie konnten tagelang das Zimmer nicht betreten.

Schlimmer erging es noch einem altmodischen Besucher, den niemand gebeten hatte, der aber entsprechend den Anweisungen des Freiherrn von Knigge im schwarzen Bratenrock, Zylinder und weißen Handschuhen eine Sonntagsvisite machte. Er kam höchst ungelegen. Jadwiga musizierte gerade mit einem jungen Geiger, auf den Stühlen lagen Noten herum. Der ungerufene Gast war höchst komisch, seine offiziöse Steifheit paßte so gar nicht zu der heiteren Bohème des Hauses. Zuerst blieb er wie verloren stehen, weil niemand ihm einen Stuhl anbot. Dann erblickte Jadwiga einen alten, sehr gebrechlichen Schaukelstuhl in der Ecke.

„Nehmen Sie doch den", bot sie an. Der Stuhl war

niedriger als seine Genossen sonst waren. Der lange, dürre Mann setzte sich, er berechnete nicht die Niedrigkeit und fiel die zehn Zentimeter hart auf den Sitz. Es gab einen Krach wie bei einer Explosion, und der Mann lag wie eine schwarze Spinne unter lauter Holzstücken. Gewiß hätte man ihn aufheben sollen. Aber zunächst mußten alle außer ihm mit dem Lachen fertig werden. Sie konnten sich gar nicht beherrschen. Derweilen lag er unter den Trümmern. Jadwiga und der Geiger versuchten schließlich ihn aufzuheben, aber ihre Arme waren vom Lachen so schwach, daß er ihnen immer wieder entglitt. Schließlich stand er. Sein Zylinder war verbeult. Er war so erbost, daß er sich schnurstracks der Tür zuwandte und verschwand, ohne Abschied zu nehmen und das Ziel seines Besuches preiszugeben. Nachher war ihnen etwas peinlich zumute. Aber wer machte heute noch offizielle Besuche?!

Einmal brachte jemand eine große Schachtel Pralinen von George Borman aus Moskau mit. Die Schachtel war mit großen Mohnblumen bemalt. Jede Praline stak in einer braunen Plisseehülle. Die Schokolade war ein herrlicher Genuß. Mami teilte davon reichlich aus an die Kinder und Gäste. Dann fand sie, daß es genug sei, und versteckte die Schachtel im Büfett. Als am nächsten Tage Mami zum Tee die Schokolade aus dem Büfett holte und sie öffnete, lag ganz verlassen nur noch eine Praline darin. Mami errötete.

„Ihr habt ja alles gestohlen. Die Schachtel ist leer! Wer hat das getan?“ – Betretenes Schweigen. Alle hielten die Augen gesenkt, allen war es unsagbar peinlich, verdächtigt zu werden, aber keiner meldete sich.

„Gut, wenn ihr nicht den Mut habt, die Tat einzugestehen, dann werde ich euch einzeln verhören. Ich gehe in Bobiks Zimmer, und einer nach dem anderen kommt herein.“

Wera ging hinein und kam nach einer Weile mit verweinten Augen heraus. Dann war die Reihe an Aljona, Aljoscha, Wassenka, Jordis. Schließlich ging Bobik hinein.

„Hast du von der Schokolade genommen, Bobik?“ fragte Jadwiga streng.

„Ja, Mami. Ich hatte nachts plötzlich solch einen Hunger, und da bin ich hingegangen und habe mir im Dunklen eine stibitzt. Und später war der Hunger noch größer, und da habe ich mir gleich zwei genommen. Verzeih, Mami, aber ich habe wirklich nicht die ganze Schokolade aufgegessen.“

„Aber es ist dir doch bewußt, daß das ein Diebstahl war. Und du weißt, was du gelernt hast – du sollst nicht stehlen! – Ist es so schwer, ein solch ganz einfaches Gebot zu befolgen?“

„Manchmal ist es wirklich sehr schwer, Maminka!“ seufzte Bobik.

Nach dem Verhör kam Jadwiga heiter und lachend heraus.

„Ich will euch etwas sagen, wir alle haben gestohlen. Jeder nahm nur eine oder zwei Pralinen, weil keiner glaubte, daß die anderen es auch tun würden. Ich selbst habe auch davon genascht. Wir sind alle schuldig.“ Alle lachten befreit.

Eines Tages kam Frossja aufgeregt gelaufen: „Herrin, Herrin, komm schnell. Ein Wunder oder ein Unglück ist geschehen, aus dem Boden quillt Wasser, reines Wasser. Herrgott, bewahre uns vor einer Überschwemmung!“

Jadja, die Kinder, die Besucher rannten hin. Nur Mademoiselle fand es unter ihrer Würde sich aufzuregen. In der Nähe des Ausgusses in der Küche perlte Wasser. Frossja wischte es auf, aber es war wie eine blutende Wunde, es war nicht zu stillen. Alle standen verwundert und erschrocken darum herum. In einer Stunde war der ganze Fußboden der Küche naß. Dann lief das Wasser in kleinen Strömen in die anderen Räume.

Bobik fiel dabei die Geschichte vom heiligen Serafim ein, wie er eine wundertätige Quelle öffnete. Vielleicht war das hier auch eine Quelle? Vielleicht würde Girejewo ein wundertätiger Ort, wie Kossino an dem schwarzen und weißen See, oder Lourdes? Bobik tupfte einen Finger ins Wasser und leckte an der Flüssigkeit, es schmeckte ganz passabel. Wera war von der Idee der Wunderquelle begeistert, sie hüpfte auf und ab wie ein Gummiball. Jadwiga rief Onkel Iwan an und berichtete ihm den Vorfall samt Kommentar. Auch er kam zu der Überzeugung, daß es Heilquellen waren.

Das Wasser sickerte und sickerte. Jetzt war das ganze weitläufige Kellergeschoß überflutet. An der ursprünglichen Austrittsstelle entstanden konzentrische Kreise und es machte leise und melodisch „bulbulbulbul". Onkel Iwan besichtigte die Bescherung, es kamen die Gäste aus Girejewo und aus dem alten Schloß und aus Golitzino. Jadwigas Freundinnen aus Moskau kamen angereist, um das Wunder zu sehen. Doktor Schumanow und Doktor Ssorokin standen staunend davor und schüttelten die Köpfe.

Wera lief, ohne jemandem ein Wort zu sagen, atemlos zum alten Priester nach Staroje Girejewo und bat ihn, das Wunderwasser zu segnen. Er kam, brachte ein goldenes Ornat mit, Weihwasser und den großen Pinsel und das Kreuz und segnete die geheimnisvolle Quelle, die der Erde entströmte. Es war sehr feierlich, Mami küßte ihm die Hand und steckte ihm einen Zehnrubelschein zu.

Das Haus spaltete sich, wie es in demokratischen Ländern gang und gäbe ist, in zwei Parteien. Das Oberhaus war wild begeistert und schwelgte in der phantastischen Idee, wie Girejewo ein Heilkurort werde, das weiße Haus das Kurhaus. Man würde kleine Badekabinen einrichten und eine wunderbare Kapelle mit bunten Glasfenstern und viel Gold erbauen. Bobik erbot sich sogar, die schönsten Ikonen von Khan Girej dafür zu stiften. Wera und Aljona wollten dort als Krankenschwestern arbeiten, sie hatten schon eine Menge Erfahrung durch das Lazarett. Mami ließ sich Prospekte aus Moskau kommen. Man beschloß, die Kabinen mit verschieden farbenen Kacheln zu schmücken. Nur Mademoiselle brummte leise, aber immerhin in der Absicht, daß man es verstehe: „Tout ce qui se passe dans cette maison, c'est de la folie." (Alles, was in diesem Hause geschieht, ist verrückt.)

Aber sie konnte einen nicht beleidigen, man wußte, sie war Pessimistin und Hypochonderin.

Das Unterhaus war in heller Empörung und stand kurz vor dem Generalstreik. Die Mädchenkammern standen unter Wasser, die großen schweren Hochzeitstruhen quollen, Schimmel wucherte an den Möbeln und an den Wänden. Sie mußten barfuß gehen und bis zum Knöchel im Wasser stehen. Sie bekamen rheumatisches Reißen. Sie waren bösester Laune. Schließlich machte Njanja sich zum Sprecher des Unterhauses. Ganz energisch trat sie auf.

„Das geht so nicht weiter, Herrin. Die Mägde können dort nicht mehr wohnen und nicht arbeiten, sie holen sich den Tod. Sofort muß eine Änderung geschaffen werden, sonst laufen sie uns alle aus dem Hause."

Man überlegte gemeinsam, was zu tun war. Einen Teil der Mädchen quartierte man um in die Wohnungen bei den Remisen, die der Gärtner und Aleksandr bewohnten, andere zogen in die Mansarden, wo sich die Gästezimmer befanden. Die Küche wurde provisorisch im Anrichteraum aufgestellt. Das gab tagelang ein Gelaufe, ein Geschleppe. Aber alle waren vergnügt. Am meisten freuten sich Jadwiga und die Kinder, daß sie nun unbeschränkte Herren über die Heilquellen wurden. Sie machten alle Türen weit auf. Sie holten die großen Tische aus den Wasch-, Näh- und Bügelzimmern in die Küche und stellten sie zusammen, so daß eine große Insel in der Mitte entstand. Von den Fenstern aus konnte man jetzt bequem auf die Tische steigen.

Man stellte sich vor, man sei in Venedig; man kaufte bunte lustige Lampions und zog Drähte von einem Ende der Küche zum anderen, sie baumelten lustig daran, und es sah herrlich aus, wenn sie den Raum magisch beleuchteten und sich im Wasser spiegelten. Das Unterhaus wirkte jetzt in den oberen Stockwerken und das Oberhaus zog für den ganzen Tag nach unten. Man frühstückte und aß und trank Tee und soupierte im Wasser. Auf die Tische wurden Stühle, Sessel und kleinere

Tische gestellt. Der Samowar summte gemütlich darauf, man trank Tee und schleckte Warenje, man unterhielt sich, man vergaß den Krieg und alle Unbilden des Lebens.

Natürlich ging es nicht ganz ohne Unfälle ab. Die Tische waren als Bodenplanken reichlich schmal, sie hatten kein Geländer und man mußte sich sehr in acht nehmen, um nicht ins Wasser zu fallen. Jordis, die etwas grobknochig und unbeholfen war, war natürlich die erste, die ins Wasser fiel. Sie machte eine ungeschickte Bewegung, sie verlor das Gleichgewicht; sie fiel aber nicht gleich, sie bog das Kreuz nach hinten und ruderte wie ein Vogel verzweifelt mit den Armen, dann plumpste sie ins Wasser. Der Boden war moderig geworden, sie rutschte dort nochmals aus und lag flach drin. Aus ihrem Mund kamen viele kleine und große Luftblasen, es sah sehr lustig aus. Zuerst wollten die Anwesenden, wie gewöhnlich, sich kaputtlachen, aber dann sprangen Bobik und Aljoscha doch hinein und zogen sie mit vereinten Kräften heraus. Dann lachten sie alle, Jordis sah aus wie eine auferstandene Wasserleiche, aber sie lachte mit. Später fielen noch andere Gäste hinein, aber nicht alle lachten, manche wurden ernstlich böse.

Onkel Iwan stiftete ihnen einen ziemlich neuen kleinen Kahn, den Timofei in einem Bauernwagen brachte. Der Kahn schaukelte auf den Gewässern des Kellersees, und man ruderte mit einem Ruder, mit dem man am Boden abstieß, von einem Raum zum anderen. Bobik machte den Gondoliere. Wassenka spielte Balalaika dazu.

An der Spitze und am Ende des Bootes befestigten sie Lampions.

Als am Ende des Monats die Wasserrechnung kam, war Mami über ihre Höhe entsetzt. Aber wahrscheinlich hatten sie das Wassergeld erhöht. Nur Babuschka, in ihrer altmodischen Konservativität, fand alles schrecklich verrückt und außerdem gefährlich. Sie empfahl Jadwiga, auf alle Fälle eine Unfallversicherung einzugehen; denn wenn sich einer mal die

Knochen brechen würde, müßte sich Jadwiga totzahlen. Jadwiga versprach es, vergaß es aber bald wieder. Babuschka ekelte sich vor dem Wasser, sie verabscheute es auch, Schiffsreisen zu unternehmen. Wenn sie zu Besuch war, war man gezwungen, mit ihr im Eßzimmer zu speisen. Man war seiner so entwöhnt, daß man es schrecklich langweilig und konventionell fand.

Onkel Iwan und der erste Staatsanwalt Chodassewitsch fanden sich fast jeden Abend ein, nur Tante Ljola wurde von Jadwiga nicht eingeladen, sie war zu wenig kindlich und paßte nicht in die romantische Umgebung. Annuschka dagegen hatte sich schnell akklimatisiert. Sie fand zwar alles verrückt, aber andererseits gefiel ihr das ungezwungene, phantasievolle Leben. Sie hatte nun schon ein paarmal Begegnungen mit dem Geist von Marja Iwanowna gehabt und fand genausowenig Erregendes dabei wie die anderen Insassen und Gäste des alten Hauses.

*

Njanjuschka kam atemlos angerannt.

„Herrin, Herrin! Ich glaube Ihre Kaiserliche Hoheit, die Heilige, Elisaveta Feodorowna, kommt. Ich sah soeben eine schäbige schwarze Kalesche um die Ecke biegen. Gott bewahre uns! Gott beschütze uns! Wird die uns böse sein über alles."

Plötzlich war alles auf den Beinen, alles rannte. Jadwiga lief so schnell sie konnte auf den Speicher, um das Portrait von Onkel Serge herunterzuholen. Man staubte es notdürftig ab, Bobik versuchte es anstelle seiner Urgroßmutter aufzuhängen, er verpaßte den Nagel, das Bild fiel ihm auf den Kopf, er bekam eine schmerzhafte Beule. Mit sehr unaussprechbaren Flüchen an die Adresse von Onkel Serge gelang es endlich, das Portrait aufzuhängen. Beide schauten sich gegenseitig böse und unliebenswürdig an. Inzwischen kam kein Wagen, und Jadwiga setzte sich wieder in Klein-Venedig auf den Schaukelstuhl und stickte. Bobik wollte gerade Onkel Serge wieder abhängen, als er das Rattern eines Wagens hörte. Er lief auf den Hof. Tante Elisaveta war unangemeldet, entgegen ihrer sonstigen Gewohnheit, angekommen. Er half ihr aussteigen. Sie war blaß und durchsichtig und traurig streng wie immer. Er verbeugte sich und küßte ihre Hand, sie streichelte kühl seine Wange. Automatisch schaute er auf ihre Hände, ob sie ein Präsent mit Schokolade oder Konfekt enthielten. Sie waren leer, ihre Hände waren immer leer, weil sie der Meinung war, man solle Kinder nicht verwöhnen. Man konnte diese Auffassung allerdings auch übertreiben, meinte Bobik.

„Guten Tag, Tante Ella", sagte er züchtig.

„Guten Tag, lieber Bob, wie geht es euch? Was macht deine Mutter? Arbeitet ihr noch fleißig im Lazarett?"

„Uns geht es gut, danke. Och ja, wir arbeiten auch im Lazarett, aber wir haben jetzt etwas noch viel Wichtigeres."

„Was ist es denn, was noch wichtiger ist als das Pflegen von Verwundeten?"

„O! Du wirst es gleich sehen, es sind unsere Heilquellen! Wir wollen aus Girejewo einen berühmten Kurort machen."

„Wo sind denn die Heilquellen?"

„Bei uns im Hause, unter der Erde quillt immerzu Wasser hervor. Es ist schon so viel davon da."

„Wo ist denn deine Mutter, kann ich sie sehen?"

„Ja, Tante Ella, komm nur, sie ist in Klein-Venedig, komm, wir gehen zum Dienstboteneingang, du mußt es dir doch ansehen", und er faßte sie an der Hand und zog sie hinter das Haus. Sie sperrte sich.

„Seit wann muß ich denn durch den Dienstboteneingang zu euch?"

„Ja, das geht doch nicht anders, durch den Paradeeingang können wir nicht zu den Heilquellen gelangen, die Treppe ist überschwemmt. Komm doch mit. Du mußt es doch sehen!"

Unwillig ging sie hin. Durchs Küchenfenster sah man Mami im Schaukelstuhl, der auf dem Tisch stand, sitzen und sticken. Die Nonne Elisaveta blieb stehen und betrachtete alles genau durchs Fenster. Jadwiga erblickte die Schatten, die auf den Tisch fielen, und schaute auf. Sie erhob sich schnell und trat durch das niedere Fenster ins Freie.

„Welch eine Freude, Kaiserliche Hoheit, Sie zu sehen." – Sie bückte sich tief vor Tante Elisaveta und küßte ihr die Hand. Die Nonne sah sie streng an.

„Was machst du denn hier im Keller, und was soll das Ganze?"

„Das sind doch unsere Heilquellen!" sagte Mami und sah aus wie ein zwölfjähriges Mädchen, das man bei verbotenen Spielen ertappt hatte. Sie tat Bobik schrecklich leid, er hatte das Bedürfnis, sich vor sie zu stellen, sie zu beschützen, nicht zuzulassen, daß man sie beleidige. Aber es war ja eigentlich nichts geschehen, nur daß Tante Ella noch strenger war als sonst. „Heilquellen!" sagte sie verächtlich, „Heilquellen! Was sagt denn der Installateur dazu?"

„Installateur? Was ist das?" fragte Mami überrascht.

„Das ist ein Mann, der Rohre legt und Wasserleitungen und elektrische Leitungen repariert. Hast du ihn denn wirklich nicht bestellt?"

„Nein", sagte Jadwiga beleidigt. „Ich habe ihn nicht bestellt. Ich wußte gar nicht, daß es so etwas gibt, und hier in Girejewo ist auch keiner."

„Gut, wenn ich in Moskau bin, lasse ich einen herkommen, daß er nach dem Rechten sieht. Es ist natürlich ein Wasserrohr geplatzt. Von Heilquellen ist keine Spur; in dieser Landschaft, die nicht vulkanisch ist, gibt es gar keine Heilquellen." – Sie seufzte tief und hob ihre schönen Augen zum Himmel. „Wenn ich zu euch fahre, habe ich immer Herzklopfen, was werdet ihr schon wieder alles ausgeheckt haben, und ihr heckt auch immer etwas aus!"

In diesem Augenblick kamen Wera und Wassenka, die zu

den Teichen nach Staroje Girejewo gegangen waren. Sie hielten beide ein Einmachglas für Warenje in der Hand. In den Gläsern war Wasser und darin schwammen einige kleine Fischchen.

„Sieh mal, Mami", rief Wera ganz aufgeregt, „wir haben Fische für die Heilquellen mitgebracht. Wir lassen sie da hinein. Und Timofei hat versprochen, uns einige schöne große Karpfen mitzubringen. Das ist fein!"

Mami versuchte, ihr große Augen oder kleine Zeichen mit der Hand zu machen, aber es war alles umsonst, es war schon passiert; denn Tante Ella hatte alles mit angehört. Sie schüttelte bekümmert den Kopf.

„Man sollte euch alle unter Kuratel stellen. Es ist hier schlimmer als in einem Kindergarten. Und Iwan Aleksandrowitsch, der alt genug sein sollte, um vernünftig zu sein, der stiftet euch noch zu dem Unsinn an."

Dann ging sie ins Lazarett. Jadwiga folgte ihr. Bobik und Wera sahen sich bedeutungsvoll an und gingen nicht mit. Sie hatten genug.

Nach einer Weile kam Tante Ella heraus, Mami und Doktor Schumanow folgten ihr, dann kamen die Oberschwester und andere Schwestern; von ihrem frechen Wesen war nichts mehr zu merken, sie hatten verweinte Augen. Sicherlich war auch im Lazarett manches nicht in Ordnung.

Am liebsten wäre Bobik zum Abschied gar nicht erschienen, so enttäuscht war er. Als Tante Ella abfuhr, war alles in Unordnung. Jadwiga war sehr still und bedrückt, die Kinder ließen die Köpfe hängen. Doktor Schumanow kam und ließ sich von Jadwiga trösten. Er fand, daß die Vorwürfe der Großfürstin nicht berechtigt seien, er führe doch das Hospital tadellos, und die Schwestern waren gekränkt, weil man auf den Schränken eine dichte Schicht Staub gefunden hatte. Aber wer wird denn auf den Schränken etwas suchen? Schließlich soll es Staub sogar im Weltraum geben. Wera heulte, weil sie fand, daß sogar die Fische nicht so munter in der neuen Umgebung schwammen, wie sie sollten. Das Portrait von Onkel Serge wurde mit stiller Genugtuung wieder auf den Speicher gebracht.

Jadwiga saß in ihrem Boudoir, was sie lange nicht getan hatte. Sie war wortkarg. Bobik stand herum, ohne Antrieb. Irgendwie war ihnen das Wasser verleidet.

„Warum muß sie uns immer alle Freude verderben?“ sagte Bobik.

„Das will sie ja gar nicht. Sie ist ein guter Mensch mit den besten Absichten. Aber sie ist sehr ernst. Sie hat Furchtbares durchgemacht. Und schließlich ist sie eine Deutsche. Für sie ist Ordnung das Wichtigste im Leben. Sie versteht nicht, daß Menschen sich auch in einer schweren Zeit einfach freuen können, ohne zu versauern. Und sie will für uns das Beste.“

„Mami, sie hat nichts von dem Charme unseres Daseins begriffen. Was soll denn der Installateur? Er wird uns womöglich die Quellen verstopfen. Und dann werden die Kellergewölbe wieder ganz einfache Kellergewölbe werden. Und das wollen wir doch nicht. Das will niemand, außer Tante Ella!“

Onkel Iwan kam aus Moskau. Er war bereits telefonisch von dem hohen Besuch und der moralischen Abreibung unterrichtet worden. Er brachte eine Welle von guter Laune und Optimismus mit. Er lachte breit. Er umarmte Jadwiga und Bobik und Wera. Alle fühlten sich getröstet und erleichtert.

„Na, das muß ja gewirkt haben wie eine kalte Dusche. Seid nicht traurig! Das Ganze ist eine Temperamentsfrage. Wir gehen wieder hinunter zu unseren Heilquellen, und Bobik zündet die Lampions an und Njanja bringt den Samowar, und dann ist die alte Gemütlichkeit wieder hergestellt.“

„Onkel Iwan, sie sagte, du bist genau solch ein Kind wie wir. Ja, das hat sie wortwörtlich gesagt!“ bekräftigte Bobik.

„Ich bin auch stolz darauf, daß ich noch ein Kind bin. Wißt ihr, manchmal liege ich im Bett mit meinen vielen Lebensjahren, und die Knochen und Muskeln und Gelenke tun mir vor Rheumatismus weh. Und dann denke ich, wie alt ich wohl schon sei. Aber es gelingt mir niemals, über sechzehn zu kommen. Innerlich bin ich immer noch wie ein Junge. Und dann freue ich mich, daß der liebe Gott mir die Jugend erhalten hat, und ich schäme mich gar nicht, weder der Dummheiten, noch der Fehler. Gott verzeiht den Kindern mehr als den Erwachsenen."

„Meinst du, daß die Fischchen sich wohlfühlen im heiligen Wasser?" fragte Wera.

„Gewiß doch, Werotschka, sie werden ganz glücklich sein. Und wartet mal, wenn der Winter kommt, das gibt eine Pracht, da werden wir unter den Lampions Schlittschuh laufen. Und wir werden aus großen Eisblöcken eine Höhle bauen, dort stellen wir einen Ofen auf und backen darauf Bliny, und wir werden Masken anziehen. Ihr werdet sehen, wie lustig das wird."

Und sie waren wieder getröstet und froh, und das liebe Heilquellenwasser plätscherte geheimnisvoll und glückverheißend. Aber einige Tage später kam der Installateur aus Moskau. Er war groß und kräftig und hatte ein gutmütiges Gesicht. Er kam sich schrecklich wichtig vor, weil er von Ihrer Kaiserlichen Hoheit geschickt worden war. Bobik und Jadwiga hatten fürchterliche Angst. Er wurde zu Tisch gebeten. Mami steckte ihm einen Zehnrubelschein in die Hand. Man goß ihm viel Wodka und Subrowka ein, die er mit Genuß und unter ständigem Zuprosten trank.

Dann gingen sie in den Keller. Er war nicht mehr ganz sicher auf den Beinen. Mit Mühe zwängte er sich durch das niedere Fenster. Dann setzte Bobik ihn ins Boot. Es schwankte mächtig. Sie fuhren an den Wänden aller Kellerräume entlang. Er klopfte an die Wände und horchte. Bobik horchte gespannt mit. Dann kratzte er sich am Kopf. „Ich finde rein gar nichts", meinte er und schüttelte den Kopf.

„Sie werden auch nichts finden. Das sind nämlich Heilquellen, die aus der Erde ausgebrochen sind. Das ist bestimmt kein Rohrbruch!"

„Ja, das scheint mir auch so", nickte er zustimmend. „Wenn es ein Rohrbruch wäre, hättet ihr es an der Wasserrechnung schon bemerkt."

Bobik machte ein ganz unschuldiges Gesicht.

DER METEOR

Zu Palmsonntag hatte Onkel Iwan für ganz Girejewo eine große Überraschung. Im großen Saal des Schlosses, in dem das schreckliche Portrait der Ahnfrau Tamara mit den zerschossenen Augen hing, sollte ein Klavierabend stattfinden. Es standen Beethoven, Schumann und Tschaikowsky auf dem Programm.

Sogar die weniger bedeutenden Einwohner des Ortes waren eingeladen, da der Erlös der Karten einem wohltätigen Zweck dienen sollte. In Girejewo herrschte entsetzliche Aufregung. Die Damen ließen sich die Haare machen. Der einzige Friseur war überarbeitet, er lieh sich einen Kollegen aus Moskau zu Hilfe.

Bei den Schneiderinnen klapperten die Nähmaschinen Tag und Nacht. Im Laden der Lukina schnatterten alle durcheinander, besprachen sich über die Form und Farbe der neuen Kleider. Die Lukina empörte sich, wieso man „Betgówen", einen Deutschen, spielen konnte in dieser Zeit, da man mit den verfluchten Hunden im Krieg stand und sie uns soviel Leid antaten. Sie wollte laut dagegen protestieren. Sollte man vielleicht mal wieder einen kleinen Pogrom veranstalten, oder einen Schweigemarsch? Oder sollte man das Konzert überhaupt boykottieren? Aber alle drei Ideen wurden von den schnatternden Frauen abgelehnt. Es war eine so große Ehre, im alten Schloß eingeladen zu werden, daß niemand sich mutwillig um diese Freude bringen wollte. Zudem war Iwan Aleksandrowitsch Tarletzki General und der Sympathie mit den Deutschen unverdächtig.

Die Lukina entschied für sich, sie würde, während man den verfluchten Betgówen spielte, sich die Ohren mit den Fingern zustopfen. Da sagte die giftige Kutusowa: „Und wie ist es denn mit dem deutschen Schumann, meine Liebe? Da werden sie aber ganz schönes Reißen in den Armen kriegen. Am besten bleiben sie zu Hause, oder sie kommen zum letzten Stück, zu dem Tschaikowsky."

„Was, der Schumanow ist auch so ein verfluchter Deutschenhund? Ich dachte schon, das wäre die Musik von unserem lieben Doktor Schumanow, der doch ein Erzrusse ist. Gott steh mir bei!" – und sie bekreuzigte sich.

„Unser Doktor Schumanow macht keine Musik, der verbindet Wunden und schneidet. Und ob er ein solcher Erzrusse ist, wie Sie es behaupten, das steht noch gar nicht fest, sicherlich ist er ein Bankert von einem Deutschen."

„Gibt es denn nicht genug gute und berühmte russische Musiker, daß Seine Exzellenz lauter Deutsche spielen läßt? Müßte man das nicht doch der Geheimpolizei melden? Das ist doch verdächtig!" sagte jemand aus der Menge. Aber sie hatten übersehen, daß die gewichtige Gestalt Timofeis in der Tür stand. Er hatte alles gehört.

„Ihr seid wohl alle geladen, weil das Konzert öffentlich ist, aber wem das Programm, das mein Herr aufgesetzt hat, nicht paßt, der braucht gar nicht hinzugehen, der kann sich das neue Kleid und den Friseur sparen. Und wir werden auch nicht traurig sein, wenn einer von den Hundesöhnen weniger dabei ist. Es werden genug hohe und höchste Herrschaften aus Moskau kommen. Wir sind auf euch Dummköpfe, die ihr kaiserlicher sein wollt als der Kaiser, gar nicht angewiesen! Und übrigens, wir fahren sowieso jeden Tag nach Moskau, wir könnten auch dort alles Nötige einkaufen. Auch darauf sind wir nicht angewiesen", sagte er mit einem schrägen Blick auf die Lukina, die bei diesen Worten sichtlich zusammenschrumpfte.

„Aber Tiomofei Petrowitsch, Väterchen! Wer wird denn schon gleich beleidigt sein! Das war doch nicht böse gemeint. Wir verehren euch doch alle. Haben wir euch nicht treu gedient alle Zeit und euch das Beste vom Besten verkauft? Seid uns nicht böse und verlaßt uns nicht. Und nur kein Sterbenswörtchen an Seine Exzellenz! Wir wollen unseren gnädigen Herrn nicht erzürnen. Mag er soviel Unchristen, Deutsche und Franzosen und Engländer und meinetwegen Muselmänner spielen lassen, wie er will. Wir kommen alle, vollzählig kommen wir. Wir freuen uns doch schon darauf! Nichts für ungut, Väterchen Timofei!" – Sie zerfloß buchstäblich in Freundlichkeit und guter Gesinnung. Sie lief auf ihn zu und schüttelte ihm die Hand. Die Hand war gewiß nicht leer, denn er steckte die seine nachher in die Tasche. Nach diesem Auftritt waren die Gemüter etwas abgekühlt, sie machten ihre Einkäufe und gingen ihren Beschäftigungen nach.

Onkel Iwan hatte alle Hände voll zu tun mit den Festvorbereitungen. Man sah ihn wenig in jenen Tagen. Es war irgendwie leer und traurig ohne ihn. Jadwiga fragte ihn, wer spielen werde. Er wich ihr mit der Antwort aus, es sei ein Pianist, der von auswärts komme, aber wenn er nicht käme, müßte er einen anderen bitten, Rachmaninow vielleicht oder Glasunow. Auf alle Fälle sollte es eine Überraschung sein. Jadwiga gab sich mit der Antwort zufrieden.

Palmsonntag kam, es war ein kalter Tag, der Schnee lag noch in großen Haufen auf den schattigen Stellen, die Erde lugte grau und glitschig hervor, das alte Gras war fade und gelb. Aber in der Luft spürte man den Hauch des nahenden Frühlings. Das Herz klopfte lebhafter, man war angenehm müde, man gähnte mehr als gewöhnlich, aber in der Müdigkeit und in dem Gähnen und den lebhafteren Herzen lag eine Verheißung.

Freudig war der Gottesdienst, fröhlich die liturgischen Gesänge. Das war der Tag, an dem der Heiland von dem Volk in Jerusalem wie ein König empfangen worden war. Man breitete Palmen und Kleider und Mäntel unter die Füße seiner Eselin. Große Volksmengen liefen ihm nach und priesen ihn als ihren Erlöser, und fast zweitausend Jahre später fühlten die Bauern und die Herren und die Mägde in jedem Dorfe des unermeßlichen Reiches, daß heute und hier dieses Mysterium der Begegnung, der Begeisterung und der Hingabe sich wieder und wieder erneuerte.

Vor der Kirche waren kleine Buden aufgerichtet, es wurden knallbunter Fastenzucker, kleine Plüschäffchen und lärmende Pfeifchen verkauft. Es lag ein fröhlicher Lärm in der Luft. Die Großen kauften sich gebündelte Weidenkätzchen, die zu Hause an die Ikonen gesteckt wurden.

Jadwiga, die Bobik und Wera an der Hand hatte – beide pusteten mit aller Kraft ihrer Lungen in die Pfeifchen, die fürchterlichen Lärm erzeugten –, blieb plötzlich stehen und schaute sich um. Die Kinder folgten ihren Blicken, aber sie sahen nichts Bemerkenswertes.

„Warum siehst du dich um, Mami?" fragte Bobik.

„Ich weiß es nicht, ich habe plötzlich jemanden gesehen. Aber es war niemand da."

„Und wer war das, den du gesehen hast, Mami?"

„Ach, du kennst ihn nicht, ein Bekannter aus alter Zeit."

„Jemand, den du sehr liebtest, Mami?" fragte Bobik sehr leise und behutsam. Jadwiga nickte, sie sagte nichts.

„Du hast niemals aufgehört, ihn zu lieben?"

Jadwiga errötete. „Woher willst du das so genau wissen, Bobik?"

„Glaubst du denn, ich bin blind, Mami? Wie viele Jahre lebe ich mit dir zusammen! Dann merkt man einiges, und schließlich bin ich doch dein Sohn."

Sie gingen schweigend heim, sie wurden von allen Passanten gegrüßt, sie grüßten wieder, aber ihre Gedanken hafteten an Dingen und Empfindungen, die sie nicht zu objektivieren vermochten.

Es war schon dunkel, als sie sich auf den Weg zum alten Schloß machten. Jadwiga schlug Bobik vor, zu Fuß zu gehen. Die Sterne standen hell am Himmel. Sie gingen schweigend nebeneinander. Es war ihnen, als ob sie allein zwischen dieser festen, schwarzen Erde und dem unermeßlichen schwarzen, bestirnten Himmel seien. Da fiel, ganz langsam, eine goldene Spur hinter sich ziehend, ein Meteor. Es sah so aus, als ob er ihnen vor die Füße fallen würde. Sie glaubten sein Zischen zu hören. Sie blieben wie verzaubert stehen. Jetzt war wieder alles dunkel, nur die Sterne flimmerten, als ob nichts geschehen wäre.

„Wie wunderbar. Ein Gruß, eine Botschaft von einem anderen Stern!“ flüsterte Bobik.

„Was ist das für ein seltsamer Tag“, sagte Jadja. „Es liegt eine Erwartung in der Luft, als ob etwas ganz Gewichtiges passieren würde. Mir ist so freudig und so erwartungsvoll ums Herz.“

„Mir auch, Mami!“

Von weitem sahen sie das festlich erleuchtete Schloß. Es sah aus wie eine große Kutsche voller Sterne. Von verschiedenen Straßen kamen Menschen, die lärmend und redend dem Schloß zustrebten. Im Vestibül entledigten sie sich ihrer Mäntel und Hüte. Alles an ihnen war neu, und sie selbst fühlten sich sehr feierlich und gewichtig. Onkel Iwan begrüßte die Gäste und zeigte ihnen den Weg in den Saal. Er begrüßte Jadwiga und Bobik und flüsterte ihnen leise zu, sie möchten vorerst, bis zum Beginn des Konzerts, in sein Musikzimmer gehen.

Das Zimmer war voll von Freunden. Um den Tisch mit dem Samowar saßen Chodassewitsch und sein Sohn Wolodja, der Schriftsteller, die immer kranke Tante Warwara, Annuschka und einige Gäste aus Moskau. Tante Ljola saß in der Nähe des großen Kachelofens, auf dem Iwanuschka, der Narr, auf dem Buckelpferdchen in bunten Farben gemalt war. Sie schaute verzückt mit großen Kuhaugen auf einen großen schlanken Mann mit ernstem Gesicht, der sie, trotz ihrer unübersehbaren Anbetung, nicht beachtete.

Als Jadwiga und Bobik eintraten und aus dem Dunkel der Tür in die Mitte des Zimmers traten, geschah etwas Merkwürdiges. Die Anwesenden hörten auf zu kauen und zu sprechen. Sie schauten wie hypnotisiert auf den fremden Mann und auf Jadwiga. Es war, als ob ein elektrischer Funke von dem einen zum anderen gesprungen wäre.

Der Unbekannte machte einige Schritte Jadwiga entgegen und rief: „Jadja, meine Jadja! Bist du es wirklich?!"

Und Jadwiga rief gleichzeitig: „Saschenka!", und sie umarmten sich. Und es war, als ob zwei Meteore sich auf einer unendlich weiten Weltenbahn begegnet wären. Alle hielten den Atem an. Bobik begriff sofort alles und ergriff die Hand des unbekannten und doch so vertrauten Mannes.

Onkel Iwan trat herein. „Ah, ihr habt euch schon bekannt gemacht, wie ich sehe, und ich wollte dir, Jadenka, meinen liebsten Freund und Neffen Sascha Krasnosselskii vorstellen. Er kommt gerade aus dem Ausland und wird bei uns sein erstes Konzert geben. – Und das ist unsere Jadja, und den mußt du noch kennenlernen, das ist dein Bobik", und er schob Bobik nahe an Sascha heran. Dann nahm Onkel Iwan die drei beiseite und führte sie in sein Arbeitszimmer. Als die Tür hinter ihnen zuging, kamen die Gäste erst zu sich. Sie sprachen plötzlich alle auf einmal, es hörte sich an wie ein Orkan. –

„Wenn ihr es mir erlaubt und es so haben wollt, ich gehe niemals wieder von euch."

„Bleib du jetzt bei uns", sagte Jadwiga schlicht.

„Ich habe dich gleich erkannt, Sascha", und Bobik umschloß mit seiner Hand die große Hand des anderen.

Dann klingelte es und Sascha mußte in den Saal.

„Bist du jetzt glücklich, Mami?“

„Ich bin so glücklich und so dankbar. Die ganzen fünfzehn Jahre waren oft wie ein böser Traum. Aber ich wußte es, ich fühlte es, daß die Zeit reif war zum Wiederbegegnen. Als wir uns zum ersten Mal begegneten, waren wir noch Kinder, unreif und lebensunkundig, und wir zerbrachen unsere junge Ehe wie ein Spielzeug. Sicherlich mußten wir beide durch ein Meer von Leid und schweren Erfahrungen gehen, um den Faden neu aufzunehmen und um alles besser zu machen. Wirst du uns dabei helfen, Bobik? Aber woher hast du etwas gewußt?“

„Ich habe immer alles gewußt, Mami. Mein Herz hat es mir immerzu gesagt. Und dann die Andeutungen von Babuschka, von Njanja, und das Portrait der Großmutter Krasnosselskaja, von dem du so geheimnisvoll sprachst in Golitzino, und dann wußte Aljoscha von seinem Vater einiges, und Onkel Iwan machte manchmal Andeutungen. Und, weißt du, wenn man mit dem Herzen etwas spürt, dann hat man Augen und Ohren und ein Herz wie ein Luchs.“

Nach dem Konzert warteten sie, bis sich die Besucher verliefen. Dann gingen sie zu dritt, Jadwiga in der Mitte, den langen Weg ins weiße Haus. Es war ihnen, als ob sie ganz allein auf dieser wunderbaren, leidvollen und herrlichen Erde wären, und als ob der Himmel seinen bestirnten Mantel nur über sie allein ausgebreitet hätte. Und sie wünschten, es möchte immer so bleiben.

ER IST WAHRHAFTIG AUFERSTANDEN!

Es war die Zeit der sechswöchigen Fasten vor dem Osterfest. Man lebte asketisch, man aß mäßig, keine Süßigkeiten, keine Warenje, keine Butter, kein Fleisch. Man betete viel und ging zu den Gottesdiensten. Man gab sich die größte Mühe, sich nicht zu zanken, nicht jähzornig zu werden, niemanden zu beneiden, nicht eitel zu sein. Da man stets unter diesem Vorsatz lebte und alle zugleich es taten, war es, einige tägliche Entgleisungen ausgenommen, verhältnismäßig leicht, nicht so viel zu sündigen wie üblich.

Sascha, der nie Erwähnte und Langersehnte, war im Hause. Alle waren glücklich, Jadja und Bobik und Wera, die mit ihm schnell Freundschaft schloß. Njanja klopfte ihm auf die Schulter: „Nun bist du, Wanderer, wieder zurückgekehrt. Wie habe ich dich als Kind gehegt und gepflegt, und wie habe ich in den langen Nächten mir die Augen wundgeweint um dich und um dein armes Täubchen. Und Bobik, deinen Eingeborenen, habe ich, ohne ein Mucks zu machen, in der Tradition des Hauses erzogen. Nun hat Gott uns wieder zusammengefügt. Möge sein Segen über uns allen sein!“ – und sie weinte glückliche Tränen.

Mit dem Herrn ist es wie mit dem Kater. Ist der Kater im Haus, benehmen sich die Mäuse züchtig; ist er weg, sind sie außer Rand und Band und nehmen Besitz vom ganzen Haus. Seit Sascha im Haus war, zog, ohne daß er ein Wort sagte oder wie Karluscha die Augen rollte oder mit dem Finger über die Schränke streifte, die Ordnung wieder ein. Das Essen wurde wieder pünktlich auf den Tisch gebracht, es wurde weniger gezankt. Und manche Gäste, die nicht unähnlich waren wie Mäuse, die Njanja „Darmojedy“ (Umsonstesser) nannte, verschwanden auch ganz von selbst, zur Freude aller, weil ihnen die Atmosphäre nicht behagte. Sogar die predigenden Savonarolas, die Aleksandr durchschaut hatte, kamen nicht mehr.

Aber Klein-Venedig blieb weiter die große Attraktion, und die Familie und die Gäste verbrachten die Teenachmittage und die Abende in den von Lampions magisch erleuchteten Gewölben. Wenn auch das Wasser etwas faulig zu riechen begann.

Am Gründonnerstag, dem Tag des ewigen Lichts, gingen sie abends zur Liturgie. Die Kirche war gedrängt voll. Die Passionsevangelien wurden psalmodierend verlesen. Die Andächtigen standen in dem feierlichen Kirchenraum, jeder hatte eine Kerze in der Hand. Einer zündete sie am Altar an, dann zündete jeder seine Kerze an der des anderen an, zum Symbol, daß das Licht des Heiligen Geistes von einem brüderlichen Menschen zum anderen übertragen wird. Nach dem Gottesdienst gingen sie heim, jeder mit seinem brennenden Licht, um das man eine Schutzhülle aus buntem durchsichtigem Papier befestigte. Man ging ganz behutsam und hielt bei Windstößen die Hand schützend über das Flämmchen. Die Straßen, die zur Kirche führten, sahen aus wie glühende Lavaströme.

Allen war heilig und gut zumute. Konnte man nicht alle Tage des Jahren in solcher Heiligkeit leben und wirken?!

„Es gibt nichts Schöneres in unserem Lande“, sagte Sascha mit leiser Stimme, „als dieses Sichtbarwerden des Göttlichen Lichtes, das durch die Flamme der Kerze symbolisiert wird. Das Wachslicht ist der physische Leib. Wird er von Gottes Geist entzündet, so brennt er, der Leib verzehrt sich und wird ganz zu Licht, und das Licht erleuchtet die Finsternis und dient allen Kreaturen.“

Zu Hause zündete man die ewigen Lichter der Lampaden, die vor den Ikonen brannten, mit dem Licht der Gründonnerstagskerze an. Dann steckte man die Kerze vor den Hausaltar, bis sie niederbrannte. So erlosch das Licht, seit das Land im zehnten Jahrhundert christlich geworden war, seit fast tausend Jahren nicht in den Kirchen und in den Häusern. Neue Dochte, neues Öl und neues Wachs wurden verbraucht, aber die Flamme war noch die ununterbrochene Flamme, die im Jahre 988 von dem Patriarchen von Konstantinopel in Kiew bei der Taufe des heiligen Wladimir entzündet worden war. Sie brannte in allen Kirchen, in den Hütten und Palästen, in den Wohnungen, den Bahnhöfen, den Ämtern und den Gefängnissen.

Der Karfreitag galt der Vorbereitung des Festes. Alle durften, ja alle mußten mithelfen. An diesem Tag geschah es trotz aller Geschäftigkeit, daß die Arbeit ohne allen Zank vollzogen wurde. Frossja bereitete aus Sahne, Quark, Zukker, Eiern, Rosinen und kandierten Früchten die Osterspeise, die nach dem Auferstehungsfest „Pas'cha" genannt wurde. Sie wurde in eine hölzerne Pyramidenform gepreßt. Darauf kam ein zuckernes Lamm mit dem Fähnlein Christi. Die Kinder waren mit dem Färben der Eier beschäftigt, und Njanja bereitete nach tausendjährigen Rezepten den Kulitsch, den Osterkuchen, der die Form eines hohen Zylinders hatte. Sie knetete ihn mit großer Anstrengung, sie ächzte und seufzte dabei. Aber sie war glücklich.

„Siehst du, Bobinka, nun mache ich das schon an die sechzig Jahre. Meine Mutter, meine Großmutter, meine Ahne waren alle Njanjas auf Krasnoie Sselo, und als kleines Kind habe ich schon lernen müssen, diesen Teig zu bereiten. Wie lange dauert es, daß man ihn knetet und rührt, und wie schnell ist er aufgegessen! Und weißt du, der Teig ist wie ein Mensch.

Es kommen viele gute Sachen in ihn hinein. Aber wenn die nicht ordentlich durcheinander gerührt und geknetet werden, daß alle Dinge so ineinander gehen, daß man gar nicht mehr unterscheiden kann, was was ist, dann wird es kein guter Kuchen. Dann muß man ihm mit der Hefe gute Zeit lassen, daß er aufgeht. Ohne Wärme und Ruhe gedeiht er nicht, oder er wird hart wie Stein. So muß man auch dem Menschen Ruhe und Stille gönnen.

Und dann kommt er in den Ofen. Ist die Hitze zu groß,

verbrennt er und wird ungenießbar; ist sie zu klein, wird er teigig und ebenfalls ungenießbar. Es muß eine gleichmäßige, abgewogene Hitze sein. Wenn er dann in seiner Pracht auf dem Tisch steht und duftet und mit Zuckerguß überzogen ist, wer denkt dann daran, wieviel Arbeit und Mühe und Sorgfalt darauf angewandt wurde? Genauso ist es mit dem Menschen: der eine gedeiht und wird bekömmlich für sich selbst und für die anderen, der andere geht daneben, wird sauer oder hart oder mißrät. Er wird sich selbst und anderen zum Verdruß."

Und dann ging man zur Beichte und zur Kommunion. Das war ein schwerer Tag. Es war nicht genug, daß man fastete und sein Gewissen erforschte, man mußte mit allen Kreaturen ins Reine kommen. Mami ging ihnen mit dem Beispiel voran. Sie ging zu jedem einzelnen, verbeugte sich bis zur Erde vor ihm und flehte ihn an, er möge ihr alles verzeihen, was sie ihm wissentlich oder unwissentlich Böses angetan habe, ihn beschimpft, oder geärgert, oder beleidigt, oder nicht beachtet habe, er möge keinen Groll gegen sie hegen und ihr verzeihen. Alle weinten und verziehen ihr, und alle waren sie durch ihr Beispiel bereit, ihren Stolz zu brechen und um Verzeihung zu bitten; sie alle hatten natürlich viel mehr auf dem Kerbholz als Jadwiga.

Für Bobik waren das schreckliche Minuten, wenn seine Mutter sich vor ihm tief verbeugte und ihn um Verzeihung bat. Ein großes Schluchzen kam über ihn. Er hatte ihr nichts zu verzeihen, denn sie war immer gut und gerecht zu ihm. Aber wenn sie sich so vor den anderen demütigte, dann mußte er ebenfalls diesen Canossagang gehen. Njanja nahm ihn gnädig auf, das ging gut. Frossja war aber nicht so leicht zu besänftigen, sie führte eine ganze Anzahl von Frechheiten und Ungezogenheiten auf und erwartete, daß er sich auch wirklich bessere. Das brachte ihn beinahe wieder in Wut und er wollte ihr eine Frechheit sagen, aber er beherrschte sich. Doch war dieses Verzeihen irgendwie nicht vollständig. Bei beiden blieb am Boden der Seele ein bitterer Satz.

Ganz besonders schwer war es, Wera um Verzeihung zu bitten. Da waren so viel Alltagszank und Reibereien, die eigentlich gewohnheitsmäßig abliefen und von denen man wußte, daß sie immer wieder vorkommen würden. Lohnte es sich da, um Verzeihung zu bitten? Er genierte sich auch fürchterlich, sich vor Wera zu erniedrigen. Aber er tat es. Sie war natürlich obenauf. „Ich verzeihe dir, Bobik. Aber dann sollst du es auch nicht wieder tun. Und geh hin und bitte die Puppe Akulina auch um Verzeihung, du hast sie oft an den Haaren gerissen." – Das war zuviel. Aber Bobik besann sich all der guten Vorsätze. Er ging auch zu Akulina und verbeugte sich tief vor ihr und versprach, sie nicht mehr an ihren gräßlichen roten Haaren zu ziehen. Sie schaute ihn giftig aus ihren grünen gläsernen Augen an.

Die schönste und rührendste Verzeihung vollzog sich zwischen Jadwiga und Sascha, sie hatten sich soviel zu verzeihen, und sie taten es aus frohem Herzen.

Jadwiga war in Schwarz gekleidet und sie machten sich auf zur Kirche. Da fiel ihr ein, daß sie nicht zur Kommunion gehen durfte, ohne Tante Ljola um Verzeihung gebeten zu haben. Sie lehnte Tante Ljola wegen ihres Benehmens Onkel Iwan gegenüber ab.

Sascha meinte, sie brauche nicht hinzugehen, man könne es auch übertreiben. Aber sie ging hin. Sie kam verweint wieder. Natürlich hatte Tante Ljola diese Selbstbezichtigung zum Anlaß genommen, sich wie eine Gerechte über Jadjas Niedrigkeit und Schlechtigkeit aufzuspielen, sie überhäufte sie mit Vorwürfen, sie entfremde ihr Onkel Iwan, alle seien schlecht und böse gegen sie. Zum Schluß sah es so aus, als gebe es in ganz Girejewo nur einen gerechten und guten Menschen, und das war Tante Ljola, die anderen waren alle böse und hatten eine niedrige Gesinnung.

„Du hättest auf mich hören und nicht hingehen sollen. Ich habe es mir ganz genau so vorgestellt. Sie ist eine Hysterikerin, und diese Leute haben nicht die Fähigkeit, sich selbst zu sehen, wie sie sind, sie setzen immer andere ins Unrecht." – Er wischte ihr die Tränen aus den Augen und drückte sie an sich.

Bobik hatte die Absicht, zu der giftigen Fürstin Kutusowa zu gehen und sie um Verzeihung zu bitten. Er haßte sie, und einmal hatte er vor ihr ausgespuckt, weil sie bösen Klatsch über Jadwiga verbreitete. Aber nach der Erfahrung mit Tante Ljola ließ er diesen Gedanken. Sie würde ihm die ganze Freude an der Beichte und Kommunion verderben. Er konnte auch weder vor sich selbst noch vor Gott versprechen, daß er diese Frau fortan lieben und achten werde. Das konnte er nicht. Gott würde es vielleicht verstehen und ihm verzeihen.

Jeder trat einzeln von den Priester und beichtete. Der Priester sprach leise das Verzeihungsgebet und deckte die Stola über den Kopf des Sünders. Später stand man in einer langen Reihe vor dem Kommunionstisch. Der Priester schöpfte aus dem goldenen Kelch mit einem kleinen Löffelchen das heilige Mysterium in Gestalt von Wein und gesäuertem Brot und führte es zum Mund. Der Diakon hielt ein Tuch vor dem Kinn ausgebreitet, damit kein Tropfen auf die Erde falle. Der Priester verkündigte laut. „Der Knecht Gottes Wladimir (Bobik ist die Abkürzung dieses Namens) tritt zum Empfang der heiligen Gaben." – Nachher küßten sich alle in der Kirche und gratulierten sich gegenseitig zur Geburt des neuen, in Christo erneuerten und bekehrten Menschen. Eine Süßigkeit, die nicht von dieser Welt ist, zog in die Seelen ein. Für Stunden waren alle üblen Gedanken und Gefühle verschwunden. Jetzt hätte Bobik sich sogar vor der bösen Kutusicha verneigen und sie um Verzeihung bitten können, sie erschien ihm gar nicht mehr so böse.

Am Nachmittag ging man mit einer Pas'cha und Kulitsch und mit vielen bunten Eiern wieder zur Kirche. Draußen waren lange schmale Tische aufgestellt. Man stellte die Gaben des Osterfestes darauf. Der Priester kam und besprengte sie mit geweihtem Wasser. Man ging zu den Gräbern, man zündete Kerzen darauf an und legte rote und grüne Eier dazu. Man betete für das Seelenheil der toten Angehörigen. Auch der Ahnfrau Tamara Grab wurde geschmückt. Man betete zwar für ihr Seelenheil, aber man bat auch, sie möge weiter im alten Schloß spuken, was wäre das alte Schloß ohne Tamaras Geist!

Man ruhte sich ein Weilchen zu Hause aus, ehe das große Mysterium der Auferstehung des Herrn sich vollzog. Nachts zog man dann in die Kirche. Man trug ein Körbchen mit bunten Eiern – sie waren wunderbar mit alten Mustern verziert, die man mit einem Taschenmesser hineinritzte. Man ging schweigsam. Die Betenden sammelten sich in der Kirche. Eine Nonne las singend und näselnd in den Evangelien. Andere machten sich daran, das Grab Christi, das in der Mitte der Kirche stand, abzubauen und in eine Ecke zu verstauen. Noch war es nicht feierlich, es war wie ein Werktag mit seinen Nöten und Lasten. Dann erklangen die hellen und dunklen Stimmen des Chors. Sie stellten die Jünger und Nachfolger Christi dar, die ihren toten Meister suchten.

Noch war vor dem Altar das Tuch mit der Darstellung von Christi Grablegung zu sehen. Erst nach Mitternacht sollte es fortgeräumt werden.

Da trat tiefe Stille ein.

Zwölf Uhr. Zart beginnen die Glocken zu läuten. Hinter den geschlossenen Pforten der Ikonostase tönt aus dem Altarraum der Gesang des Priesters und der Diakone: „Deine Auferstehung, Christus, unser Heiland, verkünden die Engel im Himmel; gib uns, Herr, auf Erden Dich reinen Herzens zu rühmen."

Die Spannung steigt. Da öffnet sich weit die Zarenpforte. Der Priester, die Diakone und die Ministranten treten in den Kirchenraum und es formiert sich die große Prozession. Wir zünden unsere Kerzen an.

Ein Meer von Kerzen. Die Menschen standen sehr nahe

beieinander. Das Wachs der Kerzen träufelte auf die Mäntel der Nachbarn. Gerne hätte man es vermieden, aber es ging nicht. Zu dem Geruch des Weihrauchs und des verbrennenden Wachses gesellte sich ein anderer, häßlicher Geruch. Es roch wie in einer Beschlagsschmiede nach verbrannten Haaren und Pelzen. Überall sah man, neben dem spindelförmigen Licht der Kerzen, kurzes Aufflackern von brennenden Haaren. Man löschte, so gut man konnte, indem man dem brennenden Nachbarn mit der flachen Hand auf den Kopf klopfte. Glücklicherweise merkte er als letzter, was passiert war und welcher Schaden angerichtet wurde. Bobik war von dem Erlebnis so benommen, daß er rechts und links neben sich fremde Frauenhaare anzündete.

Ein Mann stieß ihn plötzlich derb in die Seite und bot ihm Ohrfeigen an. Was konnte er dazu, das gehörte schließlich zu der Osterfeier. Der Mann meinte aber, er könnte besser aufpassen und brauchte nicht wie ein Blöder dazustehen. Bobik enthielt sich jeden Kommentars, um sich nicht in jener heiligsten Minute mit einer Sünde zu beflecken. Sascha packte ihn mit einem Griff und stellte ihn neben sich auf die andere Seite, so wurde er von dem Wüterich errettet.

Inzwischen hat mit dem Auszug aus der Kirche die Prozession um das Gotteshaus begonnen. An der Spitze schreiten außer den Geistlichen Männer, die die würdigen alten Ikonen und Kirchenfahnen tragen.

Ständig läuten die Glocken, und wir stimmen mit allen in den Gesang ein „Deine Auferstehung, Christus, unser Heiland, verkünden die Engel im Himmel . . . “ Spannung und Freude steigen, Glockengeläut und Gesang fließen ineinander über. Mit allen anderen Gläubigen ziehen wir, unsere Kerzen in der Hand, dreimal um die Kirche.

Der Priester hält vor der verschlossenen Kirchenpforte an. Er nimmt das Altarkreuz und klopft damit – ein Kreuz schlagend – an die Kirchenpforte: „Gesegnet sei Gott“ sind seine Worte.

Endlich erschallt sein befreiender Ausruf: „Christós woskrése (Christus ist auferstanden). Wie eine himmlische Freude geht es auf die Menschen über. Alle rufen, so laut sie vermögen: „Woístinu woskrése" (Er ist wahrhaftig auferstanden). Und wieder: Christós woskrése – Woístinu woskrése. Und ein drittes Mal: Christós woskrése – Woístinu woskrése.

Nun dröhnen die Glocken, es ist wie das Rauschen von Tausenden von Engelsflügeln. Alle Menschen stimmen den jubelnden Gesang an: „Christus ist auferstanden von den Toten. Er hat den Tod durch seinen Tod besiegt. Er hat jenen, die in den Gräbern sind, das Leben geschenkt." Mit diesem Gesang gehen wir mit allen in die strahlende Kirche zurück.

Und jedem ist, als ob die volle Kirche noch voller wäre, als ob alle, die seit Khan Gireis Zeiten hier standen und knieten und beteten und das Auferstehungsfest feierten, als ob sie alle neben den im Fleisch Lebenden in ihrem geistigen Gewand dabeistünden. Alle umarmen sich und küssen sich dreimal auf die Wangen, alle sind freudig erregt, Gesinde und Fremde, alle küssen und umarmen sich, sie sind plötzlich Brüder in Christo geworden.

Bobik umarmte seine Mutter. Tiefe Dankbarkeit drohte sein Herz zu zersprengen. „Christós woskrése", sagte sie leise und freudig. – „Woístinu woskrése" antwortete Bobik. Dann umarmte er Sascha, er mußte sich auf die Zehenspitzen stellen, um seine Wangen zu erreichen. Sascha hielt ihn ganz fest an sich gedrückt. „Das ist Blut von meinem Blut", dachte Bobik. Aber als er den Bauern Kostjucha umarmte – seine Bartstoppeln stachen gegen seine Lippen –, da dachte er: „Wir sind von Adam her alle ein Blut, nur das eine ist näher, das andere ferner." Und plötzlich war auch Kostjucha ihm ganz nah und verständlich. – Bei der Umarmung mit Wera dachte er: „Ich werde versuchen, mit dir weniger zu zanken; wenn du es doch nur auch versuchen wolltest!" – er sagte aber kein Wort darüber.

Plötzlich befand er sich, ehe er es sich versah, in den Armen des Mannes, dessen Frau er angesengt hatte. Nach dem „Christós woskrése“ sagte er leise: „Verzeih mir . . . das mit den Haaren.“ – Der Mann grunzte „hmmmm“. Er war gar nicht mehr böse. – Dann ging man zu den Gräbern, die durch die roten Lampaden geheimnisvoll erleuchtet waren. Man betete für die lieben Verstorbenen und verkündigte ihnen, daß der Herr auferstanden sei.

Auf dem Heimweg waren ihre Schritte leicht, als ob sie auf Luft gingen. Der Heiland war wieder, zum wievielten Male, für sie auferstanden. Er wandelte wieder, in wie vielen Gestalten, über diese leidvolle Erde, und wo Er ging, da wurde der Himmel blauer und das Gras grüner, und das Leid und die Wunden schmerzten weniger. Da zog mitten durch den Zank der Friede ein, und Liebe herrschte unter den Kreaturen.

Das weiße Haus war festlich erleuchtet. Der Tisch war gedeckt mit all den herrlichen Osterspeisen. Sie waren alle zum Umfallen hungrig, nun konnten sie das Fasten brechen. Bobik ging nicht gleich ins Haus. Er ging zu dem Hundezwinger, die Hunde wurden wach, sie erkannten ihn, sie wedelten mit den Schwänzen und bellten lustig. Sie leckten seine Hand. „Er ist auferstanden. Für uns alle, auch für euch ist er auferstanden, freut euch!“ Und sie bellten froh und laut, als ob sie es begriffen. Dann ging er zu den Pferden und den Kühen und verkündete ihnen das Ereignis. Zuletzt warf er sich auf die Erde, er küßte diese heilige Erde, über die Er gegangen war und noch immer geht, er dankte ihr für das Wachstum, für die Ernährung der Kreatur und für die Beherbergung der Toten, für ihren unpathetischen, dienenden und immer wiederkehrenden Kreislauf.

Dann ging er langsam zum erleuchteten weißen Haus, aus dem frohe Stimmen erklangen. – „Wie seltsam ist es“, dachte er. „Jetzt ist Er da, wir alle fühlen es deutlich. Er ist so stark da, daß Er sogar in uns drinnen ist. Aber warum hält das nicht immer an? Darum muß Er wohl alle Jahre wiederkommen." – Und er dankte Ihm für alles, für das unendlich viele Gute und für manches Böse. Er versprach Ihm nichts, wußte er doch, daß er ohne Ihn sich an dem Guten nicht recht freuen und sich gegen das Böse nicht recht wehren konnte.

Am Horizont wurde es langsam hell.

WLADIMIR LINDENBERG

Bobik im Feuerofen

Eine Jugend in der russischen Revolution

311 Seiten. 1 Tafel. (3-497-01487-7) kt

In diesem Buch erzählt Lindenberg von seinen Jugendjahren im Zarenreich bis zum Beginn der Revolution im November 1917. Mit den Augen eines hellwachen, jungen, gläubigen Menschen betrachtet der Erzähler das Leben im Zarenreich, den ersten Taumel der Revolution und die jähe Ernüchterung nach den Träumen und Wirren des Umsturzes. Ganz unmittelbar werden die Akteure, wird das Milieu und die Landschaft lebendig. So konnte Lindenberg aus ganz privater Sicht ein kleines Stück bedeutsamer europäischer Geschichte schreiben.

Die Barke

Es gibt wenige Bücher, die den Einbruch der russischen Revolution so lebendig und packend schildern wie diese Jugenderinnerungen Lindenbergs. Gleich Steinen eines Mosaiks fügen sich kurze Szenen zunächst zusammen, um dem Leser das Bild einer friedvoll-sorglosen Adelsfamilie mit ihren Beziehungen zum Zarenhof und zu verwandten Fürstlichkeiten, zu den Bediensteten und den Menschen im Dorf zu zeigen. Doch die Revolution, die auch der junge Bobik zunächst begeistert begrüßt, läßt diese Idylle nicht abseits liegen. Im Feuerofen der Moskauer Straßenkämpfe, der Verhöre und Gefängnisse bricht Stück für Stück des alten Rußland zusammen, bis Bobik nur die Ausreise unter falschem Namen bleibt.

Wiesbadener Kurier

ERNST REINHARDT VERLAG MÜNCHEN BASEL

WLADIMIR LINDENBERG

Bobik in der Fremde

Ein junger Russe in der Emigration

387 Seiten. 3 Tafeln. (3-497-01308-0) Ln

Bobik erzählt von seiner Flucht nach Deutschland. Enttäuschung und Hoffnung wechseln. Der Gegensatz zu der Fülle und Weite seines heimischen Lebens ist kraß. So verschließt er sich, sensibel, ängstlich und stolz und voll Sehnsucht nach Begegnung und Verstehen. Aber erst das Wiedersehen mit seiner Mutter und die Freundschaft zu einzelnen besonderen Menschen lassen ihn auch das fremde Land verstehen und lieben.

*

Das Buch schildert die Begegnungen, Freundschaften und Bindungen eines jungen Russen in der Emigration. Mit psychologischem Einfühlungsvermögen wird die Wandlung des Lebensgefühles der Zentralfigur von dem Bewußtsein der Isoliertheit zu dem der Geborgenheit dargestellt. Die typische Atmosphäre der 20er Jahre wird überzeugend vergegenwärtigt. *Neuer Bücherdienst*

Wladimir Lindenberg versteht es in diesem Buch, die Leser zu fesseln. Man fühlt sich in eine andere Zeit versetzt; man geht mit Menschen und Schicksalen mit. *Myrtha Signer*

ERNST REINHARDT VERLAG MÜNCHEN BASEL

WLADIMIR LINDENBERG

Wolodja

Portrait eines jungen Arztes

348 Seiten. (3-497-01488-5) kt

Lindenberg erzählt von seinem Studium und seinen Erlebnissen als Schiffsarzt. Von hohen Idealen erfüllt, lernt er weite Gebiete Afrikas, Asiens und Südamerikas kennen, er wird mit Elend, Not und Unmenschlichkeit, mit Borniertheit und Hartherzigkeit konfrontiert. Sein stetes Streben, zu helfen und Gutes zu tun, wird ihm nicht leichtgemacht. Er erkennt, daß man seine Ideale aber auch als einzelner in zwischenmenschlichen Beziehungen praktizieren kann. *Neuer Bücherdienst*

Erschütternd sind die Begegnungen in Afrika mit Farbigen, die Anfang der dreißiger Jahre noch Kolonialvölker waren. Wladimir Lindenberg, dessen großes Vorbild Albert Schweitzer ist, kämpft gegen Rassendiskriminierung und gegen jede Ungerechtigkeit. Aber nicht nur den Menschen, sondern auch den Tieren begegnet er mit Liebe und Ehrfurcht.

Berner Tagblatt

Das Buch ist von tiefer Menschlichkeit erfüllt, es ist getragen von Humor und einer überaus anschaulichen, fesselnden Schilderung. Ein echtes Lesevergnügen!

Österreichischer Rundfunk

ERNST REINHARDT VERLAG MÜNCHEN BASEL

WLADIMIR LINDENBERG

Himmel in der Hölle

Wolodja als Arzt in unseliger Zeit

270 Seiten. (3-497-01046-4) Ln

Hier erzählt der Autor von seinen Assistentenjahren in Bonn, wo er massiv mit dem Nationalsozialismus der Akademiker konfrontiert wurde. Mit Grauen liest man heute, wie blind und verbohrt die Menschen, die sich zur geistigen Elite zählten, den braunen Parolen folgten. Es dauert nicht lange, bis der junge Arzt wegen „politischer Gefährlichkeit" in das berüchtigte Konzentrationslager nach Neusustrum gebracht wurde. *Das neue Buch*

„Himmel in der Hölle", der sechste Band seiner Autobiographie, macht über die wesentlichen Abschnitte des Lebens dieses inneren Emigranten in der Nazizeit – mit dem Verwundern über die frühen Opportunisten, der eigenen KZ-Haft und seinem aktiven Einsatz nach dem Kriege – hinaus grundsätzliche Aussagen: Der Autor überstand wochenlange Dunkelhaft heil, weil er sich in Gebet und Meditation mit den kraftspendenden Orten seines Lebens verbinden konnte. Dieses Buch Lindenbergs kann jungen Menschen eine Vorstellung vom Leben geistig unabhängiger Menschen 1933 bis 1945 geben und denen, die es durchlebten, den Horizont faktisch und geistig erweitern. *Neue Züricher Zeitung*

ERNST REINHARDT VERLAG MÜNCHEN BASEL

Auszug aus „Himmel in der Hölle“

Tag für Tag der gleiche Ablauf. Die kurzen beglückenden Spaziergänge mit dem Hund. Sonntagskirche, Eintopf mit einem Stück Rindfleisch oder einer Boulette. Das Klappern der verhaßten Schreibmaschine im Verhörzimmer, das man beim Spaziergang immer hörte. Wolodja stellte sich vor, wie seine Leidensgenossen vor dem unerbittlichen Mann gezwungen wurden, zu bekennen. Die tägliche Lektüre von banalen Büchern, Courths-Mahler, Rudolf Herzog, Blunck, Marlitt…
Thomas Mann, Stefan Zweig, Arnold Zweig, Heinrich Mann, Gustav Meyrink, Jakob Wassermann, Wiechert, sie waren alle aus den Bibliotheken verschwunden. Wolodja hatte mit Entsetzen und Tränen von weitem zugesehen, wie die Studenten unter Absingen von patriotischen Liedern auf dem Marktplatz die Bücher der „degenerierten“ Autoren, der Judenknechte, in hohem Bogen in die Flammen warfen.
Die Verhöre gingen weiter in Abständen von einer Woche, ein „Braten auf langsamem Feuer“, wie sich der Kriminalbeamte ausdrückte. Diesmal kam die Organisation der Jugendverbände dran. Er wollte die Namen der Mitglieder und der Jugendlichen wissen. Wolodja weigerte sich, die Namen zu nennen. (…) Als Wolodja die Korridore und die eiserne Treppe hochging, hatte er das Gefühl, daß er über den Beamten gesiegt habe. Wie lange noch?
(…) Der Beamte wartete geduldig, bis Wolodja seine Sachen niedergelegt hatte, dann schloß er die Tür zu. Wolodja hörte, wie er dazu noch zwei Riegel zuschob. Er befand sich in vollständiger Dunkelheit. Er tastete sich zur Pritsche und legte sich darauf. Die erste Assoziation, die Wolodja hatte, war die beglückende Erinnerung an die Eremitage, das Tschelistschewsche Rosenkreuzerschlößchen bei Rybinsk, in dem er gegen Ende des Krieges mit seinem Vater Sascha einige Zeit mit Exerzitien zugebracht hatte. In der Finsternis spürte er ganz deutlich das konzentriert-geistige Ambiente jenes inzwischen wahrscheinlich vernichteten Ortes. Drei Tage hatte er auf Anleitung seines weisen Lehrers Buturlin im Keller in völliger Dunkelheit zugebracht.
Wolodja lag reglos und lauschte. Nach einer Weile hörte oder fühlte er das regelmäßige, sehr langsame Pochen seines Herzens. Dann hörte er Pulsieren der Gefäße in seinem Gehirn… Wieviel Zeit vergangen sein mochte, wußte er nicht. Es war ein seltsamer Zustand, er befand sich jenseits von Raum und Zeit. Er fühlte nicht die Härte des Holzes, es war vielmehr ein unbekanntes, beseligendes Gefühl des Schwebens. Es war eine völlig neue, noch nie erlebte Erfahrung.

(…) Wolodja hatte längst die Zahl der Tage vergessen, die er im Karzer zugebracht hatte. Eines Tages holte ihn der Beamte heraus. Der Oberstaatsanwalt sei persönlich zum Verhör gekommen. „Wissen Sie, so lange hat es noch niemand hier in dem Karzer ausgehalten. Danach haben die Menschen einen Knacks. Es ist auch nie vorgekommen, daß all die Tage kein Arzt nach ihnen geschaut hat. Das ist unzulässig.“

WLADIMIR LINDENBERG

Jenseits der Fünfzig

Reife und Erfüllung

Großdruckausgabe. 224 Seiten. (3-497-01491-5) kt

Jenseits der Fünfzig beginnt unsere eigentliche Lebensprüfung. Dann haben wir zu beweisen, ob wir in unserem Leben einen Grund gelegt haben, auf den wir in zunehmendem Alter bauen können. Dann erwarten unsere Mitmenschen, daß wir durch Güte, Gelassenheit und Weisheit die Reife des Alters dokumentieren. Diesen Weg will uns das vorliegende – in großer, leicht lesbarer Schrift gedruckte – Buch weisen.

*

In unserer Zeit benötigen immer mehr Menschen Hilfen für die Vorbereitung auf den dritten Lebensabschnitt und für dessen rechte Erfüllung. Eine solche Hilfe will und wird „Jenseits der Fünfzig" sein ... Man wird erkennen, daß das Buch nicht nur helfen wird für die zunächst so fern scheinende Zeit des Ruhestandes, sondern daß es beinahe „handfestes" Vademecum für Menschenführung und menschliche Beziehung, ja selbst für Erziehungsfragen ist. *Das Flügelrad*

Menschliche Wärme, genährt aus dem eigenen Erleben des Älterwerdens, vernünftiger Rat sprechen aus dem Essayband, der für die ältere Generation geschrieben wurde.

Rosemarie Eick
Süddeutscher Rundfunk

WLADIMIR LINDENBERG

Mysterium der Begegnung

9. Auflage 1999. 256 Seiten. 5 Tafeln. (3-497-01490-7) kt

„Der Mensch von heute weiß kaum noch, was eigentlich Begegnung ist, obwohl er täglich und stündlich Begegnungen unterworfen ist. In seiner Schnellebigkeit und Ichbezogenheit ist sein Organ für die feinen und groben Dinge, die ihn umgeben, die auf ihn zukommen, die ihn berühren, ihn manchmal umstoßen oder von ihm wegstreben, verkümmert. Er registriert sie vielleicht noch im Unterbewußtsein, sie werden ihm aber nicht mehr zum Erlebnis.

Mysterium der Begegnung, Seite 9

Wladimir Lindenberg bringt in diesem Buch das Geheimnisvolle und Hintergründige, das in der Begegnung unsichtbar, aber nicht minder schicksalbildend verborgen ist, wieder in Erinnerung. Er weist auf etwas hin, das uns ständig geschieht, das wir aber im Trubel unseres Berufs- und Gesellschaftslebens meist vergessen: die Begegnung. Wo der Funke zündet, ist die Begegnung ein Geheimnis. Von diesem Mysterium berichtet Lindenberg aus seiner Erfahrung als Arzt, als Mensch, als in der östlichen Religion fundierter Christ.

ERNST REINHARDT VERLAG MÜNCHEN BASEL

Wladimir Lindenberg
Ein Portrait in Texten und Bildern

Zusammengestellt und herausgegeben von Gertrud Züricher

43 farbige und 41 s/w-Werksbilder. 6 farbige und 93 s/w-Photos.
1994. 160 Seiten. (3-497-01305-6) gb

Dieser Bildband eröffnet einen neuen Zugang zur Persönlichkeit des russisch-deutschen Arztes und Schriftstellers Wladimir Lindenberg. Er bietet erstmals die Möglichkeit, neben Lindenbergs therapeutischem und schriftstellerischem Wirken seine bildende Kunst in größerem Umfang kennenzulernen.

In reichhaltiger Bebilderung werden Gemälde, Stickereien und Zeichnungen sowie zahlreiche Fotos aus Lindenbergs Lebensgeschichte und Freundeskreis vorgestellt. Ausgewählte Texte aus Lindenbergs Büchern geben einen Einblick in sein umfangreiches schriftstellerisches Werk.

Die sorgfältige Bild-Text-Kombination zieht Verbindungslinien zwischen schreibender und bildender Kunst, zwischen Kunst und Leben. Dieses Portrait ist eine Zusammenschau für ein intensiveres Verständnis der aktiven und kontemplativen Welt des Wladimir Lindenberg.

Schicksal und Gestaltung

Leben und Werk Wladimir Lindenbergs

Von Wolfgang Kasack

304 Seiten. 40 teils farbige Bilder. (3-497-01128-2) Ln

„Schicksal und Gestaltung“ – unter diesem Blickwinkel hat Wolfgang Kasack das Leben des Arztes und Schriftstellers Wladimir Lindenberg dargestellt. Lindenberg, Abkömmling des alten russischen Adelsgeschlechtes der Tschelischtschews, dessen Vorfahren vor über 700 Jahren aus Deutschland nach Rußland einwanderten, emigrierte 1918 nach der russischen Revolution nach Deutschland. „Schicksal und Gestaltung“ ist eine in sich geschlossene künstlerische Biographie, die Leben und Werk dieses bedeutenden, im Geistigen tief verwurzelten Mannes lebendig werden läßt. Geschrieben wurde es als Geschenk des Freundes zum 85. Geburtstag am 16. Mai 1987. Lesern von Lindenbergs Büchern hilft diese Biographie, vertraute Texte in größerem Zusammenhang zu sehen. Es ist zugleich eine Einführung für den, der Lindenberg noch nicht kennt und Freude und Bereicherung des eigenen Lebens durch Literatur sucht. Die ausgezeichneten Berichte zeichnen sich durch Kürze aus. Es ist eine Freude, sie zu lesen und über die Bilder und Zeichnungen innerhalb des Buches zu meditieren.

Wolfgang Kasack, Sohn des Schriftstellers Hermann Kasack, ist Professor für Slavistik an der Universität zu Köln.